Elisabeth Lukas

Gesinnung und Gesundheit

W0354546

HERDER / SPEKTRUM
Band 4172

Das Buch

Gesundheit hat nicht nur etwas mit der körperlichen Kondition zu tun. Sie wird wesentlich von der seelischen Verfassung mitbestimmt, von den Haltungen und Einstellungen eines Menschen. Zentral ist dabei die Frage, welchen Sinn ein Mensch in seinem Leben findet, welche Antworten er auf die Fragen seines Lebens gibt. Wie es gelingen kann, sinnvoll zu leben, Heilung und Gesundheit zu erlangen, zeigt Elisabeth Lukas mit diesem Buch. Die Autorin, Schülerin von Viktor E. Frankl, arbeitet seit Jahren erfolgreich mit dem Konzept der Logotherapie. Ihre Erfahrung ist die Erfahrung vieler Menschen: Sinnlosigkeit macht krank, führt in Suchtverhalten, Depression, einem Gefühl der Leere. Hier gilt es, die Kunst zu leben neu zu lernen, den Blick zu wenden und sich auf den schöpferischen Weg der Sinnfindung zu machen.

Die Autorin

Elisabeth Lukas, Dr. phil., Klinische Psychologin. Geboren 1942 in Wien, 1965–1972 Studium der Psychologie an der Wiener Universität bei Prof. Rohrbacher, Prof. Guttmann und Prof. Frankl. 1973–1986 Tätigkeit in Erziehungs- und Lebensberatungsstellen, neun Jahre davon in leitender Position. Arbeitsschwerpunkte: Verhaltenstherapie, Kommunikationstraining, Logotherapie und Entspannungstechniken. Seit 1986 fachliche Leiterin des „Süddeutschen Instituts für Logotherapie“ in Fürstenfeldbruck bei München. Lehrbeauftragte an der Universität Palermo. Bei Herder/Spektrum: Auch dein Leben hat Sinn. Logotherapeutische Wege zur Gesundung. Mit einem Vorwort von Viktor E. Frankl (4011); Höhenpsychologie (4176).

Elisabeth Lukas

Gesinnung und Gesundheit

Lebenskunst und Heilkunst in der Logotherapie

Herder
Freiburg · Basel · Wien

Alle Rechte vorbehalten – Printed in Germany
© Verlag Herder Freiburg im Breisgau 1987
Neuausgabe Verlag Herder 1993
Herstellung: Freiburger Graphische Betriebe 1993
Umschlaggestaltung: Joseph Pölzelbauer
Umschlagmotiv: Sonia Delaunay, Rhythme et couleur (1930)
© VG Bild-Kunst, Bonn 1992
ISBN 3-451-04172-3

Inhalt

Sechs Personen haben mir
auf meinem „logotherapeutischen Weg“
irgendwann einmal eine große Chance gegeben.
Es sind dies:

PROFESSOR GISELHER GUTTMANN
PFARRER WALTER OHLER
OBERMAGISTRATSRAT RICHARD KÜHN
DIREKTOR HERBERT BAIER
LEKTOR PETER RAAB
PROFESSOR WILLI BUTOLLO

Als Ausdruck meines Dankes
sei ihnen dieses Buch gewidmet.

Vorwort

In einer Zeit, in welcher die Absage an das Leben den Verlust heilkräftigen Denkens erkennen läßt, mehren sich jene seelischen Störungen, die Folge des Fehlens von sinngestaltenden zwischenmenschlichen Beziehungen sind: Neurosen, Depressionen, Suicide, Drogensucht und Aussteigermentalität!

Wie soll sich ein Mensch in einer geistig vergifteten Gesellschaft anders demonstrieren als mit Verhaltensstörungen, Leid, Verzweiflung und Krankheit in allen Variationen. Weil es im Leben, das nur Physik und Chemie oder Materie, Energie und Information ist, keine wahre Lebenskunst, die das Leben mit beglückenden Sinngehalten füllen könnte, geben kann, erkennen wir, daß trotz Reichtum, Jugend und Weiblichkeit die Suche nach Sinn in einer seelen- und gemütlos gewordenen Welt, in der das Gravitationszentrum der Liebe – die Familie nicht genügend wirksam ist, immer mehr ins Leere geht.

Alle präventiven Programme im Bereich der heilenden Dienste, vor allem auch in der Drogenszene, setzen die Wiederentdeckung all der heilsamen Tugenden, bis hin zur Selbsttranszendenz des Menschen voraus.

Lebenskunst setzt in unserer Zeit der Toxikomanie und Technomanie die Besinnung auf die Willenskräfte im Menschen, die wiederum von der Werthaftigkeit des Gewollten abhängen, voraus. Die Zielrichtung hin zur Aktivierung der körpereigenen Abwehrkräfte muß in Erziehungszielen aller Schulen erkennbar werden, denn wo dem Denken verboten wird, einen Sinn zu vernehmen, der sich ihm von woanders her zuspricht als durch eigene Setzung, ist es bereits auf sein Scheitern, den totalen Sinnschwund, programmiert. Wir müssen die Flucht in eine widersinnige Praxis, die in die scheinbare Ausweglosigkeit bis zur noogenen Depression führt, verhindern, indem wir Denker, die es wagen, gegen das gesellschaftlich sanktionierte Denkverbot aus der Verläßlichkeit von Sinn heraus zu sprechen, und die sich mutig in den Dienst umfassender Sinnvermittlung für den Menschen heute stellen, bei der Ausbildung im Bereich der Heilberufe, Pädagogik und Psychotherapie fördern.

Das vorliegende Buch von der Meisterschülerin von Prof. Dr. Dr. Viktor Frankl bringt uns jene ärztliche Seelsorge und naturgemäße Psychotherapie in schöner Sprache und mit seelisch-geistigem Tiefgang nahe, so nahe, daß wir diese Art von Logotherapie als Lehrstuhlfach für unsere Reform-Universität in Regensburg, die bayerische Donau-Universität, fordern möchten, damit aus Medizinern Ärzte werden, die begriffen haben, daß das Anliegen der Heilkunst im letzten nichts anderes als die Befähigung des zu Heilenden zur Lebenskunst ist, in allen Phasen des Lebens.

Der Heilkünstler, dem Logotherapie von zentraler Bedeutung ist, muß die für jede Art von Kunst erforderliche Gabe „Intuition“ bewußt oder unbewußt empfangen und anwenden. Dem Heilkünstler ist Philosophieren nicht Denken allein, sondern Denken und Leben, nicht reine Theorie, sondern Theorie und Praxis. Wenn wir das Heilen auch als Weg zur persönlichen Vollendung bis hin zur Bewältigung der „tragischen Trias“ Leid, Schuld und Tod begreifen, dann wird man „Seelische Heilung und Seelenheil“ als ganzheitlichen Heilauftrag, der das Gottsuchen und Gottlieben als Therapie einbezieht, nicht ausschließen dürfen.

Über die Einbeziehung der Bedeutung der von der Autorin Dr. phil. Elisabeth Lukas so wirksam dargestellten klinischen Psychologie in Verbindung mit den praktischen Vorgehensweisen der Logotherapie wird nicht nur der Medizin, Pädagogik und Psychotherapie zu einem neuen Selbstverständnis verholfen, das über ihre enge Fixierung auf den neuzeitlichen, kausalmechanistisch orientierten Wissenschaftsbegriff hinausführt – aus den Fachgebieten werden dem Menschen zugeordnete Lebenshilfen besonders tiefgehender und befreiender Art.

Auf der Suche nach Sinn sind nach der Lektüre dieses die Lebens- und Heilkunst bereichernden Buches wieder viele Menschen, besonders junge Menschen und vom Sinn der Weiblichkeit abgekommene Frauen und Männer bereit, sich den affirmativen Momenten menschlicher Existenz zu öffnen. Gesundung und Gesinnung für unsere kranke Welt erleben wir, wenn wir zum Ur- und Wurzelgrund des Lebens zurückfinden, denn er ist dem Menschen die beständige Sinnquelle: Gott. Diese Dimension der Transzendenz Gottes, von der her sich dem Menschen allererst der Sinn seines Lebens erschließt und damit auch der Sinn von Krankheit, Leid, Schuld und Tod.

Für den Arzt ist der Tod der Anfang, für den bloßen Mediziner das Ende. Ohne Liebe ist alles sinnlos, auch die Heilkunde. Der Sinn des Leidens ist die Liebe im göttlichen Geheimnis der Schöpfung, in der es keine Liebe ohne Leiden gibt.

Das Buch ist Balsam für die Seele.

Regensburg im August 1986

Max Josef Zilch
Doktor der Medizin

DEM LEBEN
INHALT GEBEN

Reichtum, Jugend, Weiblichkeit … und die Suche nach Sinn

Heutzutage besteht im geistigen Bereich ein großer Bedarf, ein Bedarf, der sozusagen nicht mit Warenangeboten zu decken ist. Es handelt sich um ein weltweites Suchen nach Sinngehalten menschlichen Lebens und menschlicher Existenz. Wer in diesem geistigen Ringen ohne Antwort bleibt, wer nicht vorstößt zu einer Lebensphilosophie, die ihm den Rücken stärkt, die Sinnhaftigkeit des Lebens grundsätzlich zu bejahen, der fällt schnell jener grassierenden Mutlosigkeit anheim, die den modernen Menschen auf erschreckende Weise kennzeichnet.

Es war Viktor E. Frankl, der berühmte Seelenarzt und Begründer einer eigenen psychotherapeutischen Schule, der „Logotherapie“, der schon vor einem halben Jahrhundert erkannt hat, daß der Mensch im tiefsten Grunde seines Wesens nicht so sehr nach materiellen Gütern, Glück, Macht, Sex usw. strebt, wie man gewöhnlich vermeint, sondern vielmehr danach, ein sinnerfülltes Leben zu führen. Frankl bediente sich dieser Erkenntnis, um Heilungspläne für seelisch kranke Menschen zu entwerfen, aber auch zur Ausarbeitung von Richtlinien, wie seelischen Krisen in allen Lebenslagen vorgebeugt werden kann.

Später wurden seine Thesen in vielen Querschnitt- und Langzeituntersuchungen bestätigt, nämlich daß Menschen, die ihr Leben als sinnvoll erachten, jedweden Problem- und Leidsituationen wesentlich besser gewachsen sind als solche, die am Sinn ihres Lebens zweifeln. Zugleich zeigte sich, daß der Zweifel am Lebenssinn eine permanente existentielle Unzufriedenheit des Menschen fördert, aus der heraus neurotische Fehlreaktionen, innerpsychische Konflikte und depressive

Haltungen entspringen, die ihrerseits die Liebes- und Arbeitsfähigkeit des Menschen belasten und solcherart sein Familien- und Berufsleben überschatten.

Wie akut diese Problematik ist, läßt sich daran ermessen, daß nahezu hinter allen Zeitkrankheiten der Gegenwart eine Abart jener vermeintlichen Sinnleere steckt, die für die seelische Gesundheit des Menschen so gefährlich ist, ob es sich nun um terroristische Aktionen, No-future-Stimmungen oder Aussteigerkulte der jüngeren Generation handelt oder um Midlife-Krisen, Glaubens-Krisen und Identitäts-Krisen einer der Selbstverwirklichungsideologie zum Opfer gefallenen mittleren Generation, oder gar um den Pessimismus und die resignative Selbstaufgabe der allzufrüh ausrangierten und mit dem Fortschritt nicht mehr mithalten könnenden älteren Generation. Was auch alles die derzeitigen Generationen voneinander trennen mag, eines ist ihnen gemeinsam: die vielfach ungelöste Frage nach dem Sinn ihres Lebens.

Wenn wir schon bei einer Übersicht über die Generationen sind, dann sei auch gleich erwähnt, daß sich eine Gruppe darunter befindet, die durch verschiedene Umstände bedingt als besonders anfällig betrachtet werden muß, und das ist – so unglaublich es klingt – die Gruppe der eher wohlhabenden, jungen Frauen, eine Gruppe, die eigentlich beneidenswert sein sollte, und mit der wir uns im folgenden ein wenig näher befassen wollen. Wie kommt es, daß ausgerechnet junge, gesunde Menschen weiblichen Geschlechts, denen die ganze Welt offensteht, allzuleicht an der Sinnfrage scheitern und weder in der Partnerschaft noch in der Mutterschaft, noch im rastlosen Karrierestreben Erfüllung finden? Dafür gibt es gewiß viele Gründe, doch ich möchte die drei naheliegendsten herausarbeiten. Sie lauten: eben weil sie *jung* sind, weil sie *weiblichen Geschlechts* sind, und weil sie *wohlhabend* sind. Dies wollen wir im einzelnen durchdenken.

Beginnen wir mit dem Risikofaktor „Jugend“. Heute wissen wir, daß junge Menschen normalerweise eine geringere innere Sinnerfüllung besitzen als ältere Menschen. Auf Grund von Interviews mit 1000 Personen und einem aus den Resultaten dieser Interviews gewonnenen speziellen psychologischen

Testverfahren* habe ich bereits im Jahre 1971 eine Sinn-Alterskurve ermittelt, die Aufschluß darüber gibt, wie hoch das subjektiv erlebte Maß an innerer Sinnerfüllung bei den einzelnen Altersgruppen im Durchschnitt ist.

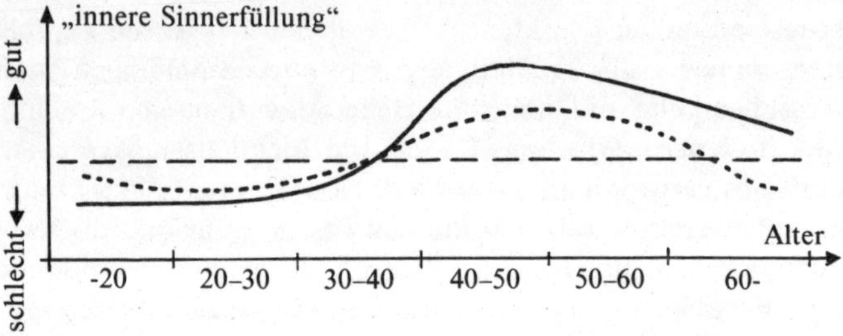

Normierte Alterskurve (am 1% Fehlerniveau signifikant), entnommen aus dem Handbuch zum „Logo-Test", Verlag Deuticke, Wien 1986

Die Resultate der Interviews finden ihren Niederschlag in der punktierten Linie der obigen Abbildung, die Testergebnisse differenzieren im Unterschied dazu noch schärfer und sind in der durchgehenden Linie veranschaulicht. Wir sehen, daß zwischen dem 15. und 30. Lebensjahr die persönliche Sinnfindung des Menschen noch zu sehr im Werden begriffen ist, um hohe Werte erreichen zu können, während zwischen dem 40. und dem 60. Lebensjahr normalerweise in ein stabiles Stadium der Sinnfindung eingetreten wird, das mit zunehmendem Alter wieder etwas an Stabilität verliert.

Natürlich sind dies Durchschnittswerte, die für den einzelnen nicht verbindlich sind, aber doch deutlich zeigen, daß die Tatsache des Jungseins unumgänglich mit sich bringt das Suchen und Ringen nach Zielen und Inhalten im Leben, die des persönlichen Engagements wert sind, ja, die es wert sind, zum eigenen Anliegen erhoben zu werden. Es ist geradezu das große Anliegen des jungen Menschen, etwas zu finden, *an* dem

* Elisabeth Lukas, „Logo-Test", Test zur Messung von innerer Sinnerfüllung und existentieller Frustration, Verlag Deuticke, Wien 1986.

ihm wirklich *liegt,* eine Sache oder eine Liebe, die er zu der seinen machen kann und möchte.

Klarerweise geht ein solches Suchen und Ringen nicht ohne so manchen Umweg und so manche Sackgasse vonstatten, die sich als eher sinnfremd entpuppen. Man muß jungen Menschen zugestehen, daß sie Irrtümer begehen und Änderungen zur Kurskorrektur vornehmen, auch wenn diese mitunter recht schmerzlich sind wie abrupte Ausbildungswechsel oder Wechsel im Freundeskreis. Nicht immer bringt die Kurskorrektur den erwünschten Effekt, es kann vorkommen, daß sie noch weiter vom eigentlichen Ziele entfernt, und auch dies muß in Kauf genommen werden als ein Tribut, der an den Sinnfindungsprozeß zu entrichten ist. Oft haben die Irrfahrten der Jugend sogar ihren tieferen Sinn für später, indem sie Erfahrungen vermitteln, die den reiferen Menschen vor grundlegenden Fehlern bewahren können.

Allein, der Sinnfindungsprozeß muß vorangehen. Junge Menschen, die auf halbem Wege steckenbleiben, mitten im Ringen, das zu keinem Sich-Durchringen mehr führt, sondern im vagen Zwischenbereich des Suchens und Noch-nicht-gefunden-Habens verharrt, sind seelisch gefährdet. Der Schritt in die Scheinwelt der Droge, in die Fänge einer Sekte oder in die Trotzhaltung des ewig Oppositionellen ist dann nicht mehr weit. Mit anderen Worten: die geringe innere Sinnerfüllung des jungen Menschen ist ein normales Durchgangsstadium, aber sie kann zur Falle werden, in der ein hoffnungsvolles Leben unentfaltet hängenbleibt.

Gehen wir damit weiter zum nächsten Risikofaktor junger Frauen, nämlich ihrer „Weiblichkeit“. Frau zu sein hat durchaus seine Reize, und die meisten Mädchen kosten diese auch aus. Allerdings hat es, wie allgemein bekannt ist, für die Frau und ihr Selbstverständnis in den letzten Jahrzehnten umwälzende Neuerungen gegeben. Nicht nur die Emanzipationsbewegung und ihr Kampf um die Gleichberechtigung, sondern auch der vielfache Verlust der Großfamilie und die Abwertung der Hausfrauenrolle haben dazu beigetragen, daß eine große Verunsicherung in der Auswahl anzustrebender Werte aufkam.

Dies belastet das Verhältnis zwischen Mann und Frau erheblich. Denn während für den Mann die berufliche Arbeit seit undenklichen Zeiten einen hohen Wert darstellt, hat die Frau dasjenige Äquivalent, das für sie seit ebenso undenklichen Zeiten einen hohen Wert bedeutet hat, ihr fragloses Dasein für die Familie, aufgegeben ohne einen gleichrangigen Wert dafür einzutauschen. Denn die dem Mann analoge Übernahme der Berufstätigkeit öffnet ihr zwar neue Einsatzbereiche, bringt sie aber, insbesondere in ihren jungen Jahren, in den unausweichlichen Konflikt mit ihrem natürlichen Wunsch, Mutter zu werden und für den Nachwuchs zu sorgen. Während somit für den Mann die berufliche Karriere die Basis bildet für den sinnvollen Beginn einer Familiengründung, legt für die Frau der Beginn einer Familiengründung die Basis für das zwangsläufige Ende ihrer beruflichen Karriere, wenn man von Kompromißlösungen einmal absieht. Das benachteiligt sie scheinbar gegenüber dem Mann und läßt ihre mühsam erkämpfte Gleichberechtigung an natürlichen Schranken wieder schrumpfen. So gesehen neidet sie ihm die Freiheit, sich unbekümmert um die Kinderzahl in seiner Arbeit zu profilieren, während sie mit zunehmender Kinderzahl Ausbildung, Praxis und Vertiefung in der Arbeitswelt zurückstellen oder ihre Mutterpflichten vernachlässigen muß.

Der Trend zur Gleichberechtigung hat aber noch eine weitere Konsequenz. In einem Familienverband, in dem es so etwas wie ein Familienoberhaupt gibt, muß nicht um jede Entscheidung gekämpft werden, ehe sie gefällt wird. Wenn es Differenzen oder schwerwiegende Probleme gibt, wird das Familienoberhaupt in Selbstverantwortung entscheiden. Das hat natürlich seine Gefahren, wenn das Familienoberhaupt sehr autoritär oder tyrannisch veranlagt ist. Andererseits hat auch der partnerschaftliche Stil, den wir heute in der westlichen Gesellschaft zu verwirklichen versuchen, seine Gefahren. Unter dem Oberbegriff der Gleichberechtigung muß man sich ständig und wegen jeden Details miteinander einigen, und wenn jeder auf seiner Meinung beharrt, wird das Einigungsunterfangen aussichtslos schwierig. Einer will sich dem anderen nicht mehr unterordnen, aber jeder müßte sich dem Ganzen der Familie unterordnen, wenn die Familie intakt bleiben soll, und das ist fast nicht mehr auf einen gemeinsamen Nenner zu bringen. Deswegen scheitern viele Familien an der Unwilligkeit des einzelnen, nachzugeben, und an der Unfähigkeit aller, sich hinzugeben an das Wohl der Gemeinsamkeit. So haben die großen Neuerungen im Rollenverständnis der Frau unter dem Strich nicht nur Wertgewinne, sondern auch Wertverluste, und nicht nur individuelle Unabhängigkeit, sondern auch kollektive Unsicherheiten mit sich gebracht.

Es ist überhaupt fraglich, ob eine ausnahmslose Angleichung von Mann und Frau wirklich befriedigend wäre, vermutlich würde sie weder dem spezifischen Naturell des Männlichen noch dem des Weiblichen gerecht. Was beide benötigen, das ist über alle Gleichberechtigung hinaus das Gefühl der *Gleichwertigkeit* im Wissen, daß ihre Wirkungsbereiche, wie unterschiedlich sie auch sein mögen, gleichermaßen wichtig und sinnvoll sind, und nicht in Konkurrenz zueinander stehen, sondern eher einander optimal ergänzen.

Es ist sicher kein Zufall, daß die Psychotherapie als eigenständiges Hilfsangebot, und zwar als ein Hilfsangebot, das nachgewiesenermaßen zu 70–80% von weiblichen Patienten in Anspruch genommen wird, zur selben Zeit entstand, als die Frauen begannen, in männliche Domänen vorzudringen und die ergänzende Funktion ihres Wirkens jenem Konkurrenzstreben zu opfern. Es ist genausowenig ein Zufall, wie die Tatsache, daß die Produktion der ersten Schlaftablette im selben Jahr stattfand, in dem das elektrische Licht erfunden wurde. Jede Veränderung des Naturgegebenen hat seinen Preis, und die Frauen der Gegenwart haben einen sehr hohen Preis bezahlt für ihre sogenannte Freiheit, einen Preis, der sie ein großes Stück seelischer Stabilität gekostet hat. Nichtsdestotrotz hat die Emanzipationsbewegung selbstverständlich ihr Gutes gehabt, wie auch heute niemand mehr das elektrische Licht missen möchte, nur müssen wir eben damit leben, daß eine erhöhte Anfälligkeit für Sinnkrisen bei Frauen unserer Gesellschaftsordnung vorliegt.

Bevor wir uns überlegen, wie alledem begegnet werden kann, werfen wir noch einen kurzen Blick auf den dritten Risikofaktor, was Sinnkrisen betrifft, die „Wohlhabenheit". Wohlhabende Leute hat es zu allen Zeiten gegeben, speziell unter der jeweiligen Führungsschicht eines Volkes, aber es war im allgemeinen eine sehr dünne Schicht über einem Berg von Armut. Erst mit dem Wirtschaftswunder der industriellen Welt nach dem 2. Weltkrieg wurde die Schicht der wohlhabenden Leute breiter und mündete in einen allgemeinen Wohlstand ein. Wir haben deswegen erst seit relativ kurzer Zeit Ergebnisse aus wissenschaftlichen Analysen, die uns eine Vorstellung darüber erlauben, wie sich das Milieu einer Überflußgesellschaft auf die Psychohygiene eines Volkes auswirkt. Was wir jedoch aus solchen Analysen bisher erkannt haben, klingt alarmierend. Denn offenbar stellt das Übermaß an Wohlhabenheit genauso eine Gefahrenquelle für die seelische Gesundheit eines Menschen dar, wie materieller Mangel eine Gefahrenquelle für die körperliche Gesundheit eines Menschen impliziert.

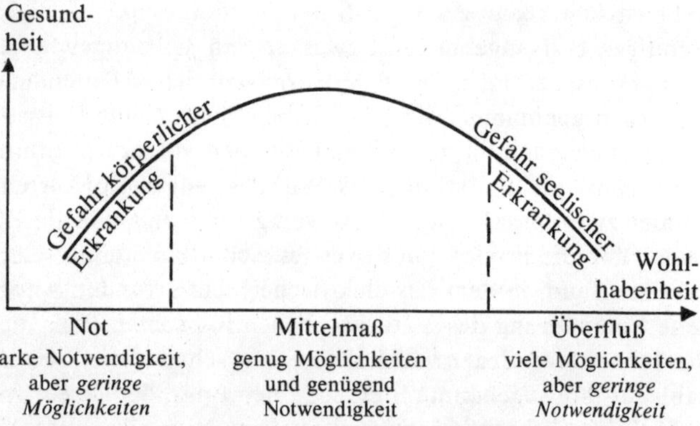

zur Verwirklichung eines sinnvollen Lebensstiles

Das kommt daher, weil in Zeiten des Überflusses die *Notwendigkeit* fehlt, einen sinnvollen Lebensstil zu verwirklichen, ähnlich wie in Notzeiten die entsprechenden *Möglichkeiten* dazu fehlen. Daß jemand beispielsweise nicht arbeiten kann, wenn er keine Möglichkeit dazu hat – wie es etwa bei wirtschaftlichen Depressionen der Fall ist –, liegt auf der Hand, aber daß jemand nicht oder nur wenig zu arbeiten gewillt ist, wenn er keine Notwendigkeit dazu hat, das ist eine relativ neue Erkenntnis. Was für die Arbeit gilt, gilt auch für die meisten anderen Charakteristika eines positiven Lebensstiles: Sparsamkeit und Wertschätzung im Umgang mit vorhandenen Gütern z.B. gibt es kaum, wenn solche Güter fehlen oder aber auch überreichlich bereitliegen.

Der Mensch braucht also nicht nur die jeweilige Möglichkeit zum sinnvollen Handeln, er braucht auch jeweils eine Notwendigkeit zum sinnvollen Handeln oder er tendiert dazu, überhaupt nicht sinnvoll zu handeln, so traurig dies ist. Konsequent zu Ende gedacht wurde diese Erkenntnis von Viktor E. Frankl, der sogar die Vergänglichkeit des Menschen aus der Perspektive interpretiert, daß im Falle eines unbegrenzten Lebens nicht die geringste Notwendigkeit für uns bestünde, irgendetwas zu tun, weil ja alles Tun in Unendlichkeit aufgeschoben werden könnte, was uns im Lebensvollzug vollkommen blockieren würde. So ist der Tod paradoxerweise der Motor unseres Lebens, weil er uns vor die Notwendigkeit stellt, dasjenige, was wir in unserem Leben verwirklichen wollen, hier und heute in Gang zu setzen, weil es andernfalls zu spät sein könnte.

Wenn wir diese Einsicht auf die Situation wohlhabender Menschen übertragen, dann wird uns klar, daß sie zwar viele Möglichkeiten, aber nur eine geringe Notwendigkeit besitzen, ihr Leben sinnvoll zu gestalten, was die Verleitung in sich birgt, es in zielloser Genußsüchtigkeit zu vergeuden. Das aber würde gerade jene existentielle Unzufriedenheit bedingen, von der ich anfangs darlegte, daß sie den Nährboden bildet für seelische Krisen aller Art und erst recht für familiäre und berufliche Disharmonien. Nicht umsonst wurden die höchsten Selbstmordraten meist in den wohlhabenden Schichten der Bevölkerung und in verhältnismäßig sorglosen Zeiten gemessen, ein Phänomen, das mit den herkömmlichen Streßtheorien nicht in Einklang zu bringen ist. Unter Berücksichtigung des Sinnaspekts kommen wir einem Verständnis der Sachlage allerdings näher, denn ein bloßes Haben garantiert eben noch lange kein sinnerfülltes Sein. Im Gegenteil, es kann zur Schranke werden, die einen durchaus wünschenswerten und wohldosierten Streß verhindert, nämlich den persönlichen Einsatz eines Menschen im Dienst an einer selbstgestellten Aufgabe, wodurch er leicht Mißstimmungen wie permanenter Langeweile, innerer Abstumpfung und passiver Gleichgültigkeit verfällt.

Fassen wir also zusammen: Junge Menschen besitzen im allgemeinen keine gefestigte Sinnorientierung, weil sie sich noch im Stadium des Ringens und Suchens nach Sinn befinden; weibliche Personen sind etwas anfälliger für Sinnkrisen als männliche Personen, weil sie auf ihrem Weg zur Gleichberechtigung das Gefühl der Gleichwertigkeit ihres spezifisch weiblichen Wirkungsbereiches – insbesondere im Dasein für die Familie – eingebüßt haben; und wohlhabende Leute schließlich sind gefährdet in Hinblick auf ihre seelische Gesundheit, weil für sie keine offensichtliche Notwendigkeit besteht, etwas Sinnvolles in ihrem Leben und aus ihrem Leben zu machen. In der Summe bedeutet dies, daß junge Frauen aus angesehenen Kreisen leider allzuoft unglückliche Lebensentscheidungen treffen, weswegen wir uns jetzt mit der Frage beschäftigen wollen, wie dem vorgebeugt werden kann.

Nun, was heißt denn Vorbeugung? Jede gute Form von Vorbeugung beinhaltet gleichsam das Kunststück, eine Not in eine Tugend umzuwandeln, indem just die Risikofaktoren eines Lebens umgemünzt werden in produktive Lebenschancen. Deswegen wollen wir uns überlegen, ob ein solches Kunststück auch hinsichtlich der genannten Erschwernisse in der Sinnfindung gelingen kann. Beginnen wir mit der Jugend, die geradezu ein Paradebeispiel für den Chancenreichtum von Risikofaktoren ist.

Niemals wieder im Leben hat man eine derartige Vielfalt an Chancen, wie als junger Mensch. Niemals wieder wird sich eine ähnlich breit gefächerte Wahlsituation darbieten, und vor allem ein ähnlich gewichtiges Wahlobjekt: die Wahl derjenigen Persönlichkeit, zu der man werden möchte. Aber um die richtige Chance im richtigen Moment zu ergreifen, dazu bedarf es zweier Eigenschaften: des *Mutes* und der *Geduld*. Nämlich der Geduld, zu warten, bis eine Sinnmöglichkeit aufscheint, eine, die es wert ist, unter vielen Möglichkeiten gewählt und verwirklicht zu werden, und die im Zuge ihrer Verwirklichung zur Selbstfindung führen wird. Ein solches Erfassen einer Sinnmöglichkeit geschieht nicht alle Tage, das braucht seine Zeit und die Geduld, diese Zeit abzuwarten im Vertrauen darauf, daß es eines Tages geschehen wird. Mit dem Erfassen jener verwirklichungswürdigen Chance ist es aber noch nicht getan, ihr Ergreifen muß auch gewagt werden, und dazu braucht es Mut, den Mut eines gesunden Optimismus und Idealismus, der jungen Menschen von Natur aus eignet, damit eben das Neue und Sinnträchtige in Angriff genommen wird und die Entwicklung vorangeht. Wo sich daher die Geduld mit dem Mut paart, das Wartenkönnen auf das Unerwartete mit dem Wagenkönnen des bisher Ungewagten, dort wird die Jugend zu einem großartigen Abenteuer, und der Sinnfindungsprozeß zu einem Schöpfungsakt, der eine neue menschliche Existenz in ihrem eigentlichen Kern entstehen läßt.

Wenn wir daher jungen Menschen helfen wollen, gerade die Chancen ihrer Jugend zu nützen, dann müssen wir sie zur Geduld mahnen und zum Mut herausfordern. Vielleicht ist es die Generation der Großeltern, die auf Grund ihrer langen Lebenserfahrung das Erfordernis der Geduld am besten vermitteln kann, indem sie an Hand eigener Beispiele veranschaulicht, wie sich vieles im Werden der Zeiten ergeben hat, das vorzeitig nicht zu erzwingen gewesen war, und wie gerechtfertigt das Vertrauen darauf ist, daß das Leben stets aufs Neue Sinnmöglichkeiten parat hält. Demgegenüber dürfte es der Elterngeneration angemessen sein, aus der aktiven Lebensbewältigung heraus, zu der sie selbst täglich und stündlich gefordert ist, ihren Kindern den Mut aufzuzeigen, der nötig ist, um das als sinnvoll Erkannte in die Tat umzusetzen und es dadurch aus dem Traumland innerer Entwürfe in die Welt konkreter Planung heimzuholen.

Freilich hat es einen großen Traditionswandel gegeben, und die heutigen jungen Menschen sehen in ihren Eltern und Großeltern keine Vorbilder in dem Sinne mehr, daß sie unkritisch ihren Spuren folgen wollen. Doch jede Generation hat ihren Sinnfindungsprozeß durchlaufen, und jede Generation hat dazu gewisser geistiger Fähigkeiten bedurft, die sie in abgewandelter Form auch heute noch an die Jugend weitergeben kann und soll, und die, dessen bin ich gewiß, den jungen Menschen auch wahrhaftig helfen, zu ihren eigenen Aufgaben und Zielen im Leben vorzustoßen.

Ein weiterer Aspekt der Vorbeugung betrifft die Rolle der Frau, oder sagen wir besser: den Wirkungsbereich der Frau, denn „Rolle“ klingt immer nach etwas Artfremdem, in das man hineinmanipuliert worden ist. Der Wirkungsbereich aber ist das dem Wesen eines Menschen Entsprechende, und da das Wesen der Frau bekanntlich mehr personen- als sachorientiert veranlagt ist, sollte ihr Wirkungsbereich sinngemäß etwas mit anderen Personen zu tun haben. Das ist die große Chance im Leben einer Frau: dazusein für jemanden, von dem sie gebraucht wird, und dem sie in Liebe zugetan ist. Damit ist durchaus nicht nur die Liebe zu einem Mann oder zu eigenen Kindern gemeint, sondern viel allgemeiner die Liebe zu allem Lebendigen, zu allem Bedürftigen, zu allem, das da wachsen und gedeihen soll, zum Sein in der Welt, das zu erhalten und zu fördern ist.

Natürlich wird niemand leugnen, daß eine Frau auch sachliche, wissenschaftliche, künstlerische Interessen aufbringen kann, doch werden sich selbst diese Interessen nur dort voll entfalten können, wo das weibliche Element mit seinem Schwerpunkt im zwischenmenschlichen Beziehungsgefüge daneben nicht vertrocknet, sondern dadurch sogar Anregung und Bereicherung erfährt. Das heißt, statt dem Manne die Sachlichkeit und berufliche Identifikation zu neiden und mit Vehemenz danach zu greifen, entspräche es der weiblichen Psyche viel mehr, ihre eigenen Fähigkeiten an Einfühlsamkeit, Anpassungsvermögen, pädagogischem Geschick und sozialem Verständnis zu nützen, um fruchtbar in die persönliche Umwelt hineinzuwirken und solcherart die männlichen Qualitäten ideal zu ergänzen.

Wenn wir folglich jungen Frauen helfen wollen, gerade die positiven Chancen ihrer Weiblichkeit zu entdecken, dann müssen wir ihnen die Werthaftigkeit und vor allem die Gleichwertigkeit jeglichen „Liebesdienstes“ im besten und weitesten Sinne des Wortes darlegen, nämlich Werthaftigkeit, was den Umgang mit allem Lebendigen betrifft, und Gleichwertigkeit, was die eher dem Manne zukommende Auseinandersetzung mit sachlichen Gegebenheiten und zu gestaltender Materie betrifft. Großmütter, Mütter und Tanten sind aufgerufen, den heranwachsenden jungen Frauen Möglichkeiten eines solchen sozialen Engagements bewußt zu machen und vorzuleben, eines Engagements, das, wie erwähnt, keinesfalls auf die Familie beschränkt ist, sondern genauso in Schulen, Krankenhäusern, Kinderheimen, Pflegestationen, Tierasylen etc. seinen Platz finden kann – aber auch neben einer ganz anders gearteten Arbeit in der Freizeit, die etwa mit Nachbarschaftshilfe, Freundschaft oder Gastlichkeit gefüllt wird.

Die Frau trägt in sich, was man im Amerikanischen „the need to be needed“ nennt, eine Ursehnsucht, von jemandem gebraucht zu werden, und wenn man ihr helfen kann, diese Sehnsucht zu stillen, bewahrt man sie nicht nur vor drohenden Sinnkrisen, man hilft zugleich auch noch denjenigen in der Welt, *die* eben jemanden brauchen und darauf angewiesen sind, von jemandem geliebt zu werden.

Der letzte Aspekt der Vorbeugung, den ich noch besprechen möchte, zentriert sich um die Wohlhabenheit und ihre Konsequenzen. Daß es sich dabei um einen Risikofaktor der seelischen Gesundheit handelt, haben wir erörtert, wie aber steht es mit den Chancen, die dem Reichtum entspringen? Wenn der Besitz materieller Güter schon die Notwendigkeit zu einem sinnvollen Lebensstil herabmindert, so gewährt er doch immerhin die *Freiheit,* über seinen Gebrauch zu verfügen, was in positiver oder negativer Weise geschehen kann. Schließlich muß ein Besitztum nicht bloß zur Deckung eines selbstsüchtigen Überbedarfs verwendet werden, es kann ebensogut in den Dienst einer wichtigen und nutzbringenden Aufgabe gestellt bzw. zur Realisierung von Projekten herangezogen werden, die ohne entsprechende materielle Unterstützung bei bestem Willen nicht zu realisieren wären.

Wo aber Freiheit ist, dort ist auch Verantwortung, und wo Machtpotentiale wie Geld, Einfluß und Ansehen zur Verfügung stehen, dort ist der Mensch mehr denn je in die Pflicht genommen, diese irdische Leihgabe einzusetzen, um das Schicksal der Welt im Positiven mitzulenken, und das bedeutet nicht nur, manch ungehörten Hilferuf zu erhören, sondern viel allgemeiner: es dem menschlichen Geist zu ermöglichen, Zeugnis seiner Existenz abzulegen. Kein Wagner hätte ein derart imposantes Opernwerk schaffen können, hätte es nicht jemanden gegeben, der ihm Salär, Bühne und Orchester bereitgestellt hätte, und kein Columbus hätte einen neuen Kontinent entdekken können, hätte es nicht jemanden gegeben, der ihn mit Schiffen und Vorräten ausgerüstet hätte.

Um allerdings zu begreifen, welche musischen, kulturellen, pädagogischen, medizinischen oder technischen Aufgaben sich in unserer Zeit dem menschlichen Geiste stellen und darauf warten, aus wohlhabenden Kreisen unterstützt zu werden, weil sie eben von solcher Unterstützung abhängig, aber auch unterstützungs*würdig* sind, dazu müssen die Verantwortlichen ihren eigenen Horizont erweitern, sich selber weiterbilden, an sich selbst arbeiten. So zeigt sich bei näherer Betrachtung, daß es für wohlhabende Menschen *doch* eine Notwendigkeit zur Arbeit gibt, zwar nicht zu einer Arbeit, die ihren Lebensunterhalt sichert, dafür aber zu einer Arbeit, die ihr „Dasein für etwas Sinnvolles" sicherstellt, indem sie sie instandsetzt, die Sinnhaftigkeit von zu unterstützenden Vorhaben und Aufgaben abzuschätzen. Wir sehen, das Bewußtsein, für den bestmöglichen Einsatz derjenigen Mittel, die man besitzt, verantwortlich zu sein, wandelt Ziellosigkeit in gezieltes Handeln. Im Licht dieses Bewußtseins gibt es keine Verlegenheitsausbildung, kein überflüssiges Studium, nur um irgendwie beschäftigt zu sein, nein, jede Vermehrung des eigenen Wissens und Könnens steht im Zusammenhang mit der Verpflichtung, das Gute und Edle in der Welt zu vermehren und die einem zugefallenen Machtpotentiale dafür zu verwenden.

Wenn es daher um die Frage geht, wie Kinder aus wohlhabenden Familien zu einem sinnerfüllten Leben hingeführt werden können, dann sind insbesondere Großväter, Väter und Onkel aufgerufen, ihnen nicht nur das Vermächtnis ihrer eigenen Arbeit in die Hände zu drücken, sondern dazu noch das

Verständnis, daß dieses Vermächtnis für etwas „da sein" soll, das über den Träger des Vermächtnisses hinausreicht: für ein positives Werk, das es einleitet, für einen wichtigen Forschungszweig, den es fördert, kurz, für das Erklettern einer weiteren Stufe auf der langen, gewundenen Treppe der Menschheitsentwicklung. Wo dieses Verständnis geweckt werden kann, wird Überfluß zum Geschenk und Wohlhabenheit zum Segen.

Wir sind davon ausgegangen, daß die wohlhabenden jungen Frauen eine in Hinblick auf ihre Sinnfindung gefährdete Gruppe in der Bevölkerung darstellen. In einer Übersichtstabelle habe ich die drei Risiken dieser Gruppe nochmals schlagwortartig zusammengestellt, die darin bestehen, daß junge Menschen im Stadium der Sinnsuche hilflos steckenbleiben können, daß Frauen im Zuge ihrer Gleichheitsbestrebungen eine starke Abwertung ihrer spezifischen Wirkungsbereiche erfahren haben, und daß wohlhabenden Leuten keine äußere Notwendigkeit eines sinnvollen Lebensstiles zuteil wird. Danach haben wir uns überlegt, ob diese Risiken nicht auch als Chancen betrachtet werden können, und in der Tat Hinweise gefunden, die dafür sprechen. Jungen Menschen stehen bei ihrer Sinnsuche vielfältige Sinnmöglichkeiten zur Auswahl, Frauen erwächst aus ihrer angeborenen Personenbezogenheit die Befähigung zum sozialen Engagement, und wohlhabende Leute besitzen nicht nur materielle Güter, sondern auch die Freiheit, diese sinnvoll zu nutzen. Wer aber ist in der Lage, diese verborgenen Chancen aufzuzeigen?

Hier endet das Amt des Wissenschaftlers und beginnt die unverzichtbare Kleinarbeit der Keimzelle allen menschlichen Lebens, der Familie. Großeltern und Eltern, Tanten und Onkel müssen das uralte Erbe der Generationen weitergeben, das im Grunde nie veralten kann, weil es traditionsunabhängiges Weisheitsgut ist: nämlich, daß es der Geduld und des Mutes der Jugend bedarf, um zu sinnvollen Zielen vorzustoßen, daß es eines „Daseins für jemanden" bedarf, um in der mitmenschlichen Umwelt Glück zu empfangen und Glück zu verströmen, und daß es eines „Daseins für etwas" bedarf, um der Verantwortlichkeit gerecht zu werden, die nun einmal auf den Schultern eines jeden von uns ruht, und um so schwerer wiegt, je reicher seine Wiege ausgestattet war. Worauf es ankommt im Leben, das sind nie und nimmer die Bedingungen, die man vorfindet, sondern das ist stets das Lebenswerk, das man daraus gemacht hat!

	Risiken	**Chancen**	familiäre Hilfen
	in Hinblick auf die Sinnfindung		
Jugend	Gefahr des Steckenbleibens im Stadium der Sinnsuche	Vielfältige zur Auswahl stehende Sinnmöglichkeiten	Großeltern: Aufzeigen der nötigen Geduld Eltern: Aufzeigen des nötigen Mutes
Weiblichkeit	Abwertung weiblicher Wirkungsbereiche durch Gleichheitsstreben	Personenbezogenheit als Befähigung zum sozialen Engagement	Großmütter, Mütter (Tanten): Aufzeigen der Werthaftigkeit eines „Daseins für jemanden“
Wohlhabenheit	Fehlen der Notwendigkeit eines sinnvollen Lebensstiles	Freiheit zur sinnvollen Nutzung materieller Güter	Großväter, Väter (Onkel): Aufzeigen der Verantwortlichkeit im „Dasein für etwas“

Die Familie – ein Gravitationszentrum der Liebe

Wir nannten die Familie die Keimzelle allen menschlichen Lebens, aber sie ist darüber hinaus schlicht und einfach das Zentrum des Lebens. Niemals noch, in keinem Jahrhundert zuvor, konnten wir uns dessen so gewiß sein wie heute, da wir die kritischen Folgen einer „Dezentralisierung" der Familie kennengelernt haben. Die Alten werden in Heime ausgelagert, die Verwandten rücken voneinander ab, Mütter und Väter erwägen die Scheidung, die Kinder flüchten halbwüchsig aus dem Haus, die Kleinen erzieht der Fernsehschirm, und bei den Ungeborenen stellt sich die Frage, ob man sie überhaupt noch austragen soll ...

Das ist zugegebenermaßen eine sehr krasse, aber leider nicht allzu unrealistische Beschreibung jenes Dezentralisierungs- und Zersplitterungsprozesses, der die Familie heutzutage bedroht. Eine Bedrohung, die – wenn mir gestattet ist, dies zu bemerken – der Bedrohung durch feindliche Raketen bei weitem übergeordnet ist, denn selten noch in der Geschichte sind große Kulturen an ihren äußeren Feinden zugrunde gegangen, fast immer begann der Verfall von innen.

Aber wir wollen hier keine düsteren Zukunftsprognosen beschwören. Auch ist niemandem damit gedient, wenn wir die gegenwärtige Zersplitterung der Familie theoretisch zu analysieren versuchen, vielmehr geht es jetzt darum, die einzelnen Splitter praktisch zu synthetisieren, und das heißt: zusammenzuführen, was zusammengehört, beieinanderzuhalten, was miteinander verbunden ist, und zu retten, was verloren scheint.

Als man sich in den 40er und 50er Jahren hierzulande bemühte, die durch die Kriegswirren räumlich auseinandergerissenen Familienangehörigen wieder zu vereinen, hätte bestimmt niemand gedacht, daß wir in den 80er und 90er Jahren eine neue Art von „Familienzusammenführung" benötigen würden, wenn auch keine räumliche, sondern eine seelische. Eine, die den in ihren Grundüberzeugungen verunsicherten Menschen hilft, den Weg zueinander zu finden. Inzwischen ist es soweit. Die Familiengemeinschaft muß wiederbelebt werden, ihr Wert soll wieder erkannt, ihre existentielle Bedeutung wieder erfahren werden. Dazu bedarf es eines Gesinnungswandels, den ich in einem einzigen Satz zusammenfassen möchte: *Wir dürfen nicht mehr nur kausal, wir müssen auch final denken lernen.*

Was hat es damit auf sich? Nun, die kausale Denkweise wurde vor allem durch die Wissenschaftslehre der Tiefenpsychologie popularisiert. Diese entwickelte eine wahre Meisterschaft darin, die Hintergründe menschlicher Konflikte aufzudecken, Ursachen mißlungener Beziehungen zu erhellen und die Defizite der menschlichen Natur einschließlich Macht und Ohnmacht unbewußter Triebhaftigkeit ins Bewußtsein zu rükken. Den psychologischen Kausalmodellen folgend begann auch der Durchschnittsbürger die dunklen Seiten seines Ichs besser zu verstehen und Deutungen für seine negativen Handlungen parat zu halten.

In der psychologischen Praxis ist es mittlerweile so, daß die Patienten mehr erklären als die Therapeuten. Da kommen Mütter und sagen: „Mit einem meiner Kinder habe ich große Schwierigkeiten. Das Kind habe ich von Anfang an abgelehnt, es war kein Wunschkind, und zur Zeit seiner Entstehung erwog ich gerade, meinen Mann zu verlassen. Durch die Schwangerschaft bin ich dann doch geblieben, aber diese ‚Nötigung' zum Bleiben habe ich meinem Kind insgeheim nie verziehen." Oder es kommen Väter und sagen: „Meine Frau verweigert sich mir, wenn ich intim werden will. Das kommt daher, weil sie früher von ihrem dominanten Vater unterdrückt worden ist, und jetzt ihre Abneigung gegen ihn auf mich überträgt."

Eine meiner Studentinnen warf einmal mitten in der Klausur ihr Schreibzeug hin und rannte aus dem Hörsaal. Als sie später mit der Bitte zu mir kam, ich möge sie mündlich prüfen, weil sie den Schein brauche, gab sie als Entschuldigungsgrund an, ich hätte sie plötzlich an ihre verhaßte Mutter erinnert, von der sie als Kind einmal davongelaufen wäre, da hätte sie eine solche Panik erfaßt, daß sie wiederum davonlaufen hätte müssen. Aber auch Jugendliche haben das kausale Denken nach diesem Schema schon gut gelernt. Wie oft höre ich Aussagen folgender Art: „Die Alten sind selber schuld, wenn ich abends nicht heimkomme – mit ihrem ständigen Gekeife drängen sie mich geradezu aus dem Haus ..." oder „... meine Eltern, die sind ja verklemmt, mit denen kann man nicht reden, deswegen habe ich das Gespräch mit ihnen schon längst aufgegeben."

Das kausale Denken fahndet also nach Ursachen für das, was *ist*. Ein finales Denken hingegen sucht nach Gründen für das, was *sein soll*. Finalität ist ausgerichtet auf ein Ziel, einen Sinn, einen Zweck, auf das, was noch werden kann aus dem Seienden. Es gibt sogar eine psychologische Richtung, die im Gegensatz zur Tiefenpsychologie den finalen Denkansatz bevorzugt, und das ist die vom Wiener Psychiater Viktor E. Frankl begründete Logotherapie*, eine Psychotherapie, die schon sehr viele Familien wieder zusammengebracht hat. Sie würde im Falle jener Mutter, die ihr Kind ablehnt, Gründe aufzeigen, die es wert sind, die Abneigung zu überwinden, damit die Liebe doch noch wachsen kann. Im Falle der Sexualstörungen des Ehepaares wegen Übertragungsängsten der Frau würde sie zu differenzieren lehren zwischen der Einzigartigkeit des Vaters und der Einzigartigkeit des Ehemannes, die beide nicht miteinander vermischbar sind, aber herausfordern zur Versöhnungsbereitschaft gegenüber dem einen und zur Vertrauensbereitschaft gegenüber dem anderen.

Auf ähnliche Weise machte ich meiner neurotischen Studentin klar, daß die wichtigste Prüfung ihres Lebens darin bestehe, zu beweisen, daß sie zwar diese oder jene Stimmungen habe, nicht aber die Stimmungen *sie* haben, und daß sie sich daher ihren momentanen Gedankenassoziationen nicht unterwerfen

---

* Der Begriff Finalität wird nicht im Sinne Alfred Adlers verwendet, der damit die Zielstrebigkeit psychischer Akte und insbesondere neurotischer Symptome bezeichnete.

dürfe, wenn sie das Studium erfolgreich zu Ende bringen wolle. Ja, und den streitbaren Jugendlichen würde vom finalen Standpunkt aus empfohlen werden, auf die bequeme Schuldabwälzung auf die Eltern zu verzichten, um stattdessen lieber einen eigenen konstruktiven Beitrag zur Familienharmonie zu leisten.

Nicht immer liegt des Rätsels Lösung darin, die Ursachen zu kennen, manchmal ist es besser, etwas fraglos hinzunehmen, wie es eben ist, und das Beste daraus zu machen. Gerade im Familienverband habe ich wiederholt erlebt, daß das Wissen um wahre oder hypothetische Ursachen die Lage eher verschlimmert: wenn z. B. ein Elternteil endlich herausfindet, daß der Partner ihn gar nicht aus Liebe geheiratet hat, oder Kinder endlich begreifen, daß sie nur Ersatz für unerfüllte Wünsche ihrer Eltern waren, ist damit noch lange nichts Positives gewonnen.

Es ist natürlich ein Fortschritt, daß die Psychologie allmählich dazu übergegangen ist, die ganze Familie in ihre Untersuchungs- und Beratungskonzepte miteinzubeziehen. Aber auch die sogenannte Familientherapie ist noch von der Absicht geprägt, alles Unterschwellige an Gefühlen und Motiven innerhalb der Familie bloßzulegen. Es ist ganz richtig, das offene, ehrliche Gespräch zwischen allen Beteiligten in Gang zu bringen, aber es darf kein Monolog zu zweit, zu dritt oder zu viert daraus werden! Wenn jeder nur über sich und seine inneren Wünsche und Ängste, Bedürfnisse und Ansprüche debattiert, entschwindet das Ganze, das Gemeinsame aus dem Blickfeld.

Das Ganze ist aber mehr als die Summe seiner Teile, wie uns bereits die Altväter der Philosophie lehrten, und die Familie ist auch mehr als die Summe ihrer Mitglieder. Sie ist ein *Gravitationszentrum der Liebe,* das einander angehörende Menschen in Freud und Leid anzieht, ihnen Geborgenheit und Zuflucht vermittelt, sie fördert und stützt, sie nährt und behütet, sie begleitet von der Geburt bis zum Tod. Um ein solches Zentrum funktionsfähig zu erhalten, ist es allerdings notwendig, auch einiges dafür zu tun, und hier kommt wiederum der finale Aspekt ins Spiel, der den einzelnen auf ein gemeinsames sinnvolles Ziel hin ausrichtet und etwaigen Ursachen einer Zerstörung Gründe für eine Erneuerung und Heilung entgegenhält. Wir sagten, mit dem Bloßlegen des Unterschwelligen ist es nicht genug, das *Übergreifende* muß transparent gemacht werden, das, was Familienmitglieder verantwortlich aneinander bindet, soll ihr Familienverband nicht in Auflösung geraten.

Manchmal, wenn Eltern und Kinder bei mir zur Beratung sind, weil sie nicht mehr weiterwissen, und jeder abgeladen hat, was er den anderen zum Vorwurf macht, sage ich, an alle gewandt: „In der Beziehungskasse bei Ihnen herrscht zur Zeit Ebbe, da muß dringend etwas eingezahlt werden, ein bißchen ‚guter Wille' von jedem, dann können wir später an die Verteilung des Inhalts gehen, aber vorerst kann nichts beansprucht werden – vorerst muß etwas *verschenkt* werden!" Daraufhin frage ich jedes Familienmitglied einzeln, was es bereit sei, zum Wohle der Familie aus freien Stücken bei sich selbst im Positiven zu ändern, ohne Bedingungen bei den anderen, noch Erwartungen an die anderen damit zu verknüpfen. Was es bereit sei, von sich aus zu geben in Hinblick auf die alle Differenzen übergreifende Werthaftigkeit des gemeinsamen Ganzen. Es ist erstaunlich, was bei solchen logotherapeutischen Familiengesprächen an Dokumentation „guten Willens" tatsächlich zu wecken ist, und das nicht nur bei Eltern, die in ihren Beziehungen seit Jahren festgefahren sind, sondern auch bei den Kindern, die im Grunde ihres Herzens sowieso nichts dringlicher ersehnen, als ein harmonisches Familienklima.

Auf den Einwand, ob nicht die Selbstentfaltung des Individuums bei einem derartigen Vorgehen auf der Strecke bleibe, gibt der Schweizer Psychiater Jürg Willi Antwort. Er, der auch ein finaler Denker ist, betont, daß in einem Beziehungssystem eine „Koevolution", also ein gemeinsames Wachsen, möglich ist, soferne keiner seine Bedürfnisse frei auslebt. Dazu schreibt er: *

„... der Beziehungsprozeß ist geeignet, uns intensiver zu realisieren, als wir dies auf uns selbst gestellt könnten. Wir erleben

---

* Jürg Willi, „Koevolution – Die Kunst gemeinsamen Wachsens", Verlag Rowohlt 1985.

unser Selbst im Hervorgerufenwerden durch andere Menschen. Unsere persönlichen Eigenschaften, Gefühle und Handlungen treten erst oder zumindest intensiver in Erscheinung, wenn sie von anderen Menschen gebraucht werden.“

Zweifellos ist das Gebrauchtwerden innerhalb der Familie eine der schönsten Sinnerfüllungen menschlichen Daseins. Nur darf es nicht umkippen in Forderung, Erpressung und mehr oder weniger subtile Formen von Gewalt, es sollte vielmehr Anstoß und Chance sein, sich in Liebe hingeben zu dürfen.

Wie wichtig es ist, diese Perspektive auch jungen Menschen bereits zu eröffnen, kam mir 1985 auf einer Tagung zu Bewußtsein, bei der Fachleute über das „Jahr der Jugend“ diskutierten. Die stundenlang von allen Seiten durchgekaute Frage lautete: „Was brauchen Jugendliche, um sich gut entwickeln zu können?“ Die Gegenfrage, *wofür* und *von wem* die Jugendlichen selbst schon gebraucht werden könnten, stellte sich nicht ein einziges Mal, sie kam überhaupt nicht auf den Tisch. Dabei ist doch klar, daß das Brauchen und Gebrauchtwerden im Leben einander bedingen, und daß das sinnvolle Gebrauchtwerden dabei in vieler Hinsicht die reifere und würdigere Variante ist, auf die der Erziehungsprozeß final zusteuern muß.

Die Früchte dieser einseitigen Bewertung des Brauchens erleben wir unter anderem an Hand der vielen Gerichtsprozesse, die heutzutage erwachsene Kinder gegen ihre Eltern führen. Wenn ein 44jähriger arbeitsloser Alkoholiker seine Mutter, die nur eine Rente bezieht, auf Unterhalt verklagen und damit auch noch durchkommen kann, was nur ein Beispiel ist, aber für viele steht, dann ist im wahrsten Sinne des Wortes etwas verrückt, ein ganzes Wertsystem ist ver-rückt, und zwar nicht einmal so sehr wegen der finanziellen Zumutung an die alte Frau, sondern wegen der bodenlosen Unverschämtheit des Ansinnens an sich. Wohl mag die Mutter ihrem Sohn unter die Arme greifen, wenn sie dies für sinnvoll hält, aber das kann einzig geschehen auf dem Wege eines Geschenks, und nicht per Zwang.

Damit komme ich zurück auf das, was ich anfangs sagte: die

Wiederbelebung der Familie bedarf eines Gesinnungswandels. Das Endziel, dem eine Familiengeschichte zuströmen soll, soll die verantwortlichen Entscheidungen ihrer Träger bestimmen, und nicht der bisherige Entwicklungsablauf allein. Daß ein solches Endziel als fernes, aber dennoch richtungsweisendes Ideal in jedem Menschenherzen ruht, beweist die Emsigkeit, mit der darum gerungen wird, eine Familie wieder aufzubauen, sobald eine zerbrochen ist. Fast jeder Geschiedene heiratet wieder. Es ist nicht so, daß man sich scheiden läßt, um frei und unabhängig zu sein, nein, die meisten Geschiedenen halten die Einsamkeit gar nicht aus. Der Streit um die Kinder verschärft zusätzlich ihre Lage, doch auch diese verbitterten Kämpfe, die meistens auf Kosten der Kinder ausgetragen werden, müssen letztlich gesehen werden als Ausdruck jener Ursehnsucht nach dem Endziel einer heilen Familie, in der die Kinder nirgends anderswo sind, als bei ihren Eltern.

So kommt es, daß wir heute eine noch nie dagewesene Menge an Stieffamilien haben, und dadurch Probleme, die noch nie dagewesen sind. Diese Familien sollen ja notgedrungenermaßen auch wieder zu Gravitationszentren der Liebe werden, aber das ist nicht so einfach, denn einzelne Familienmitglieder gehören einem familienfremden Gravitationsfeld an und werden hin- und hergerissen. Ich bin bei meiner Arbeit Kindern begegnet, die auf meine Frage, was ihr Vater beruflich mache, antworteten: „Welcher?", wonach sich herausstellte, daß schon der 3. Vater in der Familie weilte. Das ist nicht nur für die Kinder ein Irritationsfaktor, sondern auch für die Stiefeltern eine höchst zwiespältige Situation.

Beide wissen nicht, wie sie sich zueinander verhalten sollen; sie haben keine natürlichen Instinkte dafür, die sie leiten, und keine traditionellen Vorbilder, sie haben kein gewachsenes Fundament aus einer gemeinsamen Vergangenheit, und keine Vorstellungen von etwas Verbindendem in der Zukunft. Für die Stiefeltern gibt es keine definierte Rolle; sie können nicht Eltern spielen, weil das schon rein gesetzlich nicht ihrem Status entspricht (ganz abgesehen davon, daß größere Kinder eine solche Rolle kaum akzeptieren), aber sie *müssen* irgendwie Eltern spielen, wenn die Familie eine Familie sein soll. So kommen sie um Pflichten nicht herum, denen keine Rechte gegenüberstehen, aber selbst ihre Pflichten sind nicht anders definiert als im Gesetzbuch ihres Gewissens.

Ich will damit keineswegs andeuten, daß Stiefeltern schlechte Eltern sein müssen, im Gegenteil, manchmal tun sie sogar mehr für ihre Kinder als deren leibliche Eltern. Mir ist der Fall einer Frau bekannt, die von einer außerordentlich gütigen Stiefmutter großgezogen worden ist, nachdem ihre eigene Mutter die Familie wegen einer Liebschaft verlassen hatte. Auch als die Frau bereits erwachsen war, hing sie immer noch in Zuneigung an ihrer Stiefmutter, die jedoch eines Tages tödlich verunglückte. Im Laufe der Zeit begann dann ihre leibliche Mutter zu kränkeln und wurde immer hilfloser; die einstige Liebschaft war längst vorüber, und es war auch sonst niemand da, der ihre Pflege hätte übernehmen können, außer der erwachsenen Tochter. Dadurch entstand schließlich die Paradoxie, daß die mir bekannte Frau ihre Stiefmutter, welche sie liebend gerne bis ans Lebensende gepflegt hätte, verloren hatte, dafür aber die ihr völlig entfremdete leibliche Mutter über Jahre hinaus widerwillig versorgen mußte.

Dieses Beispiel veranschaulicht die trotz vieler guter Bemühungen ständig schwelende Tragödie zerrissener Familien, ganz zu schweigen von den Verkomplizierungen durch „meine", „deine" und „unsere" Kinder geschiedener und wiederverheirateter Eheleute, durch die unvermeidlichen Eifersüchteleien zwischen leiblichen und nicht-leiblichen Elternteilen sowie durch künstlich festgelegte Besuchsregelungen mit ihrem nie abzuschüttelnden Hauch von Unmenschlichkeit. So behutsam man auch vorgehen mag, ein gewisser Dezentralisierungsprozeß der Familie ist nach Scheidungen fast nicht aufzuhalten, das Gravitationsfeld der Liebe hat seine Integrität eingebüßt.

Auch hier könnte nur ein grundsätzlicher Gesinnungswandel zum Umdenken führen. Wie leichtfertig und voreilig wird doch bei Eheproblemen die Meinung vertreten, „nur wegen der Kinder" beisammenzubleiben habe doch keinen Sinn, und wie sehr wird dabei vergessen, daß Kinder und ihre gesunde Entwicklung ein hoher Wert sind, *Wert genug,* um beisammenzubleiben und die Probleme einvernehmlich zu lösen. Die Geringschätzung, die aus dem „nur wegen der Kinder“ herausklingt, entspringt wiederum dem kausalen Denken, in dem das Schwergewicht auf der Durchleuchtung von Hintergründen liegt, und also auch auf den Hintergründen eines jeden Ehestreits. Die Wertschätzung hingegen, die in einem bewußten und gewollten sich „zumindest wegen der Kinder“ Zusammenraufen Ausdruck fände, würde sich bereits dem finalen Denken nähern, das sich am Übergreifenden orientiert, und in diesem Fall am übergreifenden Auftrag einer jeden Familiengemeinschaft: der Erhaltung und Weitergabe des Lebens.

Zweifellos ist das Thema „Familienzusammenführung“ – wenn auch nicht im räumlichen, sondern im seelischen Sinne – unerschöpflich. Auch wir Fachleute haben keine Patentrezepte, auch wir suchen nach gültigen Maßstäben in einer Welt voller Fragezeichen. Aber *große Fragen erfordern großartige Antworten,* und in diesem Sinne sind wir alle aufgerufen, Brükken zwischen Müttern, Vätern und Kindern zu bauen, Brücken von jener Art, von der mein Lehrer Viktor Frankl zu sagen pflegt: „Wollen wir eine Brücke schlagen von Mensch zu Mensch – und dies gilt auch von einer Brücke des Erkennens und Verstehens – so müssen die Brückenköpfe eben nicht die Köpfe, sondern die Herzen sein.“ *

---

* Viktor E. Frankl, „Psychotherapie für den Laien“, Verlag Herder, Freiburg, 11. Auflage 1984, Seite 162.

Alte Tugenden neu entdeckt und neu gedeutet

Unter den Brücken von Mensch zu Mensch fließt der breite Strom der Tugenden dahin. Es gibt Stimmen, die behaupten, wir befänden uns gerade in einer Dürrezeit, und der Strom der Tugenden sei am Versiegen. Doch ich meine, wir müssen nur nach neuen Quellen Ausschau halten oder vielleicht sogar nach seiner Urquelle zurückforschen, um die Wasser als Symbol des ewig Fließenden neu zu beleben.

In diesem Zusammenhang möchte ich unsere kleine Besinnung auf alte und neue Tugenden beginnen mit einer Erzählung von Martin Buber. Sie lautet:

Seine Briefe aus dem Lande Israel pflegte Rabbi Menachem zu unterzeichnen (mit den Worten): „Der in Wahrheit Demütige". Man fragte einmal den (Gelehrten) Rižiner: „Wenn Rabbi Menachem in Wahrheit demütig war, wie durfte er sich so benennen?"

„Er war so demütig", antwortete der Rižiner, „daß er die Demut, weil sie ihm innewohnte, für keine Tugend mehr erachtete." *

Der Rabbi durfte sich also demütig nennen ohne hochmütig zu sein, weil er vor lauter Demut gar nicht auf die Idee kam, er könnte sich ihrer rühmen. Was in dieser Geschichte anklingt, ist die bekannte Tatsache, daß eine Tugend keine Tugend mehr ist, sobald man sich selbst unter Berufung auf sie als „tu-

---

* Martin Buber, „Die Erzählungen der Chassidim", Manesse Verlag Conzett und Huber, Zürich 1949.

gendhaft" herausstellt. So ist es weder anständig, unentwegt von der eigenen Anständigkeit zu reden, noch ist es bescheiden, ständig auf die eigene Bescheidenheit hinzuweisen, und schon gar nicht ist es klug, andauernd die eigene Klugheit zu erwähnen.

Aber warum ist das eigentlich so? Etwas Wahres bleibt doch gewöhnlich wahr, wenn man es ausspricht. Ja, das möchte man meinen, doch dem ist nicht ganz so, denn auch die Wahrheitsliebe ist eine Tugend, die zu einer Untugend werden kann, wenn sie zum Eigennutz eingespannt wird. Ich hatte einmal einen Patienten, der sehr litt unter seiner Isolation. Er war im Grunde seines Herzens ein gütiger, hilfsbereiter, freundlicher Mensch, der sich aber vorgenommen hatte, immer ehrlich zu sein und bei der „Verlogenheit der Gesellschaft", wie er es nannte, nicht mitzuspielen. Wenn ihn zum Beispiel eine Verkäuferin in einem Metzgerladen strahlend anlächelte und ihm einen „Guten Morgen" wünschte, machte er sich klar, daß ihr Lächeln nur eine aufgesetzte Maske sei, und sie sich nicht im mindesten dafür interessiere, wie gut oder schlecht er seinen Morgen verbringe, was ihn veranlaßte, allenfalls mit ernster Miene zurückzunicken. Das Ergebnis war, daß er mit der Zeit nicht mehr angelächelt wurde und als Menschenfeind galt, was ihn immer mehr in die Verbitterung abdrängte. Wir sehen, die Wahrheit, die darin bestand, daß er ein freundlicher Mensch war, verwandelte sich mit seiner zunehmenden Verbitterung in eine Unwahrheit, und das nur deshalb, weil er der Wahrheit allzusehr gehuldigt hatte. Hätte er im Unterschied dazu bei der sogenannten Unwahrheit mitgemacht, also zurückgelächelt und den Gruß mit ein paar netten Worten erwidert, hätte es sein können, daß sich allmählich eine echte zwischenmenschliche Beziehung entwickelt hätte, und wenn nicht gerade zwischen ihm und der Verkäuferin, dann vielleicht zu anderen Personen aus seinem Umkreis, und daß dadurch die ursprüngliche Unwahrheit zu einer Wahrheit herangewachsen wäre.

Hier merken wir die Paradoxie der Tugendhaftigkeit sehr deutlich:

Nicht nur ist die Tugend keine Tugend mehr, sobald sie zum

eigenen Ruhm benützt wird, sie kann auch zu einer ausgesprochenen Untugend werden, wenn sie zum Selbstzweck erhoben wird, während umgekehrt eine Untugend sogar zur Tugend werden kann, wenn sie einem guten Zweck unterstellt wird.

Warum dies so ist, läßt sich leicht erklären. Alle Tugenden sind nämlich letztlich Varianten einer einzigen großen Tugend, und das ist die Fähigkeit des Menschen zur *Selbsttranszendenz,* ein Ausdruck, der von Viktor Frankl geprägt wurde, und den er folgendermaßen definiert:

„Unter Selbsttranszendenz verstehe ich den grundlegenden anthropologischen Tatbestand, daß Menschsein immer über sich selbst hinaus auf etwas verweist, das nicht wieder es selber ist, – auf etwas oder auf jemanden: auf einen Sinn, den da ein Mensch erfüllt, oder auf mitmenschliches Sein, dem er da begegnet. Und nur in dem Maße, in dem der Mensch solcherart sich selbst transzendiert, verwirklicht er auch sich selbst; im Dienst an einer Sache – oder in der Liebe zu einer anderen Person! Mit anderen Worten: ganz Mensch ist der Mensch eigentlich nur dort, wo er ganz aufgeht in einer Sache, ganz hingegeben ist an eine andere Person. Und ganz er selbst wird er, wo er sich selbst – übersieht und vergißt." *

Dieser Franklschen Definition können wir entnehmen, daß mit Selbsttranszendenz ein Wille gemeint ist, der über das Selbst hinausführt, und daher auch über die Selbstdienlichkeit des Gewollten. Und das ist der Grund, warum Tugenden als „Abkömmlinge" der menschlichen Fähigkeit zur Selbsttranszendenz keine Tugenden mehr sind, sobald sie ausschließlich dem Selbst dienen. Überlegen wir uns dies nochmals an unseren konkreten Beispielen:

Wir sprachen von Demut, aber was ist Demut? Die schmeichlerische Unterwürfigkeit eines devoten Charakters? Doch sicher nicht. Der Arzt Hannes Sauter-Servaes nennt sie „das Wissen um die Notwendigkeit des Gehorsams gegenüber einer höheren Ordnung", und da haben wir das Etwas, auf das

---

* Viktor E. Frankl, „Ärztliche Seelsorge", Verlag Deuticke, Wien, 10. Auflage 1982, Seite 160.

hin ein demütiger Mensch sich selbst transzendiert: auf eine höhere Ordnung hin. Ferner sprachen wir von Wahrheitsliebe und stellten überrascht fest, daß sie sogar Wahres aus Unwahrem schöpfen kann, wenn es etwas oder jemanden gibt, dem man in Wahrheit zugetan ist.

Gehen wir noch weitere Tugenden durch. Die Sparsamkeit ist ein glänzendes Beispiel dafür, wie sehr ihre Tugendhaftigkeit von der ihr zugrundeliegenden Selbsttranszendenz abhängig ist. Tugendhaft ist, wer auf etwas spart, das Sinn hat. Wer aber das Sparen zum Selbstzweck macht, steigert sich alsbald in Untugenden wie Geiz, Kleinlichkeit, Habgier etc. hinein. Auch der Mut und die Selbstdisziplin, die Hannes Sauter-Servaes als „geordneten Mut" bezeichnet, sind nur insofern Tugenden, als sie in einem selbsttranszendenten Anliegen zum Einsatz kommen. Wer einem Ertrinkenden nachspringt, um ihn zu retten, beweist Mut, oder wer tägliche Übungen auf sich nimmt, um in einem Orchester musizieren zu können, beweist Selbstdisziplin. Der gefährdete Mitmensch bzw. die Schönheit der Musik sind den persönlichen Einsatz wert. Doch wer im eisigen Wasser badet, um als glorreicher Held dazustehen, der ist nicht mutig, sondern bloß leichtsinnig und angeberisch. Oder wer täglich zwanghaft seine Wohnung von oben bis unten durchputzt, der ist von Selbstdisziplin weit entfernt und unterliegt eher einem fanatischen Ordnungsfimmel, als einem tugendhaften Streben.

An und für sich sind dies banale Weisheiten, die allerdings seit ungefähr einem Viertel Jahrhundert von einem derartigen „Wertwandlungsschub" überrollt worden sind, daß sie heute nur mehr spärlich im Bewußtsein der Bevölkerung präsent sind. Das Wort „Wertwandlungsschub" stammt von Helmut Klages *, der nachgewiesen hat, daß dieser Wandel als kollektiv-epochalgeschichtliches Phänomen spätestens in den 60er Jahren in unserem Kulturkreis begann. Bis dahin hatten individuelle Wertorientierungen vorgeherrscht, die, seinen Darlegungen zufolge, unter dem Stichwort „Pflicht- und Akzeptanz-

---

* Helmut Klages, „Wertorientierungen im Wandel", Rückblick, Gegenwartsanalyse, Prognosen, Verlag Campus, Frankfurt 1984.

werte“ zusammengefaßt werden können und Tugenden wie Disziplin, Leistung, Ordnung, Pflichterfüllung, Treue, Fleiß, Bescheidenheit, Pünktlichkeit, Enthaltsamkeit usw. positiv bewerten. Danach kam es allmählich zu einer Umbewertung: die „Pflicht- und Akzeptanzwerte“ verloren an positiver Werthaftigkeit, während die sogenannten „Selbstentfaltungswerte“ allgemein an Begehrlichkeit zunahmen. Was aber innerhalb dieser „Selbstentfaltungswerte“ als positiv bewertet wird, das sind keine Tugenden mehr, und es können schon deswegen keine Tugenden mehr sein, weil eben Selbstentfaltung und Selbsttranszendenz diametrale Zielrichtungen anpeilen: wo es um das Selbst geht, geht es nicht um etwas jenseits des Selbst und umgekehrt. Wir können die Richtigkeit dessen nachprüfen an Hand der Werteliste, die Helmut Klages unter dem Oberbegriff „Selbstentfaltungswerte“ zusammengetragen hat:

1. idealistische Gesellschaftskritik wie Emanzipation von Autoritäten, Gleichheitsdenken und Autonomie des einzelnen,
2. Hedonismus wie Genuß, Spannung, Abwechslung und Ausleben emotionaler Bedürfnisse, und
3. Individualismus wie Selbstverwirklichung, Recht auf Spontaneität, Ungebundenheit und Eigenständigkeit.

Was in dieser Liste steht, das ist kein Tugendkatalog, also nichts, das ein Mensch sich selbst abverlangt, sondern das ist ein Forderungskatalog an die Umwelt, von der ein Mensch etwas für sich verlangt. Auf einen Nenner gebracht könnte man sagen: Der Wertwandlungsschub wandelte Ansprüche an das Selbst in Ansprüche an andere. Unter Bezugnahme auf H. Klages schreibt Wolfgang Brezinka dazu:

Um die Mitte der 70er Jahre ist der Wertwandlungsschub zum Stillstand gekommen. Bei einem großen Teil der Bevölkerung ist damit jedoch keine neue Sicherheit der Wertorientierungen entstanden. Vielmehr kann man seither eine verhältnismäßig hohe Unsicherheit in den Wertungen der Menschen feststellen. Dabei scheint die Zahl jener Personen zuzunehmen, die sowohl die „Pflicht- und Akzeptanzwerte“ als auch die „Selbstentfaltungswerte“ positiv beurteilen und beide Wertgruppen für sich zu *verbinden versuchen. Es breitet sich wiederum mehr Verständnis für die „Pflicht- und Akzeptanzwerte“ aus. Es wächst das Bemühen um „Wertsynthesen“ *.*

Das ist genau die Situation, der wir hier nachspüren wollen, indem wir Perspektiven einer Neuentdeckung und Neudeutung von alten Tugendvorstellungen überdenken. Es ist die Frage nach der Wertorientierung des Menschen in einer Zeit, in der er verunsichert ist wie kaum je zuvor und nach einem annehmbaren Verständnis seiner selbst und der Welt Ausschau hält, weil das Alte nicht mehr trägt, und das Neue sich noch nicht unbedingt als tragfähig erwiesen hat. Ohne Wertorientierung kann man nicht erziehen, ohne Wertorientierung kann man auch keine Lebenshilfe geben, weshalb sowohl die Pädagogik als auch die Psychologie bislang von den unterschiedlichsten Modewellen erschüttert worden sind, ohne eine einheitliche Linie gefunden zu haben.

Ein typisches Beispiel dafür bietet die sexuelle Revolution. In den 60er Jahren war die australische Literaturdozentin Germaine Greer eine der führenden Vertreterinnen jener Bewegung, die vehement für die sexuelle Freiheit und Unabhängigkeit der Frau zu Felde zog. Ihr Buch „Der weibliche Eunuch“ entfachte damals einen Wirbelsturm in der Gesellschaft mit der Folge, daß die Tugend der sexuellen Zurückhaltung und monogamen Bindung abrupt entthront und ihrer Werthaftigkeit beraubt wurde. 1984 schrieb Germaine Greer in ihrem Buch „Die heimliche Kastration“ dagegen wortwörtlich:

„Die Frauen müssen wieder keusch werden, auf empfängnisverhütende Mittel verzichten, Kinder kriegen. Denn es gibt nichts Wertvolleres als eine Großfamilie. Die seelische Regeneration kann nur durch die Hinwendung zum Kind kommen!“

Und an anderer Stelle fährt sie fort:

---

* Wolfgang Brezinka, „Erziehen in einer wertunsicheren Gesellschaft“, Ernst Reinhardt Verlag, München 1986.

„Alles, was von meinem Sex-Idealismus übriggeblieben ist, möchte ich an die jungen Frauen weitergeben, damit sie es anders als wir machen, indem sie sich kostbar geben und ihren Körper für zu wichtig halten, als daß sie ihn mit Steroiden aufpumpen und allerlei Instrumente darin verstauen."

Das ist es, was Wolfgang Brezinka meint mit dem heute langsam wieder aufdämmernden Verständnis für „Pflicht- und Akzeptanzwerte" und dem gegenwärtigen Ringen um Wertsynthesen. Trotzdem müssen wir uns darüber klar sein, daß eine Rückkehr zum Althergebrachten nicht möglich ist, denn das Althergebrachte hat ja aus irgendeinem Grunde ein Unbehagen erzeugt, sonst wäre gar kein Wertwandlungsschub eingeleitet worden. Es kann nicht so gewesen sein, daß die alten Tugenden einfach von Nichttugenden abgelöst worden sind, das wäre wider die geistige Natur des Menschen, nein, es muß so gewesen sein, daß zuerst die alten Tugenden an Tugendhaftigkeit verloren haben, und deshalb von einer Interimsphase der Nichttugenden abgelöst worden sind, damit eine Neubesinnung auf wahre, und das heißt „zeitlose" Tugenden überhaupt erfolgen kann.

Von dieser Hypothese ausgehend müssen wir uns überlegen, was wohl seinerzeit geschehen sein mag, daß die alten Tugenden an Tugendhaftigkeit verloren haben? Nun, wie wird denn eine Tugend zur Nichttugend? Erinnern wir uns an die Paradoxien, die wir anfangs besprochen haben, und die damit zu tun haben, daß alle wahren Tugenden Abkömmlinge einer einzigen sind: der Fähigkeit des Menschen zur Selbsttranszendenz. Erinnern wir uns, was wir über Demut, Sparsamkeit, Mut usw. herausfanden, nämlich daß sie als Selbstzweck ihren ganzen tugendhaften Charakter verlieren, wohingegen sie in der Ausrichtung auf einen mit dem Selbst nicht identischen, außerhalb des Selbst liegenden Wert zu ihrer vollen Bestimmung gelangen. Vor dem Wertwandlungsschub kann also nur eines geschehen sein: der Mißbrauch der alten Tugenden für selbstdienliche Zwecke.

Beispiele dafür gibt es genug, denken wir nur an den brutalen Mißbrauch von Vaterlandsliebe und Heroismus im Dritten

Reich, denken wir an den Mißbrauch von Demut und Disziplin für autoritäre Knechtschaft oder an den Mißbrauch von Würde und Schamgefühl für puritanisch verbrämte Selbstkasteiung in der Vergangenheit. Der *Verlust an Selbsttranszendenz* war es, woran die alten Tugenden in unserem Jahrhundert erkrankten und schließlich um die Mitte des Jahrhunderts zerbrochen sind, was eine Abwertung der „Pflicht- und Akzeptanzwerte" mit sich brachte. Und da nun einmal das Wissen des Menschen um seine Selbsttranszendenz einen Tiefpunkt erreicht hatte, standen auch keine neuen Tugenden parat, um die alten abzulösen; die Selbstentfaltungskultur breitete sich aus, und mit ihr die hedonistischen Tendenzen einer Zeit der Nichttugenden. Die extreme Gefährlichkeit einer solchen Interimsphase aber besteht neben dem moralischen Niedergang, der natürlich damit verbunden ist, vor allem in der existentiellen Not des Menschen, der sich selbst nicht mehr findet. Ich zitiere nochmals das Franklwort:

„Ganz Mensch ist der Mensch eigentlich nur dort, wo er ganz aufgeht in einer Sache, ganz hingegeben ist an eine andere Person."

Unter den Aspekten einer Selbstentfaltung als höchstes zu erreichendes Lebensziel gibt es kein „Aufgehen in einer Sache" mehr, kein sich „Hingeben an andere Personen", und das bedeutet, daß es auch keinen umfassenden Vollzug echten „Menschseins" mehr gibt, kein Dasein für etwas oder für jemanden, für das oder für den sich menschliches Leben lohnt, keinen Sinn der eigenen Existenz. Mit dem Nicht-Haben von alten Tugenden und dem Noch-nicht-Haben von neuen Tugenden brach eine ungeheure Sinnkrise aus, von der wir uns bis heute nicht erholt haben.

Schauen wir uns das enorme Lebenshilfeangebot an, das uns der Markt gegenwärtig bietet! Hunderte und Hunderte von Ratgeber- und Weisheitsbüchern aller Art, Unmengen an pädagogischen und psychologischen Wegweisern, Methoden, Hilfsmitteln, Freizeitangeboten, die merkwürdigsten Sekten, die Lebenskunst verkaufen, eine ganze Palette von Meditationsverfahren, die Entspannung, Versenkung. Erleuchtung versprechen, Anlaufstellen für Problemaussprache, Beratung und Lebensschulung an allen Ecken – und immer noch Maximalzahlen an verstörten, süchtigen, depressiven, neurotischen, psychosomatisch kranken und aus der Bahn gefallenen Personen; welche Schlußfolgerung ist daraus zu ziehen? Der Mensch findet sich selbst nicht mehr, und er findet sich deshalb nicht, weil er *sich* sucht, anstatt über sich selbst hinauszuschauen, weil er *sich* verwirklichen möchte, anstatt Werte in der Welt zu verwirklichen, was die einzige Möglichkeit wäre zu einer wahren Selbstverwirklichung. Im Fazit leiden die Nichttugenden der „Selbstentfaltungswerte" an demselben Übel, an dem die alten Tugenden der „Pflicht- und Akzeptanzwerte" zuletzt gelitten haben: an der fehlenden Selbsttranszendenz.

Das alles klingt recht deprimierend, doch meines Erachtens zu unrecht. Der Wertwandlungsschub ist zum Stillstand gekommen, und die Sehnsucht nach Neubesinnung keimt ringsum auf, man tastet sich langsam wieder vor nach Idealen und Richtlinien, die auch in gewandelter Zeit noch Gültigkeit haben könnten. Sehr zu Hilfe kommt uns dabei der Rückgang des Wohlstandes, worin auch eine gewisse Paradoxie liegt, um die bereits Goethe wußte, als er schrieb:

Wer nie sein Brot mit Tränen aß,
Wer nie die kummervollen Nächte
Auf seinem Bette weinend saß,
Der kennt euch nicht, ihr himmlischen Mächte!

Ja, das Leid macht sensitiv für Wertempfindungen aller Art, während das Wohlergehen den Menschen abstumpft. Im Wohlstand wird der Mensch träge, verwöhnt, anspruchsvoll und freudlos; weil ihm soviel abgenommen ist, beschränkt er sich aufs Kritisieren, ohne gezwungen zu sein, kreative Änderungen aus eigener Kraft zu bewirken. Verschlechtern sich allerdings die äußeren Umstände, ist es mit dem Kritisieren nicht mehr getan, dann müssen Eigeninitiativen ergriffen werden, um das Leben zu meistern, und diese Notwendigkeit setzt wiederum aufbauende Energien frei. Was wir daher heute brauchen, das ist nicht eine Lebenshilfe, die Kapital schlägt aus der Verwöhntheit und geistigen Trägheit einer wohlstandsgeschädigten Gesellschaft, sondern eine, die sich selbst überflüssig macht, indem sie Energiepotentiale in der Bevölkerung anzapft, die die selbständige Lebensbewältigung ohne fremde Hilfe ermöglichen.

Wie aber könnte eine solche Lebenshilfe aussehen? Sie dürfte nicht mit vagen Glücksversprechungen zur Konsumation bereitliegen, ähnlich anderen Luxusgütern der Selbstentfaltungskultur, sondern müßte im Gegenteil den Weg dafür ebnen, daß zu jenen Weisheiten vorgestoßen bzw. „zurückgekehrt" werden kann, die sich die Menschheit in einem jahrtausendealten Prozeß geistiger Entwicklung erarbeitet hat, und die immer schon in der Erkenntnis gewisser Tugendhaftigkeiten gegipfelt hat. Mir scheint, die beste Lebenshilfe, die heute geleistet werden kann, sei es in der Pädagogik, sei es in der Klinischen Psychologie oder sei es in der Seelsorge, ist die *Erziehung zur Selbsttranszendenz*. Sie käme der Erziehung zu einem neuen Pflichtbewußtsein gleich, das nicht mehr, wie in früheren Zeiten, ausarten würde in starren Reglements, deren Sinn zunehmend uneinsichtiger wird, bis er völlig verblaßt ist. Nein, das neue Pflichtbewußtsein, dessen wir heute bedürfen, entspräche genau jener „Wertsynthese", die uns allen vorschwebt, wenn sie auch erst mühsam errungen werden muß. Es ist das Bewußtsein der Pflicht, die positiven Fähigkeiten, die in jedem von uns schlummern, zur Entfaltung zu bringen, aber nicht um unseretwillen, sondern um etwas Sinnvolles damit in die Welt hineinzuschaffen und dadurch die Sinnhaftigkeit in der Welt zu vermehren. Niemand hat diesen Pflichtbegriff besser ausgedrückt als Goethe, der schrieb:

„Ich glaube, daß wir einen Funken jenes ewigen Lichts in uns tragen, das im Grunde des Seins leuchten muß und welches unsere schwachen Sinne nur von Ferne ahnen können. Diesen Funken in uns zur Flamme werden zu lassen und das Göttliche in uns zu verwirklichen, ist unsere höchste Pflicht."

Nicht uns selbst zu verwirklichen – das Göttliche in uns zu verwirklichen ist unsere höchste Pflicht ... eine Formulierung von großer Eindringlichkeit und ernster Mahnkraft!

An dieser Stelle möchte ich ein Fallbeispiel einschieben, das die Bedeutung des neuen Pflichtbewußtseins veranschaulichen soll. Es handelte sich um eine Frau, bei der sich nach einem Nervenzusammenbruch eine ziemlich hartnäckige Herzneurose etabliert hatte. Obwohl ihr Herz organisch einwandfrei in Ordnung war, konnte sie ihren Beruf nicht mehr ausüben und getraute sich auch sonst kaum irgendwelche Tätigkeiten zu verrichten aus Angst, ihr Herz könnte bei der leichtesten Anstrengung versagen. Als sie bei mir war, erzählte sie mir eine lange Geschichte, wie es zu dem Nervenzusammenbruch gekommen war, und lieferte mir auch gleich die entsprechenden Interpretationen dazu. Sie sei in einem Wirtschaftsbetrieb als Sekretärin und Buchhalterin angestellt gewesen und dabei emotional total überfordert worden. Und zwar nicht deshalb, weil ihr die Arbeitsmenge über den Kopf gewachsen wäre, sondern weil ihr Chef ständig seine Sorgen und Eheprobleme bei ihr abgeladen habe. Auf die Frage, warum sie darauf eingegangen sei, erklärte sie, der Chef habe ihr eben leid getan. Zur selben Zeit habe ihr Mann noch die Abschlußprüfungen seines Studiums vor sich gehabt, und daher nichts verdient. Das sei der Grund gewesen, warum sie nicht habe kündigen können, um sich in Ruhe nach einem geeigneteren Arbeitsplatz umzusehen. So sei ihr mit der Zeit alles zuviel geworden, bis sie schließlich seelisch am Ende war, und ihre psychosomatischen Beschwerden auftraten.

Oberflächlich betrachtet könnte man den Eindruck gewinnen, die tägliche Streß-Situation, noch dazu unter dem Druck des Geldverdienenmüssens, habe die junge Frau geschädigt. Sie, die so „tugendhaft“ war, aus reinem Mitleid mit dem Chef sich dessen Lasten aufzuladen, und aus reiner Liebe zu ihrem Mann dessen Unterhalt zu gewährleisten, habe sich dabei selbst übernommen. Aber diese Rechnung geht nicht auf, jedenfalls nicht unter den dargelegten Gesichtspunkten. Denn jemand, der weiß, *wozu* er ein Opfer bringt, der um den *Sinn* seines Opfers weiß, dem kann keine mißliche Situation etwas anhaben, der wird von seiner Opferbereitschaft nicht geschwächt, sondern eher gestärkt. Wäre es wirklich so gewesen, daß die Frau die Klagen ihres Chefs in einem Akt von Selbsttranszendenz tapfer mitangehört hätte, um ihm zu helfen, sein Herz zu erleichtern und zu einer Lösung seiner Probleme zu finden, dann hätte sie zwar mit ihm gefühlt und sich vielleicht mit ihm gesorgt, aber sie wäre abends aus dem Büro heimgegangen im Bewußtsein, ein gutes Werk getan zu haben, und das heißt: mit sich zufrieden. Und wäre es wirklich so gewesen, daß sie eine an sich unangenehme Tätigkeit in dem selbstlosen Bestreben aufrecht erhalten hätte, ihrem Mann den ungestörten Studienabschluß zu ermöglichen, dann wäre sie innerlich nicht nur zufrieden, sondern sogar stolz auf sich gewesen, glücklich über diese Chance, ihre Liebe unter Beweis stellen und ihrem Mann einen Dienst erweisen zu können. Aus diesem Gleichklang mit sich selbst, aus diesem intuitiven Wissen, diejenige Pflicht zu erfüllen, die gerade nottut, wären ihr noch zusätzliche Kräfte erwachsen, und nie und nimmer wäre eine Neurose die psychophysische Antwort darauf gewesen.

Also mußte in der Geschichte ein Denkfehler stecken, und deshalb gingen wir sie gemeinsam noch einmal durch. Was aber kam zum Vorschein? Die Arbeitsstelle war ihr gar nicht so unsympathisch gewesen, denn sie hatte dort mehr verdient, als sie anderswo erhoffen konnte zu verdienen. Folglich waren es hauptsächlich Eigeninteressen gewesen, aus denen heraus sie die Stellung beibehalten hatte, wogegen theoretisch auch nichts einzuwenden wäre, wenn sie es sich bloß eingestehen würde. Dazu kam, daß ihr auch der Chef nicht so unsympathisch gewesen war, wie sie zunächst glauben machen wollte. Er hatte sie offenbar in die Rolle einer Trösterin gedrängt und war ihr immer näher gerückt, was in ihr die Gewissensangst hatte aufbrechen lassen, daß zwei Ehen auf dem Spiel standen: die ihres Chefs und ihre eigene, und daß es an ihr lag, über die weitere Entwicklung zu entscheiden. Somit war gar nicht unbedingt das Ausharren am Arbeitsplatz diejenige Pflicht gewesen, die zu erfüllen gerade nottat, sondern ihr Gewissen dürfte eher für einen Wechsel des Arbeitsplatzes plädiert haben und wegen der damit verbundenen finanziellen

Verschlechterung bei ihr nicht durchgedrungen sein. Hin- und hergerissen zwischen der Verführung durch Chef und Geld einerseits und der trotz allem bestehenden Liebe zu ihrem Mann andererseits war der jungen Frau schließlich nur noch die Flucht in die Krankheit übriggeblieben, um dem Dilemma zu entrinnen.

Nachdem wir diesen Zusammenhängen auf die Spur gekommen waren, mußte die Frau lernen, ihre Krankheit mit anderen Augen zu betrachten. Es ging darum, sich von der Idee freizustrampeln, daß sie ein bemitleidenswertes Opfer ihrer Lebensumstände sei, ausgenützt, überfordert, unverstanden usw. Sie sollte sich zu einer neuen inneren Haltung durchringen, der gemäß sie durchaus bereit war, nicht Opfer zu *sein*, aber Opfer zu *bringen*, und zwar dann, wenn es etwas gab, das ihr Opfer eben wert war. Gab es ein solches „etwas" in ihrem Leben? Die junge Frau nickte unter Tränen. Ihr Mann habe sich während der Zeit ihrer Krankheit rührend um sie gekümmert, sie habe gar nicht gewußt, wie lieb er sein konnte, und wieviel sie ihm bedeutete. „Gut", sagte ich zu ihr, „Sie haben jetzt die Wahl, als was Sie Ihre Krankheit künftig verstehen. Sie kann ein Mittel sein, um über kontinuierlich drohende Herzanfälle die beständige Fürsorge Ihres Mannes an sich zu binden. In dem Fall werden Sie nie gesund werden, und Ihr Mann wird dennoch allmählich in seiner Fürsorge für Sie ermüden. Sie können Ihre Herzneurose aber auch als den Preis erachten, den Sie freiwillig gezahlt haben, um den Kontakt mit dem Chef zum Bruch kommen zu lassen, und das heißt, um Ihrem Mann letztendlich die Treue zu halten. In diesem Fall würde Ihrer Krankheit ein tieferer Sinn zukommen, sie wäre gleichsam der Umweg gewesen, über den sich Ihr eigenes Gewissen durchgesetzt hat." Die Frau fand diesen Gedanken sehr schön und beschloß, ihn zu adoptieren. Dann aber, fügte ich hinzu, sei der Umweg mittlerweile überflüssig geworden, weil sie ja schon am Ziel angelangt sei, und deshalb solle sie ab sofort jedesmal, wenn die Angst sie packe, ihr Herz könnte versagen, unbeirrt in ihrer jeweiligen Tätigkeit fortfahren und sich dabei innerlich denken: „Diese Angst, die werfe ich auch noch mit hinein in den Topf alldessen, was mir die Liebe zu meinem Mann wert ist – und wenn der Topf voll ist, werde ich gesund sein!"

Es dauerte keine sechs Wochen, und die Frau war gesund.

Greifen wir jetzt wieder unseren Gedankenfaden auf, der uns zu der Einsicht geführt hat, daß eine Erziehung zur Selbsttranszendenz das einzige Fundament ist, auf dem Tugenden neu entdeckt und neu gedeutet werden können. So wie ich die geschilderte Patientin zur Mobilisierung ihrer Fähigkeit zur Selbsttranszendenz herausgefordert habe, indem ich ihr half, ihre Angst nicht als Druckmittel für die Umwelt, sondern als Pfand ihrer Liebe zu verstehen und dadurch zu besiegen, genauso ist es wichtig, auch bei Kindern jene heilsame Selbstvergessenheit zu fördern, die stets mit einer positiven Wertorientierung verbunden ist. Wir können weder seelisch kranke Menschen noch Kinder zur Selbständigkeit erziehen, wenn nicht durch die gezielte Hinlenkung ihrer Aufmerksamkeit auf sinnvolle Aufgaben, die sich ihnen stellen. Wir können auch nicht zum Erwerb von diversen Fertigkeiten motivieren, wenn nicht durch das Aufzeigen der zu verfertigenden Werke. Und wie wollten wir Humor, Freude, Erlebnisfähigkeit wecken, wenn nicht in der einander zugewandten Begegnung bei der gemeinsamen Gestaltung freier Stunden? Eine heilsame Selbstvergessenheit ist beileibe keine Abwertung, keine Geringschätzung der eigenen Person, die einer Beachtung nicht wert wäre, sondern vielmehr die Hochachtung vor demjenigen, auf das hin sich die eigene Person ausrichten kann, für das sozusagen die persönlichen Kräfte gebündelt werden können, um es intentional zu erreichen. Nirgends läßt sich eine solche kräftemäßige Bündelung besser beobachten als an glücklichen Kindern, die in ihrer Selbstvergessenheit mit einer Intensität spielen können, daß sie schier im Spiel aufgehen, die aber auch mit einer Konzentration arbeiten können, die beneidenswert ist. Glückliche Kinder sind von Natur aus „tugendhaft", wenn auch nicht im Sinne zu erlernender Anstandsregeln, sondern eher im Sinne einer Unschuld des Herzens.

Eines jedoch glaube man nicht: Daß glückliche Kinder solche sind, die niemals Opfer bringen müssen, die sich niemals selbst zurückzunehmen brauchen, oder die sich nach Lust und Laune ausleben dürfen. Wenn es nicht schon aus gewichtigen pädagogischen Gründen unabdingbar notwendig wäre, sie zu einer gesunden Art von Pflichtbewußtsein zu erziehen, um akzeptable Mitglieder der Gesellschaft aus ihnen zu formen, dann wäre es zumindest aus psychologischen Gründen unumgänglich, diesen selbsttranszendenten Grundstein bei ihnen zu legen. Und zwar wegen einer Gesetzmäßigkeit, die wiederum erstaunlich paradox anmutet und sogar in der Fachwelt vor kurzem noch unbekannt war. Diese Gesetzmäßigkeit besagt, daß *Menschen, die sich selbst gut leiden mögen, dazu neigen, sich selbst zu übersehen, während Menschen, die sich selbst nicht leiden können, im Übermaß mit sich selbst beschäftigt sind.*

Das klingt überraschend, und doch hat diese Gesetzmäßigkeit ihren Ursprung in tiefgehenden seelischen Mechanismen, weswegen es sich lohnt, gedanklich ein wenig bei ihr zu verweilen. Nehmen wir uns zunächst den 1. Teil vor, die Aussage, daß Menschen, die sich selbst gut leiden mögen, dazu neigen, sich selbst zu übersehen. Die Franklschen Thesen helfen uns, dies zu ergründen. Wer sich selbst gut leiden mag, ruht sozusagen in sich selbst, er ist geborgen im Vertrauen darauf, daß seine Existenz sinnvoll ist. Ohne es notwendigerweise in Worte zu fassen, empfindet er, daß „es gut ist, daß es ihn gibt". Eine solche Empfindung ist aber nicht möglich, ohne eine Antwort auf die Frage „Warum?" im Hintergrund zu haben. „Warum ist meine Existenz sinnvoll? Warum ist es gut, daß es mich gibt?" Doch nur dadurch, daß es außer mir etwas gibt, *wofür* ich gut bin. Etwas, das meine Existenz sinnvoll macht, für das es eben nicht gleichgültig ist, ob ich existiere oder nicht. In dem Augenblick aber, da ich ein sinnvolles Etwas sehe, für das und auf das hin ich existiere, sehe ich auch schon mehr als mich selbst, sehe ich über mich hinaus, über-sehe ich mich. So kommt es, daß der Akt des Sich-Mögens bereits das „Sich" transzendiert auf einen vom Ich zu erfüllenden Sinn hin.

Wir haben es hier mit einem Automatismus zu tun, ähnlich demjenigen, der bewirkt, daß das normale Sprechen immer auch schon etwas voraussetzt, das ausgesprochen werden soll, oder daß das Essen etwas voraussetzt, das gegessen werden soll.

Drehen wir jedoch den Spieß um und schenken wir unsere Aufmerksamkeit just dem Selbst, dann stören wir diesen Automatismus, und er gerät aus dem Gleichgewicht. Wir kennen Krankheitsphänomene aus der Psychotherapie und Psychiatrie, die auf nichts anderem beruhen, als auf einer solchen Störung des automatischen Ablaufs einer Funktion durch erhöhte Aufmerksamkeitszuwendung. Gerade der Sprechvorgang ist ein gutes Beispiel. Ein in seinem Sprechvermögen verunsicherter Patient läßt sich dazu verleiten, sich selbst beim Sprechen zu beobachten, ob er die Laute und Worte richtig herausbringt, was ihn unweigerlich ins Stottern hineintreibt. Auch gibt es Patienten, die dem Kau- oder Schluckvorgang beim Essen ihre ganze Aufmerksamkeit schenken aus lauter Angst, es könnte ihnen etwa ein Bissen in der Kehle steckenbleiben, was ihnen das Essen auf der Stelle verunmöglicht und oft sogar psychogene Würgeanfälle erzeugt. Wir sehen, es gibt Funktionen, die nur dann optimal vor sich gehen, wenn sie unreflektiert bleiben und von angeborenen oder erworbenen Automatismen reguliert werden.

Dem vergleichbar ist die Verunsicherung und Beeinträchtigung des Sich-Mögens durch eine beobachtende Zentrierung auf das Selbst. Allein die Überlegung, ob man sich mag oder nicht mag, läßt schon das Pendel in Richtung Nicht-mögen ausschlagen, weil die Geborgenheit im Vertrauen auf die Sinnhaftigkeit der eigenen Existenz durch die Fragestellung bereits einen Riß bekommen hat. Deswegen gilt, daß Menschen, die sich selbst gut leiden mögen, dazu neigen, dies mit einer solchen Selbstverständlichkeit zu tun, daß sie sich selbst dabei übersehen.

Nehmen wir uns jetzt den zweiten Teil der erwähnten Gesetzmäßigkeit vor, die Aussage, daß Menschen, die sich selbst nicht leiden können, im Übermaß mit sich selbst beschäftigt sind. Diese Behauptung nachzuweisen ist nicht schwer, denn jede gefühlsmäßige Ablehnung produziert eine heftige innere Auseinandersetzung mit dem Gegenstand der Ablehnung. Auch der Selbsthaß zieht die Aufmerksamkeit eines Menschen auf dessen Selbst und fixiert sie dort; das aber blockiert die Beziehung dieses Menschen zu den sinnvollen Aufgaben seines

Lebens, die er versäumt oder in denen er scheitert, was ihn sich selbst nur noch mehr verhaßt macht. Hierher gehören auch alle masochistischen Tendenzen, die quasi „Aufopferungen für Nichts" sind, wobei weniger die perverse Freude am Negativen, als vielmehr das Fehlen jeglicher positiver Inhalte in die Selbstquälerei hineintreibt. So bewahrheitet sich die Umkehrung, daß Menschen, die sich übermäßig mit sich selbst beschäftigen, sich immer mehr in ein Sich-nicht-leiden-Können hinein verstricken.

Was diese neuen Erkenntnisse für die Psychotherapie bedeuten, kann man an der Tatsache ermessen, daß heute noch gut drei Viertel aller psychotherapeutischen Verfahren die Beschäftigung mit sich selbst bei den Patienten forcieren. Leider ist sogar das alte Bibelwort: „Du sollst deinen Nächsten lieben wie dich selbst" oft zu irrigen psychologischen Schlußfolgerungen herangezogen worden. Das Gebot ist aus guten Gründen nicht umkehrbar. Es ist absolut falsch, zu meinen, erst müsse man sich selbst lieben, dann wäre man auch zur Liebe eines anderen fähig. Die Selbstliebe ist, richtig verstanden, ein Automatismus, der zu einem sinnvollen Leben dazugehört, die Nächstenliebe aber ist eine selbsttranszendentale Leistung. Daher gilt, daß man erst von sich selbst wegschauen muß, um einen anderen lieben zu können; im „Wegschauen von sich" regeneriert die automatische Funktion des Sich-Mögens, im „Hinschauen auf den anderen" stabilisiert sich das eigene Selbstvertrauen. Wer andere Menschen wirklich liebt, der mag sich sowieso. Das uralte Gebot besagt deswegen nichts anderes als dies: Leiste deiner Mitwelt gegenüber soviel, wie dir selbst gegenüber selbstverständlich ist. Oder allgemeiner formuliert: Der Mensch bedarf des Ansichtigwerdens eines Du, damit sein Blick nicht am Ich hängenbleibt, was seine existentielle Geborgenheit irritieren würde.

Wenn wir nach dieser kleinen Betrachtung über Selbstvergessenheit und Selbstliebe zurückkehren zu unserem Hauptthema, fällt es uns jetzt nicht schwer zu begreifen, daß nur ein Mensch, der sich selbst nicht mag, es nötig hat, seine Tugenden herauszustellen bzw. mit ihnen anzugeben, was seine Tugendhaftigkeit unglücklicherweise wiederum zunichte macht.

Diesbezüglich sind schwere Erziehungsfehler begangen worden in früheren Zeiten, als die Leute darauf getrimmt wurden, nur ja demütig zu sein, Opfer zu bringen usw., ohne zu wissen, wozu. Es wurde ihnen eingeredet, sie seien bloß unwerte Sünder oder sie seien eitel und hoffärtig, wenn sie sich pflegten, hübsch machten und dergleichen mehr, was die Kettenreaktion auslöste, daß sie sich selbst nicht mochten, folglich nach außen hin krampfhaft bemühten, tugendhaft zu erscheinen, folglich nicht tugendhaft waren. Bei neurotischen Kindern finden wir immer noch gelegentlich die „tugendhafte Überanpassung", die nicht selten mit aggressiven und auch autoaggressiven Handlungen abwechselt, weil das zur Schau gestellte Tugendhaft-Sein nicht durchgetragen werden kann.

Ich erinnere mich zum Beispiel an einen Jungen, der von seiner Mutter in die Erziehungsberatungsstelle gebracht worden war, weil ihn seine Klassenkameraden buchstäblich gesteinigt hatten. Er hatte eine Verletzung des Oberkiefers und mehrere Blutergüsse am Kopf erlitten. Zu dem ungleichen Kampf war es gekommen, weil der Junge einen seiner Mitschüler, der in einer Klassenarbeit gemogelt hatte, an die Lehrer verraten hatte, was selbst von den Lehrern mit Unbehagen registriert worden war. Eine Rücksprache mit der Schule ergab, daß der Junge zwar ein Musterschüler, aber unter den Kameraden höchst unbeliebt war, das heißt, er gab sich in der Schule „ohne Fehl und Tadel" und stach dadurch von den Gleichaltrigen derart ab, daß er sich in eine Außenseiterrolle hineinmanövriert hatte. Die Mutter berichtete im Unterschied dazu, daß der Junge zu Hause keineswegs immer mustergültig brav, sondern vielmehr oft mürrisch und unansprechbar sei und in Wutphasen seine eigenen Spielsachen zertrümmere. Die Eltern würden sich unwillkürlich lieber mit den beiden anderen Kindern in der Familie abgeben, die ein offeneres, sonnigeres Gemüt hätten – bei dem Jungen wüßten sie nie, wie sie dran seien.

Das ist das typische Bild eines mißlungenen Tugendverständnisses, das sich bei dem Kinde anbahnte und, wie zu befürchten war, im Erwachsenenalter fortsetzen würde. Es ist ein Tugendverständnis, das einst Priester hervorbringen konnte, die in tugendhafter Gottesfürchtigkeit Hexen verbrannten, und SS-Offiziere, die in tugendhafter Vaterlandstreue Häftlinge vergasten. Wir müssen annehmen, daß es sich dabei um Menschen handelt, die sich selbst nicht mögen und daher über sich selbst nicht hinaussehen können. Das Sich-selbst-nicht-Mögen motiviert sie dazu, verzweifelt nach Selbstbestätigung zu haschen, die sie sich mit tugendhaftem Verhalten bei ihren Vorgesetzten erkaufen, aber das Nicht-über-sich-selbst-hinaussehen-Können verstellt ihnen den Blick auf die Unverantwortlichkeit ihres Tuns unter dem Deckmantel dieser zweckgebundenen Tugendhaftigkeit. Sie gehen mit einer Gefühlskälte über andere Menschen hinweg, weil ihr Gefühl für sich selbst erkaltet ist, und sie daher so sehr damit beschäftigt sind, sich selbst irgendwo ans Feuer der Zugewandtheit zu rücken, daß sie die anderen Menschen ringsum nur mehr wie Schemen wahrnehmen, die sie nichts angehen. Wo kann da die pädagogische oder therapeutische Hilfe ansetzen? Nicht bei einer Intensivierung der Selbstliebe, das haben wir schon gelernt, sondern nur bei einer Intensivierung der Nächstenliebe, bei einer Erziehung zur Selbsttranszendenz.

Wir von der Beratungsstelle nahmen also den Jungen in Einzeltherapie bei uns auf und bemühten uns ein volles Jahr, ihn in Aussprachen und gemeinsamen Aktionen zu einem pflichtbewußten Denken und Fühlen hinzulenken, welches sich am Sinn der Situation und nicht an irgendwelchen egozentrischen Ängsten oder Hoffnungen orientiert. Zum Beispiel schlugen wir ihm vor, einen Mitschüler, der sich mit den Rechenaufgaben stets sehr abplagte, einzuladen und mit diesem zusammen ein neues Zahlenspiel auszuprobieren, das er geschenkt bekommen hatte. Erst maulte der Junge: „Der kapiert es doch nicht!“ Behutsam wurde ihm auseinandergesetzt, daß das Spiel gerade deshalb eine Hilfe für den Mitschüler sein könnte, weil dieser im Rechnen Schwierigkeiten hatte. „Sie meinen, ich könnte dann dem Lehrer sagen, daß ich dem geholfen habe, besser rechnen zu lernen?“ war die Gegenfrage des Jungen, aus welcher ersichtlich wird, wie weit er vom Eigentlichen echter Hilfsbereitschaft noch entfernt war. Erneut wurde ihm geduldig erklärt, daß es nicht um das glanzvolle

Dastehen vor dem Lehrer, sondern um das gute Werk an sich ginge.

Indem der Junge schließlich seinem Kameraden half, sich rechnerisch weiterzuentwickeln, entwickelte er sich selbst ein Stück weiter in Richtung Selbsttranszendenz. Eines Tages kam er freudestrahlend zur Therapiestunde und erzählte, sein Mitschüler habe auf die letzte Rechenprobe die Note 3 erhalten, nachdem sie beide tags zuvor miteinander geübt hatten. Er vergaß dabei ganz, zu erwähnen, daß er selbst die Note 1 heimgebracht hatte, so froh war er über die Fortschritte seines Kameraden, und damals – davon bin ich überzeugt – konnte er sich in seiner Selbstvergessenheit so gut leiden, wie nie zuvor.

Ein anderes Beispiel war der Geburtstag seines Vaters, für den er irgendein Geschenk vorbereiten wollte. „Es soll kostbarer sein als das, was ihm meine Geschwister schenken!“ war die Beschreibung dessen, was er suchte. Hier setzte wiederum unsere heilpädagogische Einstellungskorrektur ein, indem ihm aufgezeigt wurde, daß es die größte Freude für den Vater wäre, wenn seine Kinder nicht miteinander rivalisieren würden, sondern jedes auf ganz persönliche Art des Festtages gedächte. „Mach deine Augen ein paar Minuten zu“, rieten wir dem Jungen, „und versetz dich in deinen Vater. Was schätzt er am meisten an dir?“ Spontan wußte es der Junge: „Etwas Selbstgebasteltes!“ rief er aus. Daraufhin halfen wir ihm, in unserer Beratungsstelle einen Aschenbecher zu töpfern, und während er hingebungsvoll am Ton knetete, vergaß er alle Konkurrenz mit seinen Geschwistern. Angeblich wurde es nachher eines der harmonischesten Familienfeste.

Als wir den Jungen nach einem Jahr aus der Therapie entließen, war er bei weitem nicht mehr der brave Musterschüler, den er früher einmal gespielt hatte, aber er hatte gelernt, auf andere Menschen einzugehen, hinzuhorchen, sich in sie hineinzuversetzen und dem einen oder anderen sogar ein guter Freund zu sein. Genaugenommen war er tugendhafter als zuvor, und zwar deswegen, weil er weitgehend darauf verzichtete, sich als tugendhaft hervorzutun.

Im deutschen Duden wird die Tugend als „sittliche Grundhaltung“ definiert, doch scheint mir diese Definition aus der

Zeit vor dem großen Wertwandlungsschub zu stammen, als der Tugendbegriff noch abhängig war vom vorherrschenden Sittenkodex. Als sich die Sitten änderten, lockerten, brach auch der Tugendbegriff zusammen. Wenn wir heute einen neuen, einen überepochalen Tugendbegriff entwickeln wollen, müßten wir die Tugend stattdessen als „selbsttranszendentale Grundhaltung" definieren, und nicht nur definieren, sondern in der Pädagogik, in der Psychologie, in der Psychotherapie, in der Seelsorge propagieren. Und zwar deshalb, weil die Fähigkeit zur Selbsttranszendenz das Sich-selbst-übersehen-Können mit sich bringt, und zum Sich-selbst-übersehen-Können das Sich-selbst-Mögen dazugehört, und das Sich-selbst-Mögen erst wahre Tugendhaftigkeit entstehen läßt. In der selbstvergessenen und erfüllenden Arbeit an einem zu schaffenden Werk, und sei es bloß das spielerische Werk einer kreativen Stunde, mobilisieren sich eben Tugenden wie Ausdauer, Konzentration, Genauigkeit, Mühe und Sorgfalt sozusagen von allein. Und in der liebenden Begegnung mit einem anderen Menschen, die nichts fordert und erwartet, sondern lediglich Ausdruck einer gegenseitigen Verbundenheit sein will, formen sich eben Qualitäten wie Bescheidenheit, Freundlichkeit, Aufrichtigkeit, Hilfsbereitschaft oder Zuverlässigkeit ebenfalls von allein. Nur einem Objekt gegenüber wird das Subjekt überhaupt zum Subjekt, und nur einem objektiven Wert gegenüber entwickelt das Selbst seinen Eigenwert. Die Selbstentfaltungsidee der Moderne war eine gutgemeinte Idee, sie war in sich schlüssig, und trotzdem hat sie sich als widersprüchlich entpuppt. Irgendwie gleicht sie dem gutgemeinten Exempel eines Lehrers, der im Mengenlehreunterricht erklärt: „Liebe Kinder, es ist ganz einfach. Wenn drei Leute im Raum sind, und fünf rausgehen, dann müssen wieder zwei hinein, damit der Raum leer ist, klar?" Das ist klar, das ist schlüssig, aber es geht in der Wirklichkeit nicht auf, und analog geht die Selbstentfaltungsidee nicht auf, weil sich kein Mensch selbst entfaltet, solange er sich vorwiegend um seine Selbstentfaltung bekümmert.

Wir haben gegenwärtig Tausende von seelisch gestörten Jugendlichen und Erwachsenen, die ununterbrochen gedanklich um sich selbst kreisen, deren einzige Sorge ihr eigenes Wohlbefinden ist, mit dem Effekt, daß sie sich niemals wohlfühlen und in einem Strudel von Selbstmitleid und Unzufriedenheit versinken. Die krankhafte Selbstfixierung geht soweit, daß die primitivsten Lebensvollzüge zu unbewältigbaren Hürden werden, wie zum Beispiel die Nahrungsaufnahme, die Freizeitgestaltung, die Partnerschaft usw. Es entstehen Freßsucht, Magersucht, Sonntagsneurosen, Feiertagsdepressionen, sowie die Unfähigkeit, miteinander zu leben und zugleich die Unfähigkeit, allein zu leben. Wir haben weitere Tausende von jungen und auch älteren Personen, die vor einer vermeintlichen Sinnlosigkeit ihres Daseins in die Scheinwelt des Alkohols, des Fernsehens, des Aberglaubens, der Betäubung durch grelle Musik und benebelnde Drogen flüchten. Wollte man nochmals ein Gleichnis strapazieren, ließe sich sagen: Die Selbstentfaltungsidee hat dem Menschen einen riesigen Spiegel vor das Gesicht gepreßt, in dem er nichts, absolut nichts sieht, außer sich selbst. Und wenn er dessen überdrüssig geworden ist und es nicht mehr aushält, nur immer auf sich selbst zu starren, dann wendet er den Kopf ab und starrt auf die flimmernde Szenerie einer Bildschirmwelt, die ihm zwar Abwechslung bei der Selbstbetrachtung bietet, aber mittels unechter Vorgänge in einer unechten Realität.

Was wir brauchen, das ist die Rückverwandlung dieses überdimensionalen Spiegels der eigenen Identitätskrise in ein simples Fensterglas, durch das hindurch wieder die echte Welt ringsum mit all ihren Anforderungen an uns, mit all ihren Sinnmöglichkeiten erschaut werden kann, mit Aufgaben, die unser harren, mit Werten, die unser Dasein lebenswert machen, wenn wir es ihnen weihen. Ein Fenster zum Sein – über das eigene Sein hinaus. So gesehen gibt es tatsächlich etwas in jedem von uns, das unbedingt zu seiner Entfaltung gelangen muß, soll das Leben nicht als Ganzes verfehlt werden, etwas, das aber nicht anders zur Entfaltung kommen kann als in der Hingabe an einen zu erfüllenden Sinn.

Goethe nannte es „das Göttliche in uns“, das zu verwirklichen unsere höchste Pflicht sei. Ich meine, es ist nicht nur unsere höchste Pflicht, sondern auch unsere schönste Tugend.

Die suchtpräventiven Möglichkeiten der Logotherapie

Es ist erwähnt worden, daß vor einer vermeintlichen Sinnlosigkeit des Daseins nicht selten in die Scheinwelt des Alkohols und der Droge geflüchtet wird. Wenn dem so ist, dann müßte eine Psychotherapie, die sich mit der Sinnfrage befaßt, wie es die Franklsche Logotherapie tut, suchtpräventive Möglichkeiten zu bieten haben. Diesem Gedanken wollen wir ein wenig nachgehen.

Für fast jede Erkrankung gibt es *Risikofaktoren,* die den Ausbruch der Krankheit begünstigen, und *protektive Faktoren,* die den Krankheitsausbruch eher verhindern. Untersucht man einen Krankheitsverlauf retrospektiv, findet man gewöhnlich die Risikofaktoren, die schließlich zur Krankheit geführt haben, aber nicht die protektiven Faktoren, die ebenfalls vorhanden gewesen sein müssen, wenn auch in unzureichendem Maße. Analysiert man beispielsweise den Lebenslauf von Personen, die wegen ihrer dissozialen Verhaltensweisen auffallen, so stößt man oft auf Milieuschäden in ihrer Kindheit, und die Schlußfolgerung liegt nahe, daß zwischen beidem ein Zusammenhang existiert. Doch wäre es voreilig, solchen Risikofaktoren gleich ursächliche Bedeutung zuzusprechen. Erforscht man nämlich im Unterschied dazu einen Krankheitsverlauf prospektiv, dann entdeckt man auch die protektiven Faktoren, die trotz eventueller Krankheitsrisiken zum Gesundwerden und Gesundbleiben verhelfen können. Beobachtet man etwa milieugeschädigte Kinder über einen langen Zeitraum bei ihrer weiteren Entwicklung, stellt man fest, daß gut 50% von ihnen zu ganz normalen Erwachsenen mit unauffälligen Verhaltensweisen heranreifen, und das mit oder ohne irgendeine therapeutische Begleitung. Bei psychoreaktiven Störungen in der Kindheit liegt die Rate der Spontanremissionen sogar noch höher, bei 60–80% *. Das heißt, die protektiven Faktoren haben die Kraft, die durch die Risikofaktoren erhöhte Wahrscheinlichkeit für einen Krankheitsausbruch wieder zu senken. Und es kommt letztlich nicht einmal so sehr auf das Vorhandensein von Risikofaktoren bzw. auf das Fehlen von protektiven Faktoren an, als vielmehr auf das *Verhältnis beider Faktorengruppen zueinander:* überwiegen die Risikofaktoren, besteht akute Krankheitsgefahr, überwiegen die protektiven Faktoren, kann sich die gesunde Lebensstruktur durchsetzen. Wollen wir folglich Risikofaktoren eruieren, müssen wir sie bei krankgewordenen Menschen ermitteln, wollen wir hingegen protektive Faktoren auffinden, müssen wir uns an gesundgebliebenen Menschen orientieren.

Diese allgemeinen Überlegungen haben auch ihre Gültigkeit für die Suchtproblematik. Bekanntlich gibt es für die Suchtgefährdung eine ganze Reihe von Risikofaktoren, die wiederholt untersucht und publiziert worden sind. Frühkindlicher Liebesentzug, schwaches Selbstbewußtsein, umweltbedingte Frustrationen, Verführung und falsche Leitbilder werden als „Wegbereiter" an erster Stelle genannt. Überforderung durch die Eltern, Enttäuschungen, Liebeskummer, Angeberei, innere Unsicherheit etc. beschreiben den Werdegang üblicher Suchtkarrieren. Dazu gesellen sich immer wieder Fachstimmen, die auf genetische Faktoren hinweisen, sowie medizinische Befunde, die Organvariablen nicht ausschließen. Zweifellos reagiert der Organismus des Suchtkranken anders auf das Suchtmittel als der Organismus des Nichtsüchtigen; D. Goodwin von der Universität Kansas hat beispielsweise erst vor kurzem nachgewiesen, daß die Art, wie der Organismus den Alkohol verarbeitet, vererbbar ist. Ein ähnliches Indiz liefern die Unterschiede bei den Alphawellen im Elektroenzephalogramm von Alkoholikerkindern gegenüber Nichtalkoholikerkindern.

---

* Vorgetragen von Prof. Remschmidt, Marburg, auf der Tagung der Deutschen Gesellschaft für Kinder- und Jugendpsychiatrie in Mannheim 1985.

In Anbetracht der zahlreichen effektiven oder hypothetischen Risikofaktoren, die bislang gesammelt worden sind, hat sich die Suchtprävention hauptsächlich darauf konzentriert, ihr Bestmögliches zur Vermeidung solcher Faktoren zu leisten. Aber bei 3,4 Millionen Bundesbürgern, die allein in Deutschland so stark alkoholabhängig sind, daß sie behandelt werden müßten *, läßt sich einer Weitervererbung der Suchtanfälligkeit in gar keiner Form Einhalt gebieten. Und die Tatsache, daß ausgerechnet in der Wohlstandszeit, in der der allgemeine Frustrationspegel so niedrig wie nie zuvor sein müßte, der Drogen- und Tablettenmißbrauch gigantisch hochgeschnellt ist, und sich das Einstiegsalter für Alkohol und Nikotin tief ins Kindesalter hinein verschoben hat, spricht auch nicht dafür, daß seelische Stabilität über gute Lebensbedingungen zu erzielen wäre. Eine Suchtprävention, die sich lediglich darauf beschränkt, Risikofaktoren zu reduzieren, muß zwangsläufig scheitern in einer Zeit, in der aus irgendwelchen Gründen parallel dazu die protektiven Faktoren in der Bevölkerung zurückgehen, denn in diesem Fall bleibt das Verhältnis beider Faktorengruppen zueinander trotz aller präventiver Anstrengungen äquivalent. Das aber ist die Schwierigkeit, vor der wir heute stehen. Wir kommen mit der Beseitigung von Risikofaktoren nicht mehr nach, weil uns der Schwund der protektiven Faktoren in der Bevölkerung vorauseilt.

Machen wir deswegen eine Kehrtwendung, verlassen wir das Wühlen im Vergangenen, das Anklagen der Umwelt, das Aufbauen von Abhängigkeitsklischees, und beschäftigen wir uns mit der Frage, was denn das Gesunde, das Positive im Menschen fördert, was den Menschen befähigt, seinen eigenen Schwächen zu trotzen und den ihn bedrohenden Risikofaktoren Widerstand zu leisten. Welches sind die geistig-seelischen Elemente, die am ehesten vor Krankheit zu schützen vermögen?

Dazu gibt es nur sehr spärliche wissenschaftliche Erkenntnisse, und die besten stammen meines Erachtens aus der Logo-

* Festgestellt von der „Deutschen Hauptstelle gegen die Suchtgefahren“ (DHS) 1984.

therapie. Die Logotherapie ist nämlich die einzige Psychotherapieform, die sich auf ein Menschenbild stützt, welches *an gesunden Menschen* erhoben worden ist. Dadurch war sie in der Lage, auch protektive Faktoren aus den Lebensläufen untersuchter Personen herauszufiltern, und der wichtigste protektive Faktor, der dabei zum Vorschein kam, ist die primäre Sinn-Orientierung des Menschen, wie ich bereits vorweggenommen habe.

Viktor Frankl bezweifelte von Anfang an, daß der Mensch, und zwar der gesunde Mensch, eigentlich und ursprünglich danach strebt, glücklich zu sein, was in allen anderen psychologischen Denksystemen fraglos vorausgesetzt wird. Er sagt: „Was der Mensch wirklich will, ist letzten Endes nicht das Glücklichsein an sich, sondern ein *Grund* zum Glücklichsein. Sobald ein Grund zum Glücklichsein gegeben ist, stellt sich die Lust von selber ein." * Unter einem solchen ‚Grund zum Glücklichsein' versteht Frankl jedweden „selbsttranszendentalen" Sinngehalt. In der Hinwendung zur Sache, zum Werk, zum selbstgesteckten Ziel, zur Familie, zur Umwelt, zu Freunden usw. wird das eigene Dasein als sinnvoll und das Leben als lebenswert erlebt, was die Nebenwirkung „Glück" mit sich bringt – aber nicht nur das Glücklichseinkönnen, sondern auch die Fähigkeit, ein unvermeidbares Leiden anzunehmen, eine erlittene Frustration auszuhalten oder einen notwendigen Verzicht zu leisten. Wer einen Sinn vor Augen hat, wer um etwas weiß, für *das* er Kraft braucht, der bekommt Kraft, der wird innerlich stark.

Umgekehrt bedeutet die Abwendung vom ‚Grund zum Glücklichsein' die Unfähigkeit, glücklich zu werden! Und wann wendet sich ein Mensch vom ‚Grund zum Glücklichsein' ab? Erstaunlicherweise dann, wenn er das Glücklichsein selbst anstrebt, wenn er sozusagen das Glück, ohne einen Grund dafür zu haben, erzwingen will. Er hascht dann nach der Nebenwirkung von etwas, das für ihn gar nicht existiert, und das daher auch keine Nebenwirkungen erzeugen kann.

---

* Viktor E. Frankl, „Der Mensch vor der Frage nach dem Sinn", Verlag Piper, München 1979, Seite 100ff.

Vorwiegend ist es der neurotische Charakter, der für ein solch verkrampftes Streben nach Lust, Glück, Macht anfällig ist, und das Angestrebte nie erreicht, weil eben der Grund dafür fehlt. Nicht umsonst ist das Lustprinzip, demzufolge alles menschliche Sinnen und Trachten auf nichts anderes als den eigenen Lustgewinn hinauslaufe, von Sigmund Freud entdeckt worden – entdeckt schon, jedoch nicht an der Normalpopulation, sondern an Hunderten von neurotischen Patienten! Der gesunde Mensch strebt nach Sinnerfüllung, und in dem Maße, in dem er Sinngehalte findet, die sein Leben bereichern, in dem Maße kann er auch glücklich werden, und in dem Maße besitzt er protektive Faktoren, die ihn vor psychischen und psychosomatischen Krisen bewahren. Nur der neurotische Mensch strebt nach Lustgewinn bzw. Unlustvermeidung allein, und in dem Maße, in dem er sich darauf fixiert, wird er unglücklich, das heißt, besitzt er vermehrt Risikofaktoren, die ihn in psychische und psychosomatische Krankheiten hineintreiben.

Überlegen wir uns, welche Schlußfolgerungen daraus für die Suchtprävention zu ziehen sind. Ich sagte: Eine Suchtprävention, die sich lediglich darauf beschränkt, Risikofaktoren zu reduzieren, muß zwangsläufig scheitern in einer Zeit, in der aus irgendwelchen Gründen parallel dazu die protektiven Faktoren in der Bevölkerung zurückgehen. Nun, wir leben in einer Zeit, in der die protektiven Faktoren zurückgegangen sind, und das nicht nur wegen der allgemeinen Degeneration des Abendlandes. Es hat enorme Umwälzungen, Wertverschiebungen, gesellschaftliche und technologische Veränderungen gegeben, denen sich die Menschen gar nicht schnell genug anpassen konnten. Familiengefüge brachen auseinander, Weltanschauungen kamen ins Wanken, Bedrohungen aller Art begannen sich ringsum aufzutürmen; das alles setzte Massenneurosen in Gang. Der moderne Mensch begann, nach Lust zu suchen und verlor den Sinn aus den Augen, was ihn immer „unlustiger“ machte, bis er sich selbst in einem „existentiellen Vakuum“ * wiederfand, überfüttert mit materiellen Errungen-

* Viktor E. Frankl, „Ärztliche Seelsorge“, Verlag Deuticke, Wien, 10. Auflage 1982, Seite 18ff.

schaften, und vereinsamt in einer geistigen Öde. Das bedeutet, daß präventive Maßnahmen, die dazu dienen sollen, gefährdeten Personen ungeachtet ihrer „Unlustigkeit" doch noch zu einer Art Lustgewinn bzw. Unlustvermeidung zu verhelfen, in unserer Zeit, in der das Gefühl der Sinnlosigkeit und Sinnleere stark verbreitet ist, insbesondere unter der jungen Generation, bloß einer zusätzlichen Neurotisierung der Bevölkerung in die Hände arbeiten würden.

Ein Leser meiner Bücher brachte dies einmal in einem Brief an mich sehr klar zum Ausdruck. Er schrieb: „Ich bin alkoholabhängig, lebe aber seit über einem Jahr abstinent. Der entscheidende Anlaß, etwas gegen die Sucht zu tun, kam nicht aus den verschiedenen Therapien, die ich mitgemacht habe, sondern aus dem Leben. Meiner Frau, die mich u. a. wegen meines Alkoholmißbrauchs verlassen hat, ging es schlecht, und ich wollte meinen Arbeitsplatz erhalten, um sie und unsere Tochter unterstützen zu können. So bin ich abstinent geworden. Die Therapeuten haben mir immer einen ‚gesunden Egoismus' einreden wollen, aber damit konnte ich nichts anfangen. Wozu sollte ich dem Alkohol entsagen? Um meinen Egoismus auszuleben? Ich verachtete mich sowieso wegen meiner verdammten Schwäche. Als dann aber das mit meiner Frau passierte, sah ich plötzlich einen Sinn darin, gesund zu werden. Das hat mir bis heute Kraft gegeben. Jetzt kann ich die Schuld abtragen, die ich auf mich geladen habe. Ich bin ein anderer Mensch geworden."

Interessant an diesen Worten ist der Hinweis, daß die therapeutische Stimulation zu einem „gesunden Egoismus", was soviel heißt wie: zu einem angemessenen Durchsetzen eigener Bedürfnisbefriedigung, so wenig gebracht hat. Das läßt sich nur erklären mit der logotherapeutischen Erkenntnis, daß das Streben nach Befriedigung noch lange nicht befriedigt. Außerdem müssen wir annehmen, daß sich der Briefschreiber bereits während der Zeit seines Alkoholmißbrauchs viel zu viel nach seinen jeweiligen Bedürfnissen gerichtet hat, und viel zu wenig nach dem jeweiligen Sinn der Situation. Sonst hätte er ja noch vor dem Auseinanderbrechen seiner Ehe einen Sinn darin gesehen, trocken zu werden, und sei es um seiner Familie willen.

Aber erst als seine Frau und sein Kind in Not gerieten, wurde ihm offenbar dieser Sinnanruf der Situation bewußt, der, einmal wahrgenommen, als protektiver Faktor in ihm die Kraft zur Entsagung eines Bedürfnisses – des Bedürfnisses nach Alkohol – erweckte.

Wenn ich daher im folgenden die suchtpräventiven Möglichkeiten der Logotherapie aufzählen werde, und ich möchte dies an Hand von drei „Hilfspaketen" tun, dann handelt es sich dabei durchwegs um das Bemühen, die protektiven Faktoren in gesunden wie kranken Menschen zu stärken, auf daß sie den Risikofaktoren, die jedes menschliche Leben in unterschiedlicher Intensität belasten, in der letztendlichen Ausbalancierung gewachsen sein mögen. Die drei „Hilfspakete" der Logotherapie lauten:

1. Sie hilft, einen Sinn im Leben zu finden.
2. Sie hilft, sinnvolle Entscheidungen zu treffen.
3. Sie hilft, sinnvolle Entscheidungen durchzustehen.

Wie ungemein wichtig gerade diese Hilfen sind, können wir an der gelungenen Suchtbewältigung des vorhin zitierten Briefschreibers ablesen:

1. Er fand einen Sinn im Leben – nämlich den, seine Frau zu unterstützen.
2. Er traf eine sinnvolle Entscheidung – nämlich die, abstinent zu werden, um den Arbeitsplatz zu erhalten.
3. Er stand eine sinnvolle Entscheidung durch – indem er über ein Jahr lang keinen Alkohol mehr anrührte.

Die drei genannten „Hilfspakete" sind nicht nur für die Therapie bedeutsam, sondern mehr sogar noch für die Prävention. Denn je länger eine Suchtkrankheit andauert, desto schwerer wird es für den Süchtigen, diese Hilfen anzunehmen, und desto weniger erfolgversprechend ist es für den Therapeuten, diese Hilfen anzubieten. Wer jedoch grundsätzlich die Bereitschaft entwickelt hat, den jeweiligen Sinn der Situation zu erkennen, die wesentlichen Entscheidungen seines Lebens nach dem je als „sinnvoll" Erkannten auszurichten, sowie das Entschiedene innerlich zu bejahen, der ist weitgehend gefeit gegen neurotische Übersteigerungen aller Art und gegen Suchtgefahren im besonderen. Warum dies so ist, werden wir noch bei den einzelnen Punkten besprechen.

Beginnen wir also mit der suchtpräventiven Möglichkeit der Logotherapie, die darin besteht, daß sie hilft, *einen Sinn im Leben zu finden*. Um Mißverständnissen vorzubeugen, muß gleich hinzugefügt werden, daß die Logotherapie nicht die Absicht hat, Sinn zu geben, weil sie Sinn als etwas versteht, das überhaupt nicht gegeben werden kann. Es wäre eine große Verkennung der Logotherapie, sie als „Sinngebungstherapie" zu bezeichnen, wie ich es gelegentlich da oder dort lese. Richtig ist vielmehr, sie als „sinnzentrierte Psychotherapie" zu bezeichnen, denn sie zentriert die Aufmerksamkeit, die geistige Wahrnehmung, die Gedanken eines Menschen auf objektive Werte und Wertverwirklichungschancen in seiner Umwelt und in seinem persönlichen Gestaltungsbereich. Dadurch kommt es bei ihm zu einer Auseinandersetzung mit den Gegebenheiten des Seins, welche möglicherweise in andere, bessere, sinnreichere Gegebenheiten übergeführt werden können, oder zu denen zumindest andere, bessere, würdigere Einstellungen bezogen werden können.

Dabei spielt es keine Rolle, ob die vorzufindenden Gegebenheiten des Seins positiv oder negativ sind. Betrachten wir ein Beispiel *positiver* Gegebenheiten. Jemand sei sehr vermögend, weil er von seinen Eltern ein „finanzielles Polster" geerbt hat. Er braucht nicht tagtäglich für seinen Unterhalt zu arbeiten. Aber die Folge ist, daß ihn Langeweile plagt und er sich in zweifelhafte Vergnügungen stürzt, die ihn nur immer mißlauniger und überdrüssiger machen, je mehr er von einem Partytrubel zum nächsten und von einem zwielichtigen Abenteuer zum nächsten hastet. Der forcierte Versuch, unbedingt glücklich zu werden, scheitert eben am Fehlen eines Grundes zum Glücklichsein, wie wir bereits wissen. Hier ist die Gefahr, den eigenen Mißmut und Überdruß mit Whisky oder gar im LSD-Rausch zu betäuben, groß. Der logotherapeutische Ansatz bestünde in diesem Fall darin, gemeinsam mit dem Gefährdeten zu überlegen, welche Sinnmöglichkeiten *gerade* die Tatsache, daß er vermögend ist, beinhaltet. Gäbe es nicht eine

Aufgabe, die darauf wartet, daß einer die nötigen Mittel hat, sie zu erfüllen, eine Aufgabe, die es wert wäre, erfüllt zu werden? Eine Aufgabe, die auf ihre Art sozusagen nur von ihm aufgegriffen und verwirklicht werden könnte, was ihm vielleicht sogar den Verzicht auf die eine oder andere Annehmlichkeit abverlangen würde, und dennoch seine Existenz um ein Vielfaches bereichern würde?

Das erinnert mich an eine junge Frau der obersten Gesellschaftsklasse, die eines Tages bei mir auftauchte, weil sie keinen Sinn in ihrem Leben sah. Im Zuge des Gesprächs erwähnte sie beiläufig, daß sie in einigen Wochen nach Äthiopien jetten wolle, um sich das dortige Elend nicht nur per Videoschirm, sondern in natura anzusehen; sie erhoffte sich davon ein prickelndes Gänsehaut-Erlebnis, das ihr das eigene Leben in Luxus wieder lebenswert erscheinen lassen sollte. Hier konnte ich einhaken und ihr erklären, daß der gewünschte Effekt nie und nimmer eintreten werde, und zwar deshalb nicht, weil sie um keinen tieferen Grund wisse, der ihr Leben lebenswert mache. Würde sie jedoch ihre Äthiopienreise dazu benützen, sich eine Familie im Land auszusuchen, eine einzige Familie, der sie wirklich und wahrhaftig helfe, indem sie ihr Nahrung, Kleidung, Medikamente usw. zur Verfügung stelle, dann hätte sie einen Grund, ihr Leben als lebenswert zu betrachten, und das Sinnlosigkeitsgefühl, an dem sie litt, würde von selbst von ihr abfallen. Das Ergebnis dieser logotherapeutischen Beratung war, daß eine Missionsstation die Mittel erhielt, die Bewohner eines ganzen Dorfes für einige Monate vor dem Hungertod zu bewahren. Aber daneben war noch ein anderes Ergebnis zu verbuchen: die junge Frau wuchs an ihrem Werk und kam von einer Sucht los, der sie sich lange hingegeben hatte: der Sucht nach Sensationen.

Überdenken wir nun Beispiele *negativer* Gegebenheiten des Seins, mit denen eine innere Auseinandersetzung geleistet werden muß, eine Auseinandersetzung, die wiederum zur Quelle von Sinnfindungsprozessen werden kann. Auf einer Ärztetagung, die ich einst besuchte, wurde aus psychoanalytischer Sicht über Suizidpatienten gesprochen und dabei ständig auf die solchen Patienten innewohnenden Aggressionspotentiale verwiesen, die bei den Therapeuten einen „Gegenübertragungshaß“ auslösen würden u. dgl. Was ich vermißte, war eine Reflexion über die Gründe, warum Menschen ihr Leben wegwerfen wollen, bzw. über die fehlenden Gründe, die sie zu einem „trotzdem ja zum Leben sagen“ * ermutigen könnten. So wurde beispielsweise von einem jungen Mann berichtet, dessen Freundin sich von ihm trennen wollte, und der daraufhin in einen derart depressiven Zustand verfiel, daß er von seinen Eltern in eine nervenärztliche Klinik gebracht wurde. Dort fand ein Gespräch mit einem Therapeuten statt, der den jungen Mann darauf aufmerksam machte, daß er eigentlich eine Stinkwut auf seine untreue Freundin haben müßte, und der ihn verließ mit dem Ratschlag, er solle über diese seine „verdrängte“ Wut nachdenken. Eine halbe Stunde später sprang der junge Mann aus einem Fenster der Klinik und war tot.

Spontan meldete ich mich bei der Diskussion zu Wort und erklärte, daß man aus logotherapeutischer Sicht dem jungen Mann in seiner Verzweiflung eher geraten hätte, über die Liebe, über das Wesen der Liebe, nachzudenken, statt über seine heimliche Wut, denn dann wäre ihm vielleicht aufgegangen, daß jemand, der wirklich liebt, den geliebten Menschen auch loslassen kann, wenn es sein muß.

Was ich damit sagen will, ist dies: Gefühle wie Ärger, Haß, Trauer usw. sind, wenn sie nicht ausgesprochen pathologischen Ursprungs sind, die Resonanz auf eine negative Seinsgegebenheit. Man ist ungerecht behandelt worden, man hat etwas Wertvolles verloren, man hat eine Enttäuschung erlitten und dergleichen mehr. Wenn nun daraufhin abgezielt wird, die schmerzlichen Gefühle auszuagieren, etwa dadurch, daß man tobt, einen Gegenstand zerschlägt etc., oder die Gefühle lahmzulegen, etwa mittels Beruhigungsspritzen, dann ändert sich nicht das Geringste an der negativen Seinsgegebenheit, die diese Gefühle ausgelöst hat – die Ungerechtigkeit, der Verlust, die Enttäuschung bleiben in der Wirklichkeit bestehen. Und weil sie bestehen bleiben, bleibt auch das Unglücklichsein

* Anspielung auf einen Buchtitel von Viktor E. Frankl, Verlag Kösel, München 1977.

letztlich bestehen, wie sehr man seine eigenen Gefühle auch austricksen mag.

Hier wird der Versuch unternommen, ein Unglücklichsein mildern zu wollen, ohne den Grund des Unglücklichseins zu beachten, ein Versuch, der wiederum aussichtslos ist, weil menschliches Sein primär auf einen Sinn hin angelegt ist, und nicht auf Lustgewinn oder Unlustvermeidung allein. Viktor Frankl stellt dazu folgende Überlegung an: „Wie wird ein Trauernder nach dem Tod des von ihm Geliebten auf das Angebot reagieren, eine Tranquilizer-Tablette einzunehmen? ‚Daß ich vor der Wirklichkeit meine Augen verschließe, macht sie noch lange nicht unwirklich. Daß ich einschlafe und dann vom Tode des von mir Geliebten nichts mehr weiß, macht ihn ebensowenig wieder lebendig. Das ist es einzig und allein, was mich interessiert: ob er lebendig ist oder nicht, und nicht, ob ich mich aufreg' oder nicht.' Das mögen seine Worte sein. Worum es dem Trauernden geht, ist nicht so sehr, ob er glücklich ist oder nicht, wie vielmehr, ob er zu dem einen oder anderen Grund hat." *

Der Logotherapie als einer „sinnzentrierten Psychotherapie" geht es daher nicht darum, Menschen tunlichst von ihren unglücklichen Gefühlen zu befreien, sondern ihnen zu helfen, einen Sinn im Leben zu finden, und das heißt, auch einen Sinn im Leiden zu finden. Bei näherer Betrachtung zeigt sich, daß es keine Situation im Leben gibt, die nicht doch irgendeine Sinnmöglichkeit böte, und sei die Situation noch so verfahren. Erlebte Ungerechtigkeiten z. B. können einen stark machen, indem man lernt, zu verzeihen. Enttäuschungen hingegen sind oft Momente der Besinnung im Leben, die unter Umständen einen fruchtbaren Kurswechsel einleiten. Und die Trauer läßt das Verlorene in der Erinnerung weiterleben und bewahrt es vor dem Vergessenwerden. So gesehen werden die Gründe der Verzweiflung zu Anlässen für innere Wandlungen, was das Geschehene trotz seiner Schmerzlichkeit mit Sinn erfüllt. Wo aber ein Sinn im Leiden gesehen werden kann, dort kann das Lei-

* Viktor E. Frankl, „Der Mensch vor der Frage nach dem Sinn", Verlag Piper, München 1979, Seite 37.

den auch getragen werden, und die Gefahr einer Flucht ins Suchtmittel, um der Wirklichkeit nicht ins Gesicht schauen zu müssen, ist minimal. Deswegen kann man zusammenfassend sagen: wer einen Sinn im Leben findet – sei das Leben gerade schön oder weniger schön –, der interessiert sich nicht für Scheineffekte, weder für ein künstlich erzeugtes Hochgefühl, das einer rauschhaften Enthemmung entspringt, noch für eine künstlich erzeugte Beruhigung aus der Pillenschachtel. Dem geht es vielmehr um das Echte, um echte Werte, um echte Verluste, um die Auseinandersetzung mit dem Leben, wie es ist, und nicht bloß wie es sich in den eigenen Frustrationsgefühlen spiegelt, die auf irgendeine Art hinweggeschwemmt werden müssen. Darin liegt der suchtpräventive Charakter jenes ersten „Hilfspaketes" der Logotherapie, das gesunde wie kranke Menschen bei ihrer persönlichen Sinnfindung unterstützt.

Das zweite „Hilfspaket", das ich mit der Behauptung, *die Logotherapie hilft, sinnvolle Entscheidungen zu treffen,* umrissen habe, befaßt sich mit der Frage von Willensschwäche und Willensstärke. Das Thema „Willenskraft" ist ein Stiefkind der Psychologie, um das sie bei ihren bisherigen Forschungen eher einen Bogen gemacht hat, was sehr schade ist. Denn der Wille ist ein menschliches Spezifikum, das den homo sapiens von seinen tierischen Vorfahren abhebt, und ihm einen besonderen Status verleiht. Deswegen reiht jedwede Verleugnung der Willensfreiheit den Menschen auch wiederum im Einzugsbereich des „nackten Affen" ein, in einer Welt des Getrieben-, Geprägt-, Verführt- und Manipuliert-Werdens, bei dem es keine geistige Mitsprache gibt. In Wirklichkeit spricht der erwachsene, mündige Mensch, soferne er nicht durch eine schwere Hirnschädigung oder krankheitsbedingte Beeinträchtigung daran gehindert ist, bei allem und jedem geistig mit, und es gibt keinen inneren oder äußeren Einfluß, zu dem er nicht ja oder nein sagt. Aber dies zuzugeben fällt ihm unendlich schwer, denn es bedeutet nicht weniger als schlicht und einfach das Eingeständnis, daß er verantwortlich ist für das, was er tut.

Natürlich verengt sich bei allen Krankheiten der Radius der Willenskraft, und speziell bei seelischen Störungen kann dieser Radius mitunter recht eng werden. *Wie* eng allerdings, ist meist ungeklärt, und es stellt stets ein großes Problem für die Umwelt eines seelisch Kranken dar, abzuwägen, wieviel Nichtkönnen und wieviel Nichtwollen bei dessen Krankheit mitbeteiligt ist. Ja, es kommt nicht selten vor, daß sich Angehörige ob dieser ungelösten Problematik zerstreiten, indem etwa die Mutter des Betreffenden meint, ihr Sohn könne nicht anders, während der Vater überzeugt ist, sein Sohn wolle bloß nicht anders. In der Mehrzahl solcher Fälle haben beide recht, da am Anfang der Krise tatsächlich ein Nichtwollen ausschlaggebend gewesen sein mag, das mit der Zeit in ein Nichtmehrkönnen eingemündet hat, weil körperliche Defizite entstanden oder auch positive Lebensqualitäten ungenützt verkümmert sind. Dennoch gilt, daß selbst im Nichtmehrkönnen immer noch der Wille bekundet werden kann, sich helfen zu lassen oder nicht.

Das alles trifft auch für die Suchtkrankheit zu. Die dispositionelle oder milieubedingte Suchtneigung ist von der Willenskraft des Menschen regulierbar. Wird ihr aber kontinuierlich nachgegeben, verlöscht die willentliche Regulierbarkeit sukzessive. Umgekehrt regeneriert sie sich wieder nach einem therapeutischen Entzug in Proportion zur kontinuierlichen Abstinenz. Diese Zusammenhänge sind an und für sich bekannt. Es bleibt jedoch ein unbekannter Restposten offen, der ungefähr lautet: Wenn die Suchtneigung von der Willenskraft regulierbar ist, was reguliert dann die Willenskraft? Nun, die Logotherapie hat darauf eine Antwort gefunden: die Sinnhaftigkeit des Gewollten.

Es ist ein Mythos, daß es willensschwache und willensstarke Personen gäbe, denn jedermann ist so willensschwach oder willensstark, wie er eben will. Einzig dieses „eben wollen“ entzieht sich dem Willen der Person und hängt von einem Parameter ab, der mit der Person nicht identisch ist. Man kann nicht wollen wollen, wie Frankl es ausdrückt, weshalb ein Appell an den Willen eines Menschen gewöhnlich zwecklos ist. Leuchtet jedoch ein objektiver Sinn auf, zu dem sich eine Person in einer subjektiven Entscheidung bekennt, dann steht auch die nötige Willenskraft zur Verfügung, die diese Entscheidung erfordert.

Sehen wir uns an zwei Beispielen von sogenannter Willensschwäche an, was es mit dem „Sinn-Parameter" auf sich hat. Das eine Beispiel betrifft eine Frau, die in einer Zeitschrift in tagebuchähnlichen Aufzeichnungen schilderte, wie sie durch ihre Unentschlossenheit in die Einsamkeit geschlittert sei. Sie habe seit ihrer Kindheit bei ihrer Mutter gewohnt und auch im Erwachsenenalter ein recht inniges Verhältnis zu ihrer inzwischen verwitweten Mutter gehabt. Dann aber habe sie mit etwa 30 Jahren einen netten Mann kennengelernt, der sie heiraten wollte. Die Mutter sei diesem Mann gegenüber sehr mißtrauisch gewesen und habe nur Schlechtes an ihm gefunden, wobei ganz offenkundig der Wunsch dahintersteckte, die Tochter nicht hergeben zu müssen. Die Frau stand somit in dem Konflikt, entweder die Mutter zu verlassen und dem Manne zu folgen, oder die Heiratspläne mit dem Freund aufzugeben und das Risiko auf sich zu nehmen, daß er sich eine andere Frau suchte. Sie war jedoch – ihrer eigenen Aussage zufolge – so willensschwach, daß sie sich weder für das eine noch für das andere entscheiden konnte; sie blieb bei der Mutter wohnen und klammerte sich trotzdem an den Freund. Dieser Schwebezustand ging nur eine Zeitlang gut, dann ließ sich der Mann immer seltener blicken, bis es schließlich zu einer unschönen Abschiedsszene kam, bei der der Mann lautstark darlegte, daß er nicht ewig warten könne und folglich seiner eigenen Wege ziehen werde. Die Frau blieb frustriert zurück und lud ihre Frustration daraufhin an der alten Mutter ab, die sich mit der Argumentation wehrte, daß sie längst schon gesagt habe, der Mann tauge nicht viel. Das verschärfte noch den Streit zwischen den beiden, der schließlich darin gipfelte, daß die Mutter ihre Koffer packte und zu einer Freundin zog, wo sie unglücklicherweise eine Herzattacke erlitt, an der sie einige Wochen später im Krankenhaus verstarb. Der autobiographische Bericht der Frau in der Zeitschrift schloß mit dem Kommentar, daß sie sich durch ihre Willensschwäche ihr ganzes Leben ruiniert habe und jetzt die einsamen Abende und Nächte in der von der Mutter geerbten Wohnung nur noch mit Hilfe von Rotwein, Fernsehen und Schlaftabletten über die Runden bringe.

Wenn man diese Lebensgeschichte, so wie geschildert, liest, empfindet man unwillkürlich Mitgefühl mit der Frau, und das kann man auch haben, doch nicht deshalb, weil ihr das Schicksal grausam mitgespielt hätte, sondern vielmehr, weil sie einem grundlegenden Irrtum verfallen ist. Das Schicksal hat ihr das geboten, was es der überwiegenden Mehrzahl von uns bietet: positive und negative Gegebenheiten. Nur war die Frau in unserem Beispiel nicht gewillt, positive Chancen zu ergreifen, wenn sie dafür negative Konsequenzen in Kauf hätte nehmen müssen, und das war ihr ureigentlichstes Problem. Nicht Willensschwäche, sondern *Gier* war es, die sie davon abhielt, eine Entscheidung zu treffen, denn sie wollte alles haben: weiterhin Liebkind der Mutter sein zu können und trotzdem Geliebte und Ehefrau des Mannes zu werden. Alles wollte sie haben, und alles hat sie verloren.

Es ist eine typische Tragik vieler seelisch labiler Menschen, daß sie sich deswegen nicht zu einer Entscheidung durchringen können, weil jede Entscheidung die Wahl zwischen Alternativen voraussetzt, und der Akt des Wählens wiederum den Verzicht auf die nicht-gewählten Alternativen bedeutet. Das heißt, es stimmt nicht, daß sie sich nicht entscheiden können, sie wollen bloß nicht verzichten. Es fehlt ihnen die Bescheidenheit zu akzeptieren, daß man nicht alles haben kann.

Wenn wir von diesem Gedanken ausgehend noch einmal zurückschauen auf unser Fallbeispiel, dann erkennen wir, daß sich die Haltung der Frau nicht im geringsten geändert hat, sie hat rein gar nichts dazugelernt. Denn auch jetzt, nachdem ihr Freund sie verlassen hat und ihre Mutter gestorben ist, steht sie immer noch vor der Entscheidung, wie sie ihr Leben weiterhin gestaltet, und wiederum trifft sie keine Entscheidung, zumindest keine sinnvolle, weil sie alles haben will: die Opferrolle, die ihr erlaubt, sich selbst zutiefst zu bemitleiden, die Ausrede, daß sie gar nicht anders könne, als sich zugrunde zu richten, und trotzdem vielleicht noch ein Hilfsangebot von außerhalb, sonst hätte sie ihre Geschichte ja nicht veröffentlicht. Was diese Frau lernen müßte, und dazu könnte ihr die Logotherapie verhelfen, ist, sinnvolle Entscheidungen zu treffen, bei denen der zu bejahende Gegenstand, dem die Entscheidung dient, als ein Wert bewußt bleibt, dem zuliebe auf andere Bedürfnisbefriedigungen verzichtet werden kann. Wäre ihr die eigene Mutter als ein solcher Wert bewußt gewesen, hätte sie sich niemals an den Freund geklammert, sondern von vornherein die Grenzen ihrer Freundschaft abgesteckt. Wäre ihr der Freund als ein solcher Wert bewußt gewesen, hätte sie die Ablösung von der Mutter gewagt. Und wäre ihr gar die Werthaftigkeit beider Menschen ins Bewußtsein gekommen, dann hätte sie einen Weg gefunden, ihre Ehe mit der Sorge um die alte Mutter zu verbinden. Dasselbe gilt auch für ihre gegenwärtige Situation: käme ihr die Werthaftigkeit ihres eigenen Lebens zu Bewußtsein, dann würde sie dieses nicht in sinnloser Selbstzerstörung vertun.

Das zweite Beispiel von sogenannter Willensschwäche, das ich noch erwähnen möchte, betrifft einen Mann in gehobener Position, der einst meinen Rat suchte. Er hatte sich in seiner Arbeit halbtot gerackert, bis er seelisch und körperlich völlig zusammengebrochen war. Befragt, warum er nicht schon früher gebremst habe, antwortete er, er habe sich zwingen wollen, ein bestimmtes Arbeitsprogramm zu Ende zu bringen, aber es sei ihm nicht gelungen, per Willenskraft durchzuhalten, und mittlerweile seien leider die wichtigsten Termine verpaßt. Daraufhin ließ ich mir von ihm schildern, wie er eigentlich zu jenem Arbeitsprogramm gestanden sei, und es zeigte sich, daß er das Projekt, das mit jenem umfassenden Arbeitsgang ausgeführt werden sollte, innerlich ablehnte, weil er es für eine industrielle Totgeburt hielt, wie er sich ausdrückte. Er hatte keinen Sinn darin gesehen, aber nachdem es beschlossen worden war, wollte er es auch termingerecht erledigen.

Nun, ich konnte ihm getrost sagen, daß er es eben *nicht* wollte, und daß ihn deswegen die Willenskraft verlassen hatte, weil er im Grunde nicht einsah, wieso er sich für etwas in seinen Augen Sinnloses mit seiner ganzen Person einsetzen sollte. Zugleich prognostizierte ich ihm, daß es keinen physischen oder psychischen Zusammenbruch seinerseits mehr geben werde, sobald er die Arbeit an einem Projekt aufnehmen könne, mit dem er innerlich in Einklang stehe.

Ich hätte nie erfahren, daß ich mit meiner Prognose recht behalten sollte, wenn ich dem Mann nicht Jahre später beim Einkaufen in einem Warenhaus wiederbegegnet wäre. Er sah gut aus und war bester Stimmung. Er habe die Abteilung gewechselt, berichtete er, und arbeite seither an Forschungsaufträgen, die ihn faszinierten und zutiefst erfüllten. Oft mache er Überstunden bis spät in die Nacht, aber er spüre keine Müdigkeit und fühle sich leistungsfähig wie kaum je zuvor. Dann lächelte er und sagte etwas sehr Wichtiges. Er sagte: „Wer weiß, ob ich nicht noch immer in der früheren Abteilung säße, wenn ich den damaligen Zusammenbruch nicht gehabt hätte ...", womit es ihm gelang, sogar seinem erlittenen Leid rückwirkend noch einen Sinn zuzusprechen, nämlich den Sinn, zu einer sinnvollen Entscheidung gelangt zu sein, die schlagartig die Dominanz der Risikofaktoren über die protektiven Faktoren seines Lebens ins Gegenteil verkehrte.

Beide Beispiele machen deutlich, daß es nur dann zu einer sinnvollen Entscheidung kommt, wenn sie gefällt wird angesichts eines objektiven Sinns, zu dem sich eine Person subjektiv bekennt. Manchmal führe ich dies meinen Patienten dadurch vor Augen, daß ich sie herausfordere: „Wollen Sie, was Sie tun!" (Also nicht: „Tun Sie, was Sie wollen!", sondern „Wollen Sie, was Sie tun!") Wenn jemand etwa zuviel trinkt, soll er es wenigstens mit dem Gedanken tun: „Ich trinke, weil ich Alkoholiker bleiben will." Oder wenn jemand sich ständig von anderen Leuten Arbeit aufhalsen läßt, soll er es wenigstens mit dem Gedanken tun: „Ich nehme die Arbeit an, weil ich mich ausnützen lassen will." Kann er das nicht befolgen, weil es ihm absurd vorkommt, dann merkt er erst, wie sehr sein Tun und sein Wollen auseinanderklaffen, und er muß sich die Frage stellen, warum er überhaupt tut, was er nicht will? Gewöhnlich beruft er sich dann auf irgendwelche seelische Schwächen oder unbewußte Ängste, die übermächtiger seien als sein Wille, doch dazu kann ihm auseinandergesetzt werden, daß sein Wille sofort stark genug sein würde, wenn nur das Gewollte wertvoll genug für ihn wäre. Im Laufe eines solchen „Sokratischen Dialoges" * erfaßt der Patient allmählich, daß

* Viktor E. Frankl, „Der leidende Mensch", Verlag Hans Huber, Bern 1984, Seite 39.

seine seelischen Schwächen und Ängste immer nur diejenige Macht über ihn besitzen, die ihnen sein Wille zugesteht, weil er nicht weiß, *warum* er ihnen Einhalt gebieten sollte. Von da ab ist der Weg zum Aufsuchen eines hinreichenden Warums und zur entsprechenden Ausrichtung persönlicher Lebensentscheidungen nicht mehr weit, ein Weg, der sich quasi asymptotisch der Übereinstimmung von Tun und Wollen nähert. Hierin liegt zugleich der suchtpräventive Charakter des zweiten „Hilfspaketes“ der Logotherapie, denn wo eine annähernde Übereinstimmung zwischen dem Tun und dem Wollen eines Menschen herrscht, dort ist ein Abgleiten in etwas so Widersinniges und Lebensfeindliches wie das Suchtverhalten undenkbar.

Eines allerdings haben sinnvolle Entscheidungen an sich: sie müssen durchgestanden werden, sonst verlieren sie ihre protektive Qualität und verwandeln sich just zu Risikofaktoren. Ein Mensch, der wiederholt aus seinen eigenen Entscheidungen kippt, ist gefährdeter als einer, der sich nur mühsam aufraffen kann, Entscheidungen zu treffen, denn während letzterer um seine Überzeugung ringt, handelt ersterer entgegen seiner Überzeugung.

Deswegen ist es das Anliegen des dritten „Hilfspaketes“ der Logotherapie, ihren Patienten beim *Durchhalten sinnvoller Entscheidungen* den Rücken zu stärken, was praktisch heißt, sie zu ermutigen, die Nachteile, die mit ihrer Entscheidung verbunden sind, in Kauf zu nehmen als den Preis, der eben für jenen Wert zu zahlen ist, dem die Entscheidung dient. Hier geht es um das Zufriedenseinkönnen mit dem jeweils Entschiedenen bzw. mit dem durch die Entscheidung zu Erreichenden, ohne es stets aufs Neue in Frage zu stellen. Denn was nützt die ganze Sinnfindung, was nützt die Entscheidung für das Gefundene, wenn nicht daraus die Zufriedenheit resultiert mit dem, was sinn-möglich war und verwirklicht worden ist? Was nützt der beste ‚Grund zum Glücklichsein‘, wenn er immer wieder aufgehoben wird durch einen ‚Grund zum Unglücklichsein‘?

Nehmen wir hypothetisch an, eine Frau habe die Wahl, sich ein sehr schönes, aber teures oder ein einfaches, aber dafür billiges Kleid zu kaufen. Wählt sie das schöne Kleid, dann hat der Wert der Schönheit des Kleides den Preis, daß sie lange darauf sparen muß und sich manch anderes nicht leisten kann. Wählt sie das einfache Kleid, dann hat der Wert der Geldersparnis den Preis, daß sie das Kleid zu festlichen Gelegenheiten nicht anziehen und mit besser gekleideten Geschlechtsgenossinnen nicht konkurrieren kann. Nun gibt es Frauen, die kaufen das teure Kleid und jammern, daß sie kein Geld mehr haben, und beim nächsten Mal kaufen sie das billige Kleid und jammern, daß es nicht schön genug ist. Ganz gleich, wie sie sich entscheiden, und ganz unabhängig davon, wie *sinnvoll* ihre Entscheidung in ihrer gegenwärtigen Lebenslage ist, finden sie unweigerlich einen Grund zum Unzufriedensein, weil sie nach erfolgter Entscheidung – also sogar nach erfolgter *sinnvoller* Entscheidung – einzig den zu zahlenden Preis und nicht mehr den ursprünglich mit der Entscheidung intendierten Wert beachten. Hier wird Unglücklichsein vorprogrammiert, aber nicht nur das, es wird auch zu keiner Entscheidung gestanden, weil der tiefere Sinn jedweder Entscheidung schlagartig vergessen wird, sobald die Durchführung der Entscheidung eine wie immer geartete „Preis-gabe" verlangt.

Anders ergeht es einer Frau, die aus Freude an der Schönheit des Kleides das Teure wählt und bereit ist, dafür monatelang auf andere Vergnügungen zu verzichten, um das Geld aufzubringen – noch im Verzicht bewahrt sie sich die Freude am Gewählten. Aber auch eine Frau, die aus wohlüberlegten Erwägungen heraus zum einfacheren Kleid greift, weil sie das Geld für etwas Wichtigeres benötigt, erfreut sich an ihrem preisgünstigen Kauf, wenn sie bereit ist, sich damit zu bescheiden im Wissen, daß sie jenem Wichtigeren den Vorrang gegeben hat.

Dieses Beispiel ist gut übertragbar auf Menschen, bei denen eine gewisse Suchtneigung vorliegt. Wenn sie die sinnvolle Entscheidung getroffen haben, ihrer Suchtneigung künftig Widerstand zu leisten, dann dürfen sie nicht nur den Preis beachten, den sie dafür zahlen müssen, nämlich die ständige innere Selbstkontrolle und eiserne Psychohygiene, die erforderlich sind, sondern dann sollen sie auch den Wert in Erinnerung behalten, den sie sich damit erobern: die Chance zu einem gesunden Leben mit all den Möglichkeiten, die ein gesundes Leben in Selbstbestimmung und Würde bietet. Dieser Wert *ist* seinen Preis wert! Viele Lebensgeschichten von Suchtkranken sind gerade dadurch stigmatisiert, daß zahlreiche Gesundungsanläufe gemacht worden sind, Entziehungskuren stattgefunden haben usw., und dennoch die Suchtproblematik von Mal zu Mal wieder aufgeflackert ist, und sei es im Wechsel zu einem anderen Suchtmittel. Dabei hat oft purer Leichtsinn den nächsten Rückfall ausgelöst, die *eine* Zigarette oder das *eine* Glas Wein, das die verhängnisvollen weiteren folgen ließ. Wie kann es zu einem solchen Leichtsinn kommen? Doch nur dadurch, daß der Wert vergessen wurde, für den ein hoher Preis gezahlt worden ist und weiterhin zu zahlen wäre, wollte jener Wert erhalten werden.

Wir sehen, um Sinn im Leben zu finden, muß das verkrampfte Haschen nach Lust aufgegeben werden; um sinnvolle Entscheidungen treffen zu können, muß auf die weniger sinnvollen Alternativen verzichtet werden; und um sinnvolle Entscheidungen durchzutragen, muß der Preis, den sie kosten, erlegt werden. Die Logotherapie hat sich daher nicht nur die Aufgabe gesetzt, zur Sinnfindung zu verhelfen, was bedeutet, zu helfen, im Hier und Jetzt das sinnvollste Tun zu erspüren, und sie hat sich nicht nur die Aufgabe gesetzt, zu sinnvollen Entscheidungen zu motivieren, was bedeutet, zu motivieren, dem Wollen des Erspürten auch konkreten Ausdruck zu verleihen, sondern es ist ihr darüberhinaus wichtig, das allgemeine Wertsystem eines Menschen zu erweitern und zu bereichern, auf daß er darin geborgen ist und Halt findet im Durchhalten des Gewollten. Der Aufbau und die Erweiterung eines persönlichen Wertsystems sind zweifellos Vorgänge, die nur sehr langsam und behutsam eingeleitet werden können, und doch beinhalten sie lohnende Aspekte jeglicher therapeutischer Begleitung, weil sie die Basis schaffen für eine grundlegende Zufriedenheit mit dem Leben, die aus ebendieser Wertfülle schöpft, auch dann, wenn mitunter notwendige Nachteile akzeptiert werden müssen. So läßt sich der suchtpräventive Charakter des dritten „Hilfspaketes“ der Logotherapie in einem Satz formulieren: Die Werte, an die ein Mensch sich hält, die halten ihn.

Damit bin ich am Ende meiner Ausführungen zur Suchtproblematik angelangt und möchte schließen mit dem Hinweis: Wenn wir Risikofaktoren suchen, werden wir sie überall finden, bei jedem Menschen – wenn wir protektive Faktoren suchen, finden wir sie auch. Gehen wir das Wagnis ein, die Risiken des Lebens ohne Dramatisierung hinzunehmen, dafür aber den protektiven Faktoren menschlicher Existenz unsere ganze Unterstützung zu gewähren, dann dürfen wir sicher sein, daß sich die Gewichte letztlich zum Positiven verschieben werden, selbst wenn die Zeichen der Zeit eher in Richtung „negativ" deuten.

Erziehungsziele aus logotherapeutischer Sicht

Die Suchtprävention hat, wie bemerkt worden sein wird, sehr viel mit Pädagogik zu tun, nämlich mit einer Erziehung zum sinnvollen Denken und Handeln. Dabei ist die Pädagogik ein Grenzgebiet der Logotherapie. Viktor Frankl hat sein gesamtes Lebenswerk unter die Zielsetzung einer „Rehumanisierung der Medizin“ gestellt, und ich als seine Schülerin bemühe mich seit Jahren, mit meinen bescheidenen Mitteln dazu beizutragen, daß sich dieser Rehumanisierungsprozeß auch auf die Psychologie ausweitet, die ihn nicht minder nötig hat. Dennoch möchte ich mir jetzt einen kleinen Ausflug ins Grenzgebiet erlauben und gemeinsam mit dem Leser darüber nachdenken, was aus den vielfältigen logotherapeutischen Denkansätzen zur „Rehumanisierung“ für die Pädagogik zu gewinnen ist.

Fragen wir uns zunächst einmal, wieso das „Humane“ in den Humanwissenschaften überhaupt so sehr geschrumpft ist, daß der Ruf nach einer Rehumanisierung ertönt? Historisch betrachtet ist der Höhepunkt des Inhumanen vor über 40 Jahren überschritten worden, aber was zu der vorangegangenen entsetzlichen Eskalation geführt hat, war weniger in militärischen Zentren als vielmehr an wissenschaftlichen Schreibpulten vorbereitet worden. Es war ein ganz bestimmtes Menschenbild, das den Blick auf den Wesensgrund des Menschen verstellte, und zwar auf die im Wesensgrund ruhende Verantwortlichkeit des Menschen, die durch kein biologisches, psychologisches oder soziologisches Schicksal zur Gänze hinwegzudeuten ist. Gerade das aber war versucht worden: die Verantwortlichkeit des Menschen zu delegieren an seine schicksalhaften Umstände, sei es an die Erziehungseinflüsse aus seiner Kindheit, sei es an die Milieustrukturen seiner Gesellschaftsklasse, oder gar an seine Rassenzugehörigkeit.

So gefährlich dieses Abhängigkeitsmodell war, so wenig ist es heute überwunden, wenn auch die Formen der sich selbst zugesprochenen Abhängigkeiten in den letzten 40 Jahren gewechselt haben. Die Menschen unserer Zeit fühlen sich weniger abhängig von sozialen oder gar nationalen Gegebenheiten, und sie sind auch weit weniger geprägt von autoritären Erziehungsmustern, aber sie machen sich erstaunlich abhängig von kurzlebigen Modetrends, sie sind beängstigend abhängig vom Pessimismus des Zeitgeistes, und sie bringen sich in geradezu kindliche Abhängigkeit von den modernen Medien. Dabei hat sich auch das Gegenteil, das Sich-freistrampeln-Wollen von allen Bindungen und Traditionen, das Sich-emanzipieren-Wollen um jeden Preis, nicht bewährt, und zwar merkwürdigerweise aus exakt demselben Grunde: was die alten Abhängigkeitshypothesen an Eigenverantwortlichkeit dem Menschen zu rauben vermochten, das lassen alle extremen Unabhängigkeitsbewegungen im selben Maße vermissen. Solange das „Freisein von etwas“ nicht unauflösbar verknüpft ist mit einem „Verantwortlichsein für etwas“, solange ist eine menschliche Existenz noch gar nicht zu ihrer wahren Entfaltung gekommen, wie Viktor Frankl stets betont.

Überlegen wir uns diese Polarität vom Freisein und Verantwortlichsein menschlicher Existenz noch etwas genauer. Was heißt denn Freisein? Haben wir nicht rundum unsere Bedingungen, unsere Grenzen, sind wir nicht alle durch unseren Lebenslauf in ein enges Korsett gezwängt, welches uns dem So-Sein verhaftet? Ja und nein. Das Korsett ist da, und die Grenzen sind es auch, und doch können wir in geistiger Freiheit unterschiedlich darüber befinden, können entscheiden, wie wir uns zu unseren Bedingungen einstellen, und mit dieser Einstellung das je Anders-Sein wählen. Ein junger Mensch zum Beispiel, der keine Geborgenheit in seinem Elternhaus erfahren hat, tut sich verflixt schwer, tragfähige Bindungen einzugehen. Aber wenn er einen anderen Menschen kennt, den er aufrichtig liebt, kann er in einem Akt der Selbstüberschreitung das ganze Vertrauen, dessen er fähig ist, diesem einen zum Geschenk darbringen und solcherart seine Beziehungslosigkeit letztlich überwinden. Freisein heißt, den Spielraum der Unabhängigkeit ausloten im Rahmen der Abhängigkeit, und sich dadurch von der Abhängigkeit innerlich zu lösen.

Und was heißt Verantwortlichsein? Ist dies nicht ein neuerliches Gebundensein an eine Pflicht, an ein moralisches oder ethisches Soll, an eine von außen diktierte Begrenzung? Wiederum müssen wir antworten: ja und nein. Wenn bloß einem Diktat gefolgt wird, dem erhobenen Zeigefinger der Umwelt, dann ist in das Stadium der Verantwortlichkeit noch gar nicht eingetreten worden. Und doch handelt es sich bei der Übernahme von Verantwortung tatsächlich um ein Gebundensein, ein freiwilliges Gebundensein an etwas, das nicht von außen, sondern von innen kommt: an das Gewissen. Und dasjenige, was sich dem Gewissen erschließt, ist nach Viktor Frankl der konkrete Sinn einer konkreten Situation. Verantwortlichsein heißt deshalb, den Sinn der Situation erfüllen, ihm gehorchen, und das eigene Handeln gewissermaßen vom Hinhorchen auf das je Sinnvolle abhängig machen. So wird der junge Mensch in unserem Beispiel, der keine Geborgenheit im Elternhaus erfahren hat, nur dann sein grundsätzliches Mißtrauen und seine Beziehungslosigkeit überwinden, wenn er weiß, *wozu* und *für wen* er über sich selbst hinauswachsen soll. Er ist frei, es zu tun, das schon, aber erst das Ansichtigwerden eines Sinns in diesem Tun läßt ihn von seiner Freiheit Gebrauch machen. Daraus ergibt sich das Paradoxon, daß man sich innerlich freimachen muß von schicksalhaften Abhängigkeiten, um eben frei zu sein für verantwortliche Entscheidungen, die vom Sinn der Situation wiederum abhängig sind. Oder umgekehrt, daß verantwortungsvolle Entscheidungen, die in Abhängigkeit vom jeweiligen Sinn der Situation getroffen werden, einem helfen, sich innerlich freizumachen von schicksalhaften Abhängigkeiten.

Der Leser fragt sich vielleicht, was diese komplizierten Zusammenhänge von Freiheit und Verantwortung mit Erziehungstheorien zu tun haben, aber sehr weit von unserem Thema sind wir nicht entfernt. Werfen wir einen Blick auf eine Studie der beiden Psychologen Helmut Pauls und Arno Johann, die 237 Mädchen und Buben im Alter zwischen 8 und 11 Jahren mit folgender Frage interviewt haben: „Wie macht ihr das, wenn ihr eure Eltern ‚rumkriegen' wollt?" Aufhänger war dabei der allabendliche Kampf ums Fernsehen, wenn Eltern ihre Kinder ins Bett schicken, diese aber noch den späten Western oder Krimi mit den Eltern anschauen wollen. Die Psychologen fanden bei der Befragung vier Typen von Taktikern unter den Kindern heraus:

1. Die Konstruktiv-Aktiven, die die Eltern mit irgendwelchen Argumenten, die für den Film sprechen, zum Nachgeben veranlassen.
2. Die Nörgler, die nach dem Motto: „Ihr seid gemein, selber glotzt ihr und ich soll ins Bett" ein schlechtes Gewissen bei den Eltern erzeugen.
3. Die Raffinierten, die sich mit Bussis und Betteleien einschmeicheln, zumindest bei einem Elternteil, der dann für sie ihren Willen durchsetzt.
4. Die Erpresser, die ihre Eltern mit drohenden Wutausbrüchen in Schach halten.

Am Schluß der Studie wurde lakonisch vermerkt, daß es den Eltern bei konstruktiv-aktiven Kindern am ehesten gelinge, sich durchzusetzen, während sie den übrigen Taktikern unter ihren Kindern im allgemeinen ziemlich hilflos ausgeliefert seien.

Nehmen wir diese Studie zum Anlaß, um über pädagogische Antworten auf die geschilderte Herausforderung nachzudenken. Es geht um einen Machtkampf zwischen Erziehern und zu Erziehenden, aber was für einen Kampf finden wir vor? Die Kinder ringen um ihre Freiheit, eine Freiheit allerdings, die nicht mit Verantwortlichkeit verknüpft ist: sie wollen freisein vom Schlafengehenmüssen, doch nicht etwa dazu, eine sinnvolle Beschäftigung auszuüben. Die Eltern wiederum ringen um ihre Verantwortung, eine Verantwortung allerdings, die nicht mit Freiheit verknüpft ist: sie wollen verantwortungsvoll ihre Kinder ins Bett schicken, sind aber nicht frei genug, selber aufs Fernsehen zu verzichten. Da haben wir das eigentliche Problem: nicht die Taktiken, die die Kinder anwenden, und nicht die Hilflosigkeit der Eltern, darauf adäquat zu reagieren, sind das Eigentliche, nein, die Problematik liegt tiefer, nämlich bei der Frage, wie viel oder wie wenig die Eltern *und* die Kinder sich am jeweiligen Sinn der Situation orientieren. Es kann durchaus sinnvoll sein, einmal einen späten Film miteinander anzusehen, wenn es eben ein besonderer Film ist. Ein anderes Mal kann es sinnvoll sein, statt fernzusehen ein gemeinsames Spiel zu machen oder spazierenzugehen. Genausogut kann es sinnvoll sein, Kinder früh zu Bett zu bringen und selber noch aufzubleiben, um irgendetwas zu erledigen. Aber die Entscheidung darüber, *was* jeweils das Sinnvollste ist, wird nur dann optimal zu treffen sein, wenn sie sich an objektiven Gegebenheiten orientiert, die für Eltern wie für Kinder gleichermaßen gelten, an Sinnkonstellationen, die nicht mit den Maßstäben eines Lustprinzips, sondern lediglich über die feinen Antennen des Gewissens zu erspüren sind. Und dabei meine ich nicht ein von den Kindern berechnenderweise erzeugtes „schlechtes Gewissen" bei den Eltern, sondern jene nicht erzeugbare und auch nicht hinwegleugbare innere Stimme, die jeden Menschen leitet, wenn er nur bereit ist, ihr zu folgen. Eine Stimme, die auch in Kindern schon potentiell bereitliegt, im Zuge ihres Reifungsprozesses irgendwann einmal selbständig vernommen zu werden.

Hier sind wir bei unseren Überlegungen an einem Punkt angelangt, der für jedweden Umgang mit Menschen von höchster Bedeutung ist, sei dieser Umgang medizinischer, psychologischer oder pädagogischer Natur. Es ist die Frage der Zielsetzung dessen, was erreicht werden soll, und speziell in der Pädagogik ist es die Frage des *Erziehungszieles.* Noch einmal möchte ich Wolfgang Brezinka zitieren, der in seinem Buch „Erziehung in einer wertunsicheren Gesellschaft" höchst interessante Thesen dazu aufgestellt hat. Und zwar geht er davon aus, daß

„die meisten Eltern heutzutage bei der Entscheidung über die Erziehungsziele für ihre Kinder viel mehr auf sich allein gestellt sind als jemals zuvor."

Er schreibt:

„Sie (die Eltern) leben weitgehend unabhängig von vorgegebenen Bindungen an Großfamilie, Nachbarschaft, Gemeinde, Stand, Berufsgenossenschaft, Kirche und Staat. Sie leben relativ frei von moralischer Kontrolle durch allgemein anerkannte Autoritätsträger, damit aber auch abgeschnitten von verpflichtenden Traditionen der Weltdeutung und Lebensführung, in denen die grundlegenden Erziehungsziele mitenthalten sind. Sie können nicht mehr zurückgreifen auf fraglos geltende Persönlichkeitsideale einer größeren Lebensgemeinschaft, deren Mitglied sie sind, sondern müssen selbst entscheiden. Zu keiner Zeit war das Selbstbestimmungsrecht der Eltern über die Erziehungsziele für ihre Kinder größer. Das Problem ist, ob sie der damit verbundenen Verantwortung unter den Lebensbedingungen einer individualistischen Demokratie auf Dauer gewachsen sind."

Wir sehen, auch Wolfgang Brezinka geht auf die Polarität von Freisein und Verantwortlichsein ein, indem er aufzeigt, wie „frei" Eltern heutzutage sind, die Erziehungsziele für ihre Kinder zu wählen, und sogleich die Bedenken daranhängt, ob sie denn auch der Verantwortung dafür gewachsen seien. Denn Freiheit ohne Verantwortung ist Chaos, und Verantwortung ohne Freiheit wäre, wenn es sie gäbe, der marionettenhafte Gehorsam wertblinder Individuen.

Wie läßt sich aber nun in der pluralistischen Gesellschaft der Gegenwart trotz alledem ein Erziehungsziel definieren, das von den Eltern unterschiedlichster Anschauungen und von den Lehrern mit ihrer weltanschaulichen Neutralitätsverpflichtung einhellig bejaht werden kann? Ein Erziehungsziel, das Freiheit und Verantwortlichkeit unauflösbar miteinander verknotet?

Darauf möchte ich mit einem Zitat von Viktor Frankl antworten, welches meines Erachtens einem Glockenschlag gleicht, der die Rehumanisierung der Pädagogik einläuten könnte. Es lautet:*

---

* Viktor E. Frankl, „Der Wille zum Sinn", Verlag Hans Huber, Bern, 3. Auflage 1982, Seite 27.

„In diesem unseren Zeitalter muß es sich die Erziehung angelegen sein lassen, nicht nur Wissen zu vermitteln, sondern auch das Gewissen zu verfeinern, so daß der Mensch hellhörig genug ist, um die jeder einzelnen Situation innewohnende Forderung herauszuhören. In einem Zeitalter, in dem die Zehn Gebote für so viele ihre Geltung zu verlieren scheinen, muß der Mensch instand gesetzt werden, die 10000 Gebote zu vernehmen, die in den 10000 Situationen verschlüsselt sind, mit denen ihn sein Leben konfrontiert."

Gewissensverfeinerung ist also das Leitwort, das in der angewandten Pädagogik wesentlich mithelfen könnte, Probleme zu überwinden. Die Gewissensverfeinerung ist zugleich das Dach, unter dem Wissen vermittelt, Bildung angehoben und Engagement geweckt werden soll. Als oberstes Erziehungsziel rückt sie den Menschen wieder in den Vordergrund, sogar noch vor alle sonstigen Bemühungen um Informationsweitergabe, Intelligenzförderung und Charakterschulung. Sie erfordert nämlich über jede pädagogisch-technische Methodik hinaus eine zutiefst menschliche Begegnung, die das einzige Mittel ist, sozusagen eine geistige Berührung zwischen Erzieher und zu Erziehenden zustande zu bringen. Nie werde ich vergessen, was mein Lehrer seinerzeit uns Studenten als ernstgemeinte Warnung mit auf den Weg gab. Er sagte: „Nicht eine Methode dehumanisiert den Patienten, sondern der Geist, in dem sie gehandhabt wird." Das gilt analog für die Pädagogik: Es kommt nicht so sehr darauf an, welche Erziehungsmethode man gebraucht, als vielmehr darauf, im welchem Geiste sie angewandt wird. Steht sie unter der Zielsetzung einer Gewissensverfeinerung beim zu Erziehenden, dann kann sie gar nicht anders, als dem eigenen Gewissen des Erziehers entsprungen sein, und das bedeutet: gereift sein in einer Kombination aus Freiheit und Verantwortlichkeit, und geprüft sein in der freiwilligen Abhängigkeit von der Erkenntnis des je Sinnvollen.

Nach diesen etwas theoretischen Vorbemerkungen möchte ich jetzt den Bogen zur Praxis spannen, damit die pädagogisch tätigen Leser, seien sie Eltern, Lehrer oder andere Erzieher, etwas Konkretes damit anfangen können. Gerade das logotherapeutische Gedankengut läßt sich wie kaum ein anderes wissenschaftliches Lehrgebäude auf das alltägliche Leben übertragen und zeitigt Früchte auch noch an den bescheidensten Ecken unseres Daseins.

Aus meinen Erfahrungen mit Hunderten von ratsuchenden, seelisch kranken und verzweifelten Menschen, bei denen die Hinführung zur Hellhörigkeit ihres Gewissens und damit zur Sinnerfahrung auch keine unerhebliche Rolle gespielt hat, möchte ich im folgenden – analog zu den drei suchtpräventiven „Hilfspaketen" – wiederum drei Etappen logotherapeutischer Hilfeleistung darlegen, zu denen sich meines Erachtens pädagogische Parallelen ziehen lassen.

Die *erste Etappe* besteht darin, dem Ratsuchenden bzw. dem zu Erziehenden klarzumachen, daß zu einem sinnerfüllten Leben sozusagen Vorleistungen erbracht werden müssen, daß – bildlich gesprochen – Vorschüsse einzuzahlen sind auf Sinngehalte, die sich einem vielleicht später einmal auftun werden. Ein sinnerfülltes Leben fällt einem nicht in den Schoß, man kann nicht darauf warten und die Hände aufhalten, nein, man muß sich hineingeben ans Leben und Initiativen wagen, die keinen anderen Sinn haben als eben den, Sinnmöglichkeiten, die noch gar nicht in Sicht sind, die Tür zu öffnen.

Beispielsweise ist der Beginn einer Ausbildung oder eines Studiums eine solche Vorleistung. Der Anfänger kann nicht wissen, welche Sinnmöglichkeiten sich ihm darbieten werden, wenn er seine Ausbildung abgeschlossen haben wird, aber er kann darauf vertrauen, *daß* es Möglichkeiten für ihn geben wird, die es ohne diese seine Vorleistung höchstwahrscheinlich nicht geben würde. Ja, selbst wenn seine Ausbildung in keinen beruflichen Werdegang einmünden sollte, was zum Beispiel in Zeiten hoher Arbeitslosigkeit der Fall sein könnte, so mag es doch ideelle Wertverwirklichungen geben, die ihn für seine Initiative entlohnen werden. Oder ein anderes Beispiel ist eine Reise, die jemand unternimmt. Er kann nicht wissen, ob ihm die Fahrt beeindruckende Erlebnisse, internationale Freundschaften usw. bringen wird, aber er gibt sich die Chance zu einer sinnvollen Bereicherung seines Lebens, indem er den Anfang setzt. Natürlich ist nicht jedes Vorhaben gleichermaßen sinnträchtig, und es gibt auch Risiken, von denen eher abzuraten ist, weil sie leicht zu Resultaten wider den Sinn der Situation führen können. Dies herauszufinden, was geeignete Vorleistungen an denkbare Sinngehalte des Lebens sind, und was nicht, ist ja Aufgabe des persönlichen Gewissens eines jeden einzelnen, eine Aufgabe, der es normalerweise gewachsen ist. Bei seelisch labilen oder geistig frustrierten Menschen allerdings gibt es diesbezüglich oft ein Handikap. Nicht, daß ihr Gewissen nicht feinfühlig genug wäre, über die Eignung etwaiger Vorleistungen zu befinden, das ist gewöhnlich nicht ihre Hauptschwierigkeit. Das Handikap besteht darin, daß ihr Vertrauen in die Sinnfülle des Lebens vielfach verlorengegangen ist, das Urvertrauen darauf, daß schon irgendwann und irgendwie ein Sinn sich zeigen wird in dem, was man tut, denkt und fühlt.

Wer zahlt Vorschüsse ein an etwas, von dem er nicht glaubt, daß es in irgendeiner Form auf ihn zurückstrahlt? In dem Moment, da Patienten die Auffassung vertreten, es sei sowieso alles sinnlos, in dem Moment sterben alle ihre geistigen Lebensregungen ab, der Motor ihrer Beweggründe bleibt stehen, und sie verharren in dumpfer Passivität. Vom psychohygienischen Standpunkt aus sind sie dann in höchster Gefahr, denn ein stehengebliebener Motor liefert keine Vorleistungen an denkbare Sinngehalte des Lebens, und folglich tauchen solche auch nicht mehr auf, was das chronische Sinnlosigkeitsgefühl, an dem die Betreffenden leiden, geradezu als berechtigt erscheinen läßt, auch wenn dies der Wahrheit nicht entspricht. Das heißt, wir haben es mit einem *Motivationsproblem* zu tun, und das therapeutische Geschick muß daraufhin abzielen, die Patienten zu Initiativen zu bewegen, die ihnen später einmal neue Sinndimensionen eröffnen können, selbst wenn sie gegenwärtig nicht daran glauben.

Ziehen wir nun aus dem Gesagten unsere Parallelen zur Pädagogik. Haben meine Worte nicht an die moderne „No-future-Stimmung" unter den Jugendlichen erinnert? Dürfte dem Pädagogen die geringe Bereitschaft, etwas ins Leben zu investieren, ja, sich einzulassen auf eine zu gestaltende Zukunft nicht aus der Schülerschaft bekannt vorkommen? Ist der alles lähmende Slogan: „Was bringt's?" nicht ein stereotypes Kennzeichen vieler junger Menschen, die tatsächlich nicht wissen können, *was* ihr positives Engagement erbringen würde, und dennoch zumindest die Hoffnung im Herzen tragen sollten, *daß* es etwas Sinnvolles erbringen könnte? Hat die Pädagogik der Gegenwart nicht rund um die Uhr mit Motivationsproblemen zu tun?

Da hilft nur eines: Mut machen zu sinnvollen Investitionen ins Leben und selber das Wagnis eingehen, an ihren Sinn zu glauben! Das aber ist eine große Anforderung an die Elternschaft und an die Lehrerschaft, eine Erziehungsaufgabe, wie sie sich in diesem Format noch nie gestellt hat. Eine Volksschullehrerin, mit der ich jüngst wegen eines Sorgenkindes aus ihrer Klasse Rücksprache hielt, bemerkte so nebenbei im Gespräch, daß sie früher einmal 54 Kinder in ihrer Klasse gehabt habe, und heute seien es 20. Aber, fügte sie hinzu, unter den 54 Kindern habe sie seinerzeit niemals so viele verhaltensgestörte Kinder gehabt wie heute unter den 20. „Wie erklären Sie sich das?" fragte ich die erfahrene Pädagogin. „Ganz einfach", antwortete sie, „die Kinder haben heute keine innere Ruhe mehr. Sie werden überflutet mit Reizen aller Art, und das nimmt ihnen die Ruhe, sich interessiert mit einer Sache zu beschäftigen." Für mich war diese Erklärung sehr aufschlußreich, denn sie deckt sich mit den Thesen der Logotherapie. Wer nicht fähig oder bereit ist, sich hinzugeben an eine Sache, und das heißt eben, Vorleistungen zu erbringen auf einen zu entdekkenden Sinngehalt, der bleibt am Oberflächlichen hängen, am Sich-berieseln-Lassen, am Konsumieren des Gebotenen, von dem am Ende nichts zurückbleibt als ein inneres Leeregefühl, das die Lebensfreude sukzessive untergräbt. Wer nicht mit seinem ganzen Ich dem Leben gehört, dem gehört das Leben nicht!

Ich kann deswegen allen denjenigen, die für mehr Menschlichkeit an den Schulen und in den Familien eintreten, nur raten: „Lehren Sie die Kinder wieder die Hingabe an etwas, das Engagement für etwas, das Vertrauen auf etwas, und immunisieren Sie sie gegen jene pessimistischen Zeitströmungen, denen die resignative Vorstellung entsteigt, alles sei mehr oder weniger überflüssig und vergebens." Vergebens ist nichts, nicht einmal das Verfehlte und Mißlungene, jedes Geschehnis birgt in sich seine ganz speziellen Sinnmöglichkeiten, wenn sie nur wahrgenommen werden, und das führt uns zur *zweiten Etappe* logotherapeutischer Hilfeleistungen, die darin bestehen, den Ratsuchenden bzw. den zu Erziehenden bei der Wahrnehmung vorhandener Sinngestalten zu unterstützen.

Dazu möchte ich zunächst wiedergeben, was mir ein Dreizehnjähriger über seinen letzten Schulausflug berichtet hat. Der Ausflug hatte die Schüler in eine herrliche Gegend am Starnberger See geführt, wo sie eine Burg besichtigt und ausgedehnte Wanderungen unternommen hatten. Auf dem Rückweg aber war ein Bus versäumt worden, und die schon ziemlich müden Schüler mußten unverhofft noch einige Kilometer am Straßenrand zurücklegen, um zur nächsten Bahnstation zu gelangen. Nun könnte man annehmen, der Schulausflug sei nicht allzu harmonisch ausgeklungen, weil die Kinder über den langweilig sich dahinziehenden Rückmarsch lamentiert hätten, doch das Gegenteil war der Fall. Wie mir der Junge sagte, sei das letzte Wegstück das spannendste des ganzen Tages gewesen. Und zwar deshalb, weil der Lehrer ein Wettspiel vorgeschlagen hatte. Er hatte die Kinder darauf aufmerksam gemacht, daß ihren Gedanken und Phantasien während des Gehens keine Grenzen gesetzt wären, und sie sich daher etwas einfallen lassen könnten, um die Zeit sinnvoll zu nützen. Dann hatte er die Klasse in vier Gruppen aufgeteilt und versprochen, während der anschließenden Bahnfahrt mit Hilfe einer gewählten Jury diejenige Gruppe zu ermitteln, die am Rückweg die originellsten Ideen produziert hatte.

Man rate, was dabei herauskam! Eine Gruppe hatte Blätter verschiedenartigster Form und Färbung gesammelt, um sie zu pressen und eine Collage daraus anzufertigen, die das Klassenzimmer schmücken sollte. Eine andere Gruppe hatte eine detaillierte Liste des zuvor besichtigten Burginventars zusammengestellt, soweit sich die Kinder noch daran erinnern konnten. Die dritte Gruppe hatte sich von allen vorbeifahrenden

Wagen die Automarken notiert und daraus eine Statistik entwickelt, die Aufschluß gab über die am meisten bevorzugten Fabrikate. Und die vierte Gruppe, die schließlich den Sieg davontrug, hatte sich einen Kanon selbständig ausgedacht, also komponiert, gedichtet und auch noch einstudiert.

Was können wir diesem pädagogisch außerordentlich geschickten Vorgehen des Lehrers entnehmen? Er hat die Wahrnehmung von Sinnmöglichkeiten bei seinen Schülern geschärft und ihnen zugleich bewiesen, daß aus nahezu jeder Lebenssituation, und sei sie bloß das Dahinmarschieren entlang des Straßenrandes, ein Sinn herausholbar ist, wenn eben die Sinne dafür geschärft sind. Ein besseres Weisheitspaket konnte er ihnen gar nicht mit ins Leben geben.

Viktor Frankl hat nicht nur als erster Wissenschaftler erkannt, daß jeder Mensch einen „Willen zum Sinn" in sich trägt, eine existentielle Sehnsucht, sein Leben als sinnvoll zu erfahren, und daß Glück und Zufriedenheit eigentlich nur in dem Maße erreichbar sind, in dem dieser „Wille zum Sinn" zu seiner Erfüllung gelangt. Er geht auch davon aus, daß das Leben in der Tat einen allgegenwärtigen Sinn besitzt, der natürlich von Person zu Person und von Situation zu Situation wechselt, aber selbst unter widrigsten Umständen nicht verlierbar ist. Diese beiden Grundannahmen vorausgesetzt, müßte es theoretisch machbar sein, daß jeder Mensch ein glückliches und zufriedenes Leben führt, weil sein ihm innewohnender „Wille zum Sinn" erfüllbar ist im Aufgreifen der einer jeden Lebenssituation innewohnenden Sinngestalten.

Daß dem nicht so ist, bekommt niemand mehr zu spüren als wir, die wir im sozialen Bereich tätig sind, ob als Ärzte, Psychologen, Theologen oder Pädagogen. Wir werden heute beruflich mit „Massenunglück" und „Massenunzufriedenheit" konfrontiert, die beide in Sinnkrisen gigantischen Umfanges wurzeln. Und wenn wir uns fragen, woran dies liegen kann, dann gibt es nur zwei Möglichkeiten: entweder werden die den einzelnen Lebenssituationen innewohnenden Sinngestalten geistig nicht mehr wahrgenommen, oder das Wahrgenommene wird trotz des vorhandenen „Willens zum Sinn" nicht mehr aufgegriffen und verwirklicht. Es gibt sogar den Ausdruck

„Sinnbarrieren" in der Psychotherapie, ein Begriff, der solche doppelseitigen Blockaden andeutet.

Bei der Erörterung der *zweiten Etappe* logotherapeutischer Hilfeleistungen geht es mir nun um die geistige Wahrnehmung des je Sinnvollen, die ein wesentlicher Bestandteil gesunder Psychohygiene ist. Der Lehrer im vorhin genannten Beispiel hat es verstanden, seinen Schülern bei der Sinnwahrnehmung zu helfen, daß heißt, sie haben das wahrhaft Optimale entdeckt, das aus dem langweiligen Heimweg zu gestalten war. Ohne Hilfe des Lehrers hätte sich die Wahrnehmung der Kinder leicht auf andere Inhalte konzentrieren können: auf das Erspüren der Müdigkeit in den Gliedern, auf den Gestank der vorbeifahrenden Autos, auf den Ärger, den Bus versäumt zu haben, oder auf die kleinen Unerfreulichkeiten des kommenden Schultages. Das aber hätte den ganzen schönen Ausflug irgendwie entwertet. So ergeht es vielen seelisch kranken und unglücklichen Menschen in der heutigen Zeit: sie sehen nur mehr das Negative, das Aussichtslose, sie haben nichts als die Unzulänglichkeiten der Umwelt und die Ohnmacht der eigenen Person im Blickfeld, und das entwertet für sie alles Gute und Schöne in der Welt, das ja schließlich auch noch existiert. Hier haben wir es nicht mit einem Motivationsproblem, sondern mit einem *Selektionsproblem* zu tun, nämlich mit der Auswahl dessen, worauf sich die Scheinwerfer der geistigen Konzentration eines Menschen richten: ob auf die Barrieren des Sinns oder auf den Sinn, der es wert ist, Barrieren zu überwinden.

Es gibt zum Beispiel Eltern, die sagen: „Unser Sohn ist ein schlechter Schüler, weil er zu faul ist zum Lernen und andauernd seine Zeit vertrödelt mit Basteleien." Es gibt auch Eltern, die in der gleichen Situation sagen: „Unser Sohn ist zwar in der Schule nicht besonders gut, aber handwerklich ist er so tüchtig, daß er die schönsten Sachen zusammenbastelt." Man sieht, nicht ein Vertuschen der Wahrheit, ein Verdrängen des Negativen steht zur Debatte, sondern lediglich die Selektion sinnloser oder sinnvoller Inhalte bei der Betrachtung der Wirklichkeit. Wird die Lernfaulheit des Sohnes betont, stehen die Barrieren seiner Sinnerfüllung im Vordergrund, wird hingegen die handwerkliche Tüchtigkeit des Kindes betont, öffnen sich damit neue Sinndimensionen seines Lebens.

In dieser Hinsicht tragen Eltern und Lehrer eine große Verantwortung, denn sie legen den Grundstein des geistigen Wahrnehmungsprozesses bei der heranwachsenden Generation. Sie stehen quasi Modell bei der Auswahl dessen, was geistig verarbeitet wird. Niemand verlangt von ihnen, daß sie tun, als wäre die Welt in Ordnung, aber die nachfolgenden Generationen werden sich keinen Deut für diese Welt einsetzen, wenn sie nicht daran glauben, daß es letztlich lohnt, sie in Ordnung zu bringen. Und sie werden nur dann daran glauben, wenn sie von Kindheit an gelernt haben, auf die Sinnhaftigkeit hinter den Barrieren zu schauen und zu erkennen, daß sogar jedes Leid und jeder Kummer noch seine positiven Chancen enthält, sofern man imstande ist, ihrer fündig zu werden.

Wenn es daher Probleme gibt, zu Hause oder in der Schule, gehen wir mit gutem Beispiel voran und suchen wir nach den konstruktiven Anteilen an der Problematik statt nach den destruktiven – die Konfliktlösung ergibt sich dann meist von allein. Oder wenn wir mit unseren Kindern ernste Themen wie Umweltschutz, Überrüstung, Hunger in der Dritten Welt etc. besprechen, vergessen wir nicht, daß selbst hinsichtlich der gemeinsamen Bedrohung der Menschheit noch unterschiedliche Akzente erschlossen werden können, Akzente, die auf der Bedrohtheit oder auf der Gemeinsamkeit liegen. Steht die Bedrohtheit im Vordergrund der geistigen Wahrnehmung, wird Angst und Hoffnungslosigkeit erzeugt, die das Bedrohtsein praktisch noch erhöht. Steht hingegen das gemeinsame Anliegen im Vordergrund, werden Impulse freigesetzt, die die Menschheit gerade wegen der allseits verbindlichen Gefahren zu einem neuen Gemeinschaftsgefühl vorstoßen lassen könnten, welches als einziges die Bedrohung noch abzuwenden vermag.

Nun haben wir bereits zwei Etappen logotherapeutischer Hilfeleistungen kennengelernt: eine Etappe, in der zu Vorleistungen an später zu entdeckende Sinngehalte des Lebens motiviert wird, und eine Etappe, in der dann das Entdecken solcher Sinngehalte über eine gezielte Wahrnehmungsselektion gefördert wird. Was fehlt jetzt noch? Man hat ein Stück Lebenskraft investiert im Vertrauen darauf, daß es seinen Sinn haben wird. Das Vertrauen hat sich als gerechtfertigt erwiesen: Sinnmöglichkeiten zeichnen sich am Hintergrund der Wirklichkeit ab. Was jetzt? In der *dritten Etappe* geht es darum, das Wahrgenommene zu ergreifen, den „Willen zum Sinn" zu konkretisieren, das innere Ja zu sprechen zu dem, was als sinnvoll erkannt worden ist. Leider gibt es viele Menschen, die durchaus erkennen, was sinnvoll wäre, aber nicht im entferntesten daran denken, es zu tun. Um etwaigen Mißverständnissen vorzubeugen, möchte ich gleich hinzufügen, daß sich hierbei die Frage des Wollens und nicht etwa die Frage des Könnens stellt. Selbstverständlich gibt es für jeden von uns eine Menge Möglichkeiten, die er nicht verwirklichen kann, und für seelisch kranke oder labile Menschen ist diese Menge noch zusätzlich vergrößert, weil ihr Könnensradius eingeschränkt ist. Sobald jedoch eine Möglichkeit als „Sinnmöglichkeit einer bestimmten Person in einer bestimmten Situation" identifiziert worden ist, muß sie zwangsläufig innerhalb der körperlich-geistig-seelischen Fähigkeiten dieser bestimmten Person liegen, ansonsten wäre sie ja nicht sinnvoll. Wozu jemand gar nicht in der Lage ist, das ist a priori keine sinnerfüllende Aufgabe für ihn, sondern allenfalls eine Überforderung oder ein unrealistisches Begehren.

Bei dem Ringen um die Konkretisierung wahrgenommener Sinngehalte handelt es sich daher um ein *Intentionsproblem*, um die willentliche Absicht, zu verwirklichen, was verwirklicht werden kann, wenn der Wille dahintersteht.

Werfen wir wieder einen Blick auf seelische Störungsbilder, und versuchen wir, daraus Schlußfolgerungen für die Pädagogik zu ziehen. Es gibt Patienten, die setzt allein die Angst in Bewegung. Sie arbeiten, mitunter sogar sehr fleißig, aus Angst, die Arbeit zu verlieren. Sie laden Leute ein und bewirten sie freundlichst aus Angst, ansonsten als unhöflich zu gelten. Sie machen Ausbildungskurse aus Angst, für dumm gehalten oder gar verachtet zu werden, usw. Das funktioniert eine Zeitlang recht gut, aber was geschieht, wenn sie in einen angstfreien Zustand kommen, zum Beispiel an einem Wochenende, an dem nichts von ihnen erwartet wird? Da nur die Angst sie in Bewegung setzt, erstarren sie in Bewegungslosigkeit, das heißt, sie haben nicht die geringste Absicht, irgendetwas Sinnvolles mit ihrer freien Zeit anzufangen, weil sie schon froh sind, einmal *nicht* ihre Leistungen unter Beweis stellen zu müssen. Freilich ist nichts dagegen einzuwenden, wenn sie das Wochenende vertrödeln und sich erholen. Die Tragik liegt darin, daß sie auf diese Weise nie in ihrem Leben dasjenige verwirklichen, was für sie persönlich wichtig und wertvoll wäre, und sie daher am Ende ihres Lebens mit Erschrecken feststellen, daß sie gar nicht wissen, wozu sie sich eigentlich die ganze Zeit abgerakkert haben. Ein Unerfülltheitsgefühl entsteht, weil nichts um seiner selbst willen angestrebt – eben intendiert – wird, sondern alles nur Mittel zum Zweck ist, um Unannehmlichkeiten auszuweichen; ein solches Unerfülltheitsgefühl aber bedeutet letztlich die größte Unannehmlichkeit, es ist im wahrsten Sinne des Wortes für jeden Menschen „unannehmbar", weil es unvereinbar ist mit seinem „Willen zum Sinn". Analoges wie für die Angst gilt auch für den Ehrgeiz, für das Geltungsbedürfnis, für die Jagd nach Lust und dergleichen – als Beweggründe sind dies starke Motive, aber um Objekte menschlicher Intentionalität erreichbar zu machen, sind sie völlig ungeeignet.

Werfen wir jetzt einen kurzen Blick in den Schulalltag und überlegen wir uns, ob dort ähnliche Beobachtungen zu machen sind.

Es gibt Schüler, die sind freundlich und hilfsbereit; sie tragen dem Lehrer die Hefte, sie löschen die Tafel, schließen das Fenster und gießen die Blumen im Klassenzimmer. Kurz, sie werden des jeweiligen Sinns der Situation gewahr. Aber nicht alle intendieren das Wahrgenommene. Manche wollen sich beim Lehrer einschmeicheln, wollen sich Beachtung und Zuwendung erkaufen, vielleicht auch Nachsicht bei den Noten, oder einfach nur das Attribut „brav" einheimsen. Unterscheiden kann man die echt Hilfsbereiten und die Schmeichler auf der Stelle, wenn der Lehrer außer Sichtweite ist. Die sich am Sinn der Situation orientierenden Kinder gießen dann immer noch die Blumen, wenn diese welk sind, aber die das Attribut

„brav" einheimsen wollenden Kinder werden an den welken Blumen vorbei nach Hause eilen. Welche von beiden es später einmal im Leben leichter haben werden, liegt auf der Hand: Sinn ist aus jeder Situation herausholbar, Streicheleinheiten aber sind es nicht. Wie oft müssen im Leben Anstrengungen erbracht werden, bei denen einen niemand ermutigt oder lobt, und bei denen keine unmittelbaren Vorteile zu gewinnen sind, ja, manchmal sogar massive Hindernisse im Weg liegen? Wer da nicht die Willenskraft entwickelt hat, um der Arbeit selbst willen gute Arbeit zu leisten, um eines geliebten Menschen willen Rücksicht zu nehmen, eben um eines zu verwirklichenden Wertes willen jenen persönlichen Einsatz zu leisten, der diesem angemessen ist, der wird wiederholt scheitern.

Hierher gehört auch die Problematik der gehemmten jungen Menschen, die vor lauter Schüchternheit nicht „nein" sagen können. Wer nicht „nein" sagen kann, kann auch nicht „ja" sagen; er handelt, um anderen zu Gefallen zu sein, aber nicht, weil er selber zu etwas steht. Solchen Personen hilft man nicht dadurch, daß man ihnen alle erdenklichen Argumente fürs Neinsagen vor Augen führt, sondern vielmehr dadurch, daß man ihnen die Werthaftigkeit eines echten Jas ins Bewußtsein hebt. Immer wieder begegnen wir Lebensschicksalen, die geradezu geprägt sind von einer ständig fehlenden Intentionalität. Eine Siebzehnjährige bricht ihren Unterricht am Gymnasium ab und zieht zu ihrem Freund, aber nicht aus übergroßer Liebe zu ihm, sondern um dem Schulstreß zu entfliehen. Sie wird schwanger und so wird geheiratet, aber nicht, weil die jungen Leute bereit sind, eine Familie zu gründen, sondern weil sie sich bei den Nachbarn nicht ins Gerede bringen wollen. Dann nimmt die junge Mutter einen Job an, aber nicht, weil sie sich nützlich betätigen möchte, sondern um aus den Schulden herauszukommen. Bald gibt es Streitigkeiten, aber nicht, um unterschiedliche Meinungen in einen fruchtbaren Kompromiß zu integrieren, sondern um die Überbelastung von Beruf, Haushalt und Familie abzureagieren. Am Ende steht die Scheidung, aber nicht, weil jeder einen sinnvollen Neuanfang darin sieht, sondern weil keiner mehr weiter weiß.

Typisch für solche Schicksale ist, daß alle Entscheidungen im Grunde aus einer *Negation* heraus getroffen worden sind, aus dem Wunsch, etwas Unangenehmes zu vermeiden, aber nicht aus einer *Position* heraus, wobei das Wort „Position" in seiner vollen Doppelbedeutung anwendbar ist, nämlich als innere Übereinstimmung mit einem Vorhaben und als zu beziehender Standort. Statt im „Stehen zu etwas" wird gehandelt im „Davonlaufen vor etwas", und das ist ein enormer Unterschied. Bedenken wir, was es allein schon ausmacht, ob ein Schulwechsel im Wesentlichen deswegen geschieht, weil ein Schüler in die neue Schule hineinwill, oder deswegen, weil er aus der alten Schule herauswill. Derjenige, der sich aus irgendeinem Grunde für eine neue Schule entschieden hat, sei es, daß er sich interessantere Fächer, bessere Aufstiegsmöglichkeiten oder was immer erhofft, derjenige fängt mit dem Übertritt einen neuen Lebensabschnitt an, den er bejaht. Derjenige jedoch, der sich aus irgendeinem Grunde gegen die alte Schule entschieden hat, sei es, daß er sich mit Lehrern oder Kameraden überworfen hat, im Stoff nicht mehr mitkommt etc., derjenige hat mit dem Übertritt lediglich ein Kapitel abgeschlossen, das er verneint, aber bezüglich des Neuen, das auf ihn zukommt, steht er intentional sozusagen im luftleeren Raum. Und gerade dieses innerliche Nicht-ja-gesagt-Haben kann bewirken, daß es ihm in der neuen Schule nicht besser ergeht als in der alten. Es ist eine große Gefahr, eine Entscheidung aus einer Negation heraus zu treffen, denn schnell pflanzt sich das Unglück fort, dem man mit dieser Entscheidung entfliehen hat wollen, und macht sie dadurch rückwirkend zu einer Fehlentscheidung.

Auf die dritte Etappe logotherapeutischer Hilfeleistungen verweisend möchte ich deswegen sagen: Eines der großen Ziele der Pädagogik ist es, die heranwachsenden jungen Menschen zu positiven Entscheidungen zu befähigen, und das bedeutet, sie zu befähigen, nicht nur das Richtige zu erkennen, sondern auch das Richtige zu wollen. Gewiß, das Erkennen ist schon viel, aber das Wollen ist noch viel mehr. Millionen Leute erkennen heutzutage, daß sie eine ungesunde Lebensweise führen, weil sie zuviel essen, zuviel rauchen, zuviel autofahren usw., aber nur ein geringer Prozentsatz von ihnen will wirklich gesund leben. Die anderen bleiben bei der Sinnwahrnehmung stehen, und obwohl ihnen vollkommen klar ist, was die jeweils sinnvolle Alternative zu ihrem Lebensstil wäre, entscheiden sie sich nicht dafür.

Man kann der einen oder anderen pädagogischen Richtung leider den Vorwurf nicht ersparen, daß sie daran nicht ganz unschuldig ist. In ihren Lehr- und Erziehungsplänen hat sie den Akt der Erkenntnis weit über jede Willensschulung gestellt, hat sie Aufklärung aller Art in ihr Programm aufgenommen, aber die Verwirklichung von Werten dem Ermessensspielraum des einzelnen überlassen. Diesbezüglich wäre es längst an der Zeit für eine Korrektur, wenn die Pädagogik rehumanisiert werden soll, denn das spezifisch Menschliche *ist* die geistige Intentionalität des Menschen, die ihn sowohl vom Tier als auch vom Roboter unterscheidet, wie wir von Viktor Frankl gelernt haben. Wenn uns daher daran liegt, wieder die menschlichen Qualitäten der nachrückenden Generation in den erzieherischen Blickpunkt zu schieben, dann müssen wir vielleicht den einen oder anderen Abstrich bei der reinen Wissensvermittlung in Kauf nehmen, dafür aber um so mehr stabile innere Haltungen und positive Einstellungen an die zu Erziehenden transferieren. Daß dabei Gleichnisse, Bilder, Literaturausschnitte, geschichtliche Beispiele und viele andere Materialien dienlich sein können, ist uns bereits geläufig, denn auch hier gilt wiederum: Nicht die Wahl des Mediums ist das Ausschlaggebende, sondern der Geist, in dem es gehandhabt wird.

Zur Abrundung meiner Ausführungen möchte ich ein letztes Mal auf das Buch „Erziehung in einer wertunsicheren Gesellschaft“ von Wolfgang Brezinka zurückkommen, um die von ihm dort niedergelegten Erziehungsziele mit den hier besprochenen logotherapeutischen Perspektiven zu vergleichen. Wolfgang Brezinka unterscheidet Erziehungsziele, die in den Aufgabenbereich der Familie fallen, und solche, die Aufgabe der Schulen sind. Als von der *Familie* anzupeilende Erziehungsziele nennt er die Entwicklung folgender menschlicher Qualitäten:

1. Vertrauen zum Leben und zur Welt,
2. Bereitschaft zur Selbsterhaltung durch eigene Anstrengung,
3. Realistisches Welt- und Selbstverständnis,
4. Kultur des Herzens,
5. Selbstdisziplin.

Als von der *Schule* anzupeilende Erziehungsziele nennt er die Entwicklung von

6. Gemeinsinn und
7. Patriotismus.

Selbstverständlich würde es hier zu weit führen, die Analysen moralphilosophischer Art nachzuvollziehen, aus denen Wolfgang Brezinka die genannten Erziehungsschwerpunkte abgeleitet hat, aber zweifellos sind sie das Ergebnis jahrzehntelanger interdisziplinärer Forschung. Besonders interessant jedoch finde ich die Tatsache, daß sich die Erziehungsziele aus logotherapeutischer Perspektive und die Erziehungsziele, die Wolfgang Brezinka ganz unabhängig davon erarbeitet hat, einander problemlos zuordnen lassen, was darauf hinweist, daß von beiden Seiten Grundsätzliches erfaßt worden ist. Um bei meiner Rückkehr vom „Ausflug ins Grenzgebiet der Pädagogik" dieses Grundsätzliche noch einmal zu beleuchten, will ich die genannten Zuordnungen stichwortartig andeuten.

Der Leser wird sich erinnern, daß wir als erstes festhielten, es müßten Vorleistungen an ein mit Sinn zu erfüllendes Dasein erbracht werden, und es sei deswegen eine pädagogische Aufgabe, junge Menschen zu entsprechenden Initiativen zu motivieren. Was aber ist das „Vertrauen zum Leben und zur Welt", von dem Brezinka spricht, wenn nicht ein gewaltiger Vorschuß an die zu entdeckende Sinnhaftigkeit all dessen, was existiert? Und auch der 2. Punkt in der Brezinkaschen Übersicht, die „Bereitschaft zur Selbsterhaltung durch eigene Anstrengung" ist nichts anderes als ein Vorschuß darauf, daß einem eines Tages aufgehen wird, wozu man selber existiert, wozu es gut ist, daß man überhaupt auf der Welt ist, denn etwas Sinnloses aus eigener Anstrengung zu erhalten, wäre ja mehr als fragwürdig.

Das heißt praktisch, am Boden eines nicht rational begründbaren, sondern aus einer unbewußten Sinngläubigkeit entspringenden Urvertrauens muß Leben gewagt und geleistet werden in Hinblick darauf, daß es eine Zukunft geben mag, die dieses Wagnis und diese Leistung auch rational begreifbar als sinnvoll bestätigen wird.

Erinnern wir uns nun an unsere nächste pädagogische Zielvorstellung, derzufolge die Wahrnehmung von situationsbedingten Sinnmöglichkeiten zu schärfen ist, damit diese beim geistigen Selektionsprozeß nicht durchfallen und im Übersehenwordensein Platz schaffen für Frustrationsgefühle. Was aber meint Wolfgang Brezinka mit einem „realistischen Welt- und Selbstverständnis", seinem 3. Punkt in der Übersicht familiärer Erziehungsziele? Doch wohl, daß das Sein eingeschätzt wird, wie es ist, und es *ist* ein Sein voller Möglichkeiten, so daß die Realität gar nicht erschaut werden kann, ohne sie mitsamt der vielfältigen in ihr begründeten Potentialität zu erschauen. Auch kann niemand um seine persönlichen Sinnmöglichkeiten Bescheid wissen, wenn er sich selbst nicht realistisch einzuschätzen vermag, denn unrealisierbare Möglichkeiten sind keine sinnvollen.

Dazu paßt desweiteren der 4. Punkt in der Übersicht von Brezinka, den er mit „Kultur des Herzens" betitelt hat, einem ausgezeichneten Sammelbegriff für menschliche Qualitäten wie Gemütsbildung, Weisheit, Güte, Einfühlungsvermögen, Wertverständnis usw. Die in den einzelnen Lebenssituationen verschlüsselten Sinnmöglichkeiten werden nämlich viel besser mit dem Herzen als mit dem Kopf geortet, was Viktor Frankl in dem Satz ausdrückt: „Das Gefühl kann viel feinfühliger sein als der Verstand scharfsinnig!" * Deshalb ist ein Mindestmaß an „Kultur des Herzens" neben dem „realistischen Welt- und Selbstverständnis" die unabdingbare Voraussetzung für die Wahrnehmung von Sinn in der Welt, einer Welt, die weit entfernt ist von dem, was man als „ideal" bezeichnen könnte, die aber dennoch ihre positiven Chancen sogar noch im Negativen bereithält.

---

* Viktor E. Frankl, „Der unbewußte Gott", Kösel Verlag, München, 5. Auflage 1979, Seite 33.

Kommen wir jetzt zur letzten logotherapeutischen Perspektive, dem Willen, das als sinnvoll Erfühlte, Erspürte, Wahrgenommene sozusagen im eigenen Auftrag zu verwirklichen. Ein Auftrag, der nicht immer leichtfällt, der vielleicht Verzichte und Selbstüberwindung verlangt, weil er sich an etwas orientiert, das über das Selbst hinausführt. Welche menschliche Fähigkeit ist in erster Linie dafür nötig? Wolfgang Brezinka antwortet darauf mit seinem 5. Punkt: „Selbstdisziplin". Wer nicht Herr über sich selbst ist, kann nicht Diener einer sich selbst gestellten Aufgabe sein, so paradox dies klingt. Wer sich seinen eigenen Schwächen immer wieder beugt, seiner Angst, seiner Eitelkeit, seiner Gier etc., der hat die intentionale Kraft nicht, ein Werk um dessentwillen zu schaffen, oder andere Menschen um ihretwillen zu lieben.

Das Stichwort „lieben" aber führt uns zu den Punkten 6 und 7 in der Brezinkaschen Übersicht, die mit „Gemeinsinn" und „Patriotismus" überschrieben sind. Es gibt keinen Sinn, der bloß Sinn wäre für ein Einzelindividuum; alles Sinnvolle, das ein Mensch durch seine Existenz verwirklicht, vermehrt insgesamt den Sinn der Existenz des Menschengeschlechtes. Deswegen ist in der Sinnorientierung stets ein objektiver Sinn, ein Sinn für alle, ein Sinn des Ganzen gemeint, und hier schließt sich der Kreis zu unseren Ausgangsüberlegungen, die in der Erkenntnis gipfelten, daß das Übergreifende aller Erziehungsziele die Gewissensverfeinerung sei. Wer intendiert, was sein Gewissen ihm diktiert, der hat alles im Blick: sich selbst, seine Familie, seine nähere Umwelt, sein Vaterland, seine Mitmenschen auch in anderen Nationen, das planetarische Wohl der Erde, die belebte und unbelebte Natur ringsum. Nicht, daß er sich um all dies kümmern könnte, sein Einfluß mag gering sein, aber *was* in seinen Verantwortungsbereich fällt, um das wird er sich *in Liebe* kümmern, und dies ist nichts Geringes, sondern die höchstmögliche Vervollkommnung menschlichen Daseins.

Ohne Zukunft? Die noogene Depression und ihre Überwindung

Ich habe bereits mehrmals auf die unter der jungen Generation verbreitete „No-future-Stimmung" Bezug genommen, bin aber bisher nicht darauf eingegangen, daß es auch unter den Erwachsenen eine Form von depressiver Verstimmung gibt, die mit der Fragwürdigkeit unserer Zukunft in Zusammenhang steht. Zwar kommt es – objektiv betrachtet – gar nicht so sehr auf die Frag-würdigkeit der Zukunft, als vielmehr auf die Antwort-würdigkeit der Gegenwart an, denn „hier und heute" sind ja jene Antworten zu entwerfen, die „dort und morgen" ihre Auswirkungen haben werden, dennoch gibt es Personen, und nicht wenige, bei denen aus der vermeintlichen Sinnlosigkeit der Zukunft eine Antwortlosigkeit der Gegenwart resultiert. Personen, die innerlich leer und starr geworden sind und schweigend den Fragen begegnen, die das Leben an sie richtet. Sie leiden an der von Viktor Frankl so benannten „noogenen Depression", einer seelischen Krankheit, die selten diagnostiziert wird und trotzdem immer gravierendere Ausmaße in der Bevölkerung annimmt. Uns Beratern ist es fast nicht mehr möglich, an diesem Krankheitsbild vorbeizuschauen, und vor allem können wir es uns nicht mehr leisten, über dessen Linderungs- und Heilungsmöglichkeiten nicht Bescheid zu wissen, denn – mit Verlaub gesagt – auch wir Fachleute brauchen eine Zukunft, und die Zukunft unseres Berufsstandes wird darin liegen, daß wir imstande sind, die jeweiligen Nöte der Zeit zu erkennen und uns ihnen zu stellen.

Aber auch der Laie, in dessen Händen die Fäden eines Großteils aller Krankheitsverhütung zusammenlaufen, sollte diesbezüglich nicht ganz unbedarft sein und möge daher gestatten, daß ich ein wenig „aus der Schule plaudere" und die noogene Depression und ihre Überwindung ins Blickfeld seiner Aufmerksamkeit rücke. Um dies zu tun, muß ich etwas ausholen und will beginnen mit der altbekannten Feststellung, daß Depression nicht gleich Depression ist.

Wer je ein Psychiatrielehrbuch aufgeschlagen hat, weiß, daß es herkömmlicherweise zwei verschiedene Grundarten von Depressionen gibt, die als „endogen“ und „exogen“ unterschieden werden. Die endogenen Depressionen sind dabei die von innen kommenden, „grundlosen“ Depressionen, die keinen äußeren Grund, sondern nur eine innere *Ursache* haben, nämlich einen Mangel an bestimmten Neurotransmittern im Zentralnervensystem, wie man heute ziemlich sicher vermutet. Die exogenen Depressionen haben im Unterschied dazu keine Ursache, sondern einen *Grund,* speziell einen Grund zum Traurigsein, wie es etwa der Verlust eines Partners, ein persönliches Versagen, ein beruflicher Mißerfolg und anderes sein kann. Die Depression stellt sich dann als Reaktion auf ein solches mißliches Ereignis ein und blockiert dessen seelische Bewältigung, weshalb man bei den exogenen Depressionen auch von „reaktiven Depressionen“ spricht.

Zu diesem alten Zweierschema gibt es noch Ergänzungen in der Klassifikation der Depressionen. Eine Ergänzung zu den endogenen Depressionen sind die „organischen Depressionen“, die auf Hirnverletzungen, Tumoroperationen, cerebrale Degenerationsprozesse und dergleichen zurückgehen und somit dem organischen Psychosyndrom zuzurechnen sind. Im Unterschied zu den endogenen Depressionen werden sie nicht von neurochemischen Störungen auf Mikrozellbasis bewirkt, sondern durch Läsionen, operative Eingriffe und sonstige Traumen im Zentralnervensystem; aber dennoch fußen sie ebenso wie die endogenen Erkrankungen in einer *Somatogenese,* also in körperlicher Ursächlichkeit.

Eine Ergänzung zu den exogenen bzw. reaktiven Depressionen bildet die umstrittene Gruppe der „neurotischen Depressionen“, ein Begriff, der trotz seiner Uneindeutigkeit in der Praxis vielfach verwendet wird. Die Uneindeutigkeit und Widersprüchlichkeit dieser Depressionsform spiegelt sich bereits im Namen. Eine Neurose ist – übersimplifiziert – etwas, das aufpeitscht, erregt, in Agitation versetzt, und eine Depression ist – wiederum übersimplifiziert – etwas, das dämpft, lahm legt, unbeweglich macht. Wie sieht dann eine neurotische Depression aus? Nun, eine neurotische Depression ist in Wirklichkeit eine Neurose, die im Symptombild einer Depression ähnelt.

Für das Zustandekommen dieses täuschenden Symptombildes gibt es zwei mögliche Erklärungen. Erstens entwickeln neurotische Patienten, wenn sie über längere Zeit mit hohen Dosen an Tranquilizern und Sedativa behandelt werden, depressionsähnliche Persönlichkeitszüge. Zweitens gibt es neurotische Patienten, die an jener Krankheitsvariante leiden, welche im klinischen Sinne als Hysterie bezeichnet wird, und welche als eines ihrer typischen Kennzeichen die Betreffenden dazu verleitet, gewisse Rollen zu spielen. Solche Patienten können, aus welchen Motiven auch immer, in die Rolle eines depressiven Menschen schlüpfen und mit dieser Rolle innerlich derart verwachsen, daß sie nach außen hin völlig depressiv wirken.

Soviel zu den neurotischen Depressionen, die sich von den exogenen dadurch unterscheiden, daß der auslösende Grund kein Schicksalsschlag, sondern eine neurotische Charakterstruktur ist, der genaugenommen natürlich auch etwas Schicksalhaftes anhaftet, auf das psychohygienisch nicht optimal reagiert wird. Das Verbindende zwischen exogenen und neurotischen Depressionen ist ihre *Psychogenese,* also eine Fehlsteuerung in psychischen Bewältigungsmustern.

Die herkömmlichen Depressionsformen und ihre Ätiologie

Endogene Depressionen	*Exogene Depressionen*
(Auswirkungen neuro-chemischer Störungen im Zentralnervensystem)	(Nichtbewältigung von Trauer, Leid, Schmerz, Schicksalsschlägen)
Organische Depressionen	*Neurotische Depressionen*
(Auswirkungen cerebraler Läsionen und Degenerationsprozesse)	(Krankhafte psychische Reaktions- und Bewältigungsmuster)
Somatogenese	**Psychogenese**

Ich habe dieses wohlbekannte Klassifikationsschema deshalb wieder aufgefrischt, um hinsichtlich der aus allen Bilanzziehungen des Gesundheitswesens übereinstimmend hervorgehenden Tatsache, daß die depressiven Verstimmungen weltweit anwachsen*, die Frage aufzuwerfen, *welche Art* von Depression denn so erschreckend zunimmt und warum?

Bei der Beantwortung dieser Frage können wir die endogenen und die organischen Depressionen weitgehend ausschließen, da ihr Anteil von äußeren Umständen und Lebensfaktoren ziemlich unabhängig ist. Was vielleicht durch die „toxische Gesamtsituation" der Gegenwart, zu der Luftverschmutzung, Giftsubstanzen in Lebensmitteln usw. gehören**, die Störungsbereitschaft im neurochemischen Zellbereich anheben und dadurch endogene Krankheiten fördern mag, das wird gewiß wettgemacht durch die Fortschritte der Medizin, die das organische Psychosyndrom als Folge von Hirnschäden allmählich besser in den Griff bekommt. Außerdem weiß man aus Erfahrung, daß Psychosen, zu denen die endogenen Depressionen im weitesten Sinne zählen, einen ganz konstanten Prozentsatz in der Bevölkerung befallen, ob Krieg oder Frieden, Not- oder Wohlstandszeit ist – hier dürfte es keine entscheidenden Verschiebungen gegeben haben.

Bleiben also die exogenen und die neurotischen Depressionen. Sind sie es, die in unserer Zeit dermaßen angestiegen sind? Auch daran muß allen Datenerhebungen zufolge gezweifelt werden. Freilich scheint die hysterische Variante der Neurosen, die seit Freuds Tagen etwas zurückgegangen war, wieder im Vormarsch zu sein, was mit der gegenwärtigen „Narzißmuskultur" (Lasch) in den westlichen Ländern in Verbindung gebracht wird. Es ist kein Geheimnis, daß Verwöhnung nahezu dieselben kritischen Erziehungsresultate zeitigt wie Vernach-

* Über umfassende Untersuchungen darüber hat Prof. H. Häfner vom Zentralinstitut für Seelische Gesundheit in Mannheim in der Zeitschrift „Nervenarzt" (Bd. 56, S. 120) berichtet. Häfner kommt zu dem Schluß, daß im Gegensatz zur Schizophrenie, deren Häufigkeit über rund 1 Jahrhundert hinweg keine Veränderung erkennen läßt, die depressiven Störungen während der letzten Jahrzehnte stark zugenommen haben.

** Max Josef Zilch in „Der deutsche Apotheker", 34.–37. Jg. 1985.

lässigung; und während es in Freuds Tagen sehr viele vernachlässigte Kinder gegeben hat, die als Erwachsene zu hysterischen Anfällen neigten, gibt es heute sehr viele verwöhnte Kinder, die als Erwachsene ähnlich gestörte Verhaltenstendenzen aufweisen. So können wir davon ausgehen, daß die neurotischen Depressionen unter anderem Früchte des Wohlstands sind und sich als solche in den letzten Jahrzehnten vermehrt haben.

Dafür aber dürfen wir im Ausgleich dazu feststellen, daß sich die schwerwiegenden Gründe für exogene bzw. reaktive Depressionen zu einem guten Teil reduziert haben. Natürlich sind Einzelschicksale niemals frei davon: Verluste, Mißerfolge und Enttäuschungen gibt es in jedem Menschenleben. Im Durchschnitt gesehen ist es jedoch heute wesentlich leichter, Verluste zu ersetzen, neue Beziehungen wieder aufzubauen, beruflich umzudisponieren, ja, Hilfe aller Art zu bekommen, als dies früher der Fall war, was ein Argument dafür sein müßte, daß die reaktiven Depressionen im Großen und Ganzen eher nachlassen. Mithin könnte es zwar eine Verschiebung vom reaktiv-depressiven zum neurotisch-depressiven Krankheitsbild gegeben haben, aber die extreme Zunahme an gesamt-depressiven Verstimmungen, speziell in unseren Landen, ist damit noch immer nicht erklärt.

Denkbare gegenwärtige Verschiebungen innerhalb der herkömmlichen Depressionsformen

Endogene Depressionen →	leichter Anstieg auf Grund der „toxischen Gesamtsituation"
Organische Depressionen →	leichter Rückgang auf Grund besserer medizinischer Versorgung
Insgesamt:	ca. gleichbleibender Prozentsatz in der Bevölkerung
Exogene (reaktive) Depressionen →	leichter Rückgang auf Grund besserer allgemeiner Lebensbedingungen
Neurotische Depressionen →	leichter Anstieg auf Grund von Wohlstandsverwöhnung
Insgesamt:	ca. gleichbleibender Prozentsatz in der Bevölkerung

Angesichts dieser sich gegenseitig aufwiegenden Schätzwerte müssen wir unsere Ausgangsfrage erneuern: Was sind das eigentlich für Depressionen, die nachgewiesenermaßen in der Bevölkerung, und so auch im Patientengut, zugenommen haben? Nun, jedermann kann sie beschreiben. Es sind resignative Stimmungen, die sich sogar bei Kindern und Jugendlichen schon finden, Sinnlosigkeits- und Leeregefühle, Kombinationen von Mutlosigkeit, Überdrüssigkeit, Ausweglosigkeit und düsteren Zukunftsvisionen.

Überlegen wir: ist Zukunftsangst etwas Organisches? Etwas Neurotisches? Etwas Reaktives? Das paßt doch alles nicht! Von organischen Prozessen können wir in diesem Zusammenhang gleich absehen, aber wir täten den vielen Menschen, die sich um die weitere Entwicklung der Menschheit Sorgen machen, die keine sinnvollen Ziele mehr sehen und ihre eigene Existenz in Frage stellen, bitter unrecht, wollten wir sie alle zu Neurotikern stempeln. Am ehesten ließe sich ihre negative Erwartungshaltung noch als „reaktiv“ diagnostizieren, doch käme sie dann im zeitlichen Kontext um etliches zu früh, denn noch herrscht ja Friede bei uns, noch leben wir, zumindest in den Industrieländern, in relativem Luxus, und noch ist unser durchschnittliches Lebensalter das höchste seit Menschengedenken. Eine Zukunftsangst, die reaktiv wäre auf Wohlergehen, gliche der Traurigkeit eines Mannes, der glücklich verheiratet ist und während der ganzen Zeit seiner glücklichen Ehe darüber unglücklich ist, daß er seine Frau eines Tages verlieren könnte.

So etwas kommt bei Einzelindividuen vor, aber es ist zu ungewöhnlich, um die Bedrücktheit ganzer Bevölkerungsschichten zu erhellen. Nein, weder irgendeine Form von Somatogenese, noch von Psychogenese läßt uns verstehen, woraus sich das Phänomen der epidemieartigen Zukunftsangst und Hoffnungslosigkeit tatsächlich zusammensetzt.

Wie aber, wenn der Mensch *mehr ist* als Soma und Psyche? Wenn da eine ganze Dimension des Menschseins übersehen worden wäre, eine existentielle Seinsebene, die in den herkömmlichen Depressionsschemata nicht berücksichtigt worden ist? Viktor Frankl war der erste Psychiater, der zu bedenken gab, daß der Mensch neben seiner körperlichen Zellgrundlage und seiner psychischen Befindlichkeit auch noch eine geistige Dimension sein eigen nennt, eine Dimension, die sozusagen das Band zwischen den Dimensionen darstellt, jene übergeordnete Instanz, die zu Körperlichkeit und Befindlichkeit ihrerseits nochmals Stellung nimmt und das eigentliche personale Ich eines Menschen erst ausmacht. Der *Nous,* der Soma und Psyche ergänzt, verbindet und überhöht.

Wenn wir dieses dreidimensionale Menschenbild als Arbeitshypothese gelten lassen, fügen sich die einzelnen Bausteine der Beobachtungen von Fachleuten und Laien wie in einem Puzzlespiel aneinander, und plötzlich erklärt sich ein Großteil des Unerklärlichen. Die Zukunftsängste, die Jugendreligionen, die Sättigung und Langeweile mitten im Wohlstand, die Flucht in die Drogen, der Zerfall der Familien, all diese Phänomene verschmelzen zu einem einzigen großen Hilferuf in geistiger Not. Viktor Frankl schreibt dazu: „Die noogene Depression geht ursprünglich auf eine geistige Frustration zurück, sie entsteht durch Sinnverlust." Und er fährt fort: „Das Verzweifeln eines Menschen angesichts der scheinbaren Sinnlosigkeit seiner Existenz, dieser Sinnzweifel – der letztlich aller Verzweiflung zu Grunde liegt – ist noch nichts Pathologisches. Nicht jeder, der am Sinn des Daseins zweifelt, ist krank." * Doch, so führt er aus, wenn eine geistige oder „existentielle" Frustration auch nicht pathologisch ist, so kann sie dennoch sehr leicht pathogen, ja, mitunter sogar lebensbedrohend werden, dann nämlich, wenn sie einem Suizid Vorschub leistet. Denn auch Selbstmorde geschehen nicht nur auf Grund seelischer Krankheit, sondern auch auf Grund geistiger Not.

Die noogene Depression ist also diejenige Krankheit, zu der es kommt, wenn eine existentielle Frustration pathogen wird, und sie ist dabei nicht einfach die psychische Reaktion auf eine äußere Einschränkung an Sinnmöglichkeiten, sondern vielmehr Ausdruck einer inneren Einschränkung der Fähigkeit bzw. Bereitschaft, Sinnmöglichkeiten wahrzunehmen und zu

---

* Viktor E. Frankl, „Theorie und Therapie der Neurosen", UTB Verlag Reinhardt, München, 5. Auflage 1983.

erfüllen. Ihre Therapie muß daher dem Kranken in die noetische Dimension folgen, wie Frankl betont, und das heißt, den Einstieg in die Dimension des Geistigen wagen, sie muß dem Kranken wieder dazu verhelfen, konkrete Möglichkeiten seiner personalen Sinnerfüllung zu entdecken.

Bei einem Beratungsgespräch schilderte mir einmal ein 54jähriger Vater, was ihn quälte. „Ich fühle mich alt werden und frage mich immer öfter, wozu ich noch lebe", klagte er. „Im Beruf bin ich nicht mehr so erfolgreich wie früher, meine Familie braucht mich immer weniger; lebe ich nicht nur noch auf meinen Tod hin?" Dieser Mann hatte eine mehrmonatige ergebnislose Therapie wegen chronischer Schlafstörungen und zeitweiser Alkoholprobleme hinter sich. Dazu sagte er: „Der Psychologe versuchte mir einzureden, ich sei bloß neidig auf die jungen Leute, auf ihre Vitalität und sexuelle Potenz. Aber das ist es nicht ..."

Nein, das ist es nicht. Eine noogene Depression ist triebdynamisch nicht aufzuschlüsseln. Und wenn wir Therapeuten nicht imstande sind, den Ratsuchenden auf jene Daseinsebene zu folgen, auf der sich so etwas wie ein geistiges Ringen mit der Vergänglichkeit des Lebens und der Frage, ob diese Vergänglichkeit die Sinnhaftigkeit des Lebens zunichte macht oder nicht, abspielt, dann bleiben wir mit unseren Deutungen und Therapieansätzen weit unter dem Niveau, auf dem wir herausgefordert sind, eine ganze Dimension darunter.

Bevor ich jedoch näher auf angemessene Beratungstaktiken eingehe, möchte ich noch einige ätiologische Zusammenhänge klarstellen. Einer betrifft die Herkunft der existentiellen Frustration.

Wir haben erfahren, daß sie mit Sinnzweifel und Sinnverlust zu tun hat, aber auch dafür muß es Gründe geben. Viktor Frankl sieht eine Verbindung zwischen sozio-kulturellen Faktoren und dem „existentiellen Vakuum", wie er die existentielle Frustration in ihrer epidemieartigen Ausbreitung nennt. Der Traditionsbruch um die Mitte unseres Jahrhunderts, die rasche technische Entwicklung bei gleichzeitigem Rückgang „humaner" Lebensbedingungen, und nicht zuletzt die Beziehungslosigkeit des modernen Menschen, der in seiner eigenen

Egozentrizität vereinsamt, das alles sind Entwurzelungsvorgänge, die nicht ohne geistigen Nachhall geblieben sind. Damit soll der „schwarze Peter" weder der Gesellschaft noch dem Fortschritt der Zivilisation zugeschoben werden; wir müssen uns nur bewußt machen, daß das Klima für die Entstehung offener oder maskierter Formen von existentieller Frustration in unserem Jahrhundert besonders günstig war und ist.

Desweiteren haben wir gehört, daß sich eine existentielle Frustration, die an sich noch keinen Krankheitswert hat, zu einer noogenen Depression auswachsen kann, der dann Krankheitswert zukommt, aber wovon hängt dieses Sich-Auswachsen ab? Das geschieht, wenn eine somatopsychische Affektion dazukommt*, das heißt, wenn sich die Langeweile und die Apathie, die dem „existentiellen Vakuum" entspringt, etwa mit einer Suchtneigung paart oder mit erhöhter Angstbereitschaft und Ichschwäche oder mit Aggressivität und Verwahrlosung oder mit vegetativer Dystonie und Neurotizismus. Eva Jancak hat beispielsweise in einer umfassenden testpsychologischen Untersuchung nachgewiesen, daß die berühmte „Midlife-Crisis" nichts anderes ist als eine tiefe existentielle Frustration, die sich mit Elementen von Nervosität, emotionaler Labilität und Depressivität mischt**. Analog dazu fand Gerald Kovacic ebenfalls an Hand von statistischen Erhebungen heraus, daß jeder übermäßigen Angst vor dem Sterben eine existentielle Frustration zu Grunde liegt, der sich Leidensunfähigkeit und Pessimismus zugesellen***.

So sehr also der kulturell-sittliche Abstieg eines Volkes das „existentielle Vakuum" als *soziogenes* Phänomen ins Leben ruft, so sehr kann ein individuelles psychophysisches Defizit des einzelnen die existentielle Frustration als *pathogenes* Phänomen fixieren. Erstaunlicherweise gilt für beides auch die Umkehrung: das „existentielle Vakuum" fördert den Nieder-

---

* Viktor E. Frankl, „Theorie und Therapie der Neurosen", UTB Verlag Reinhardt, München, 5. Auflage 1983, Seite 151.
** Unveröffentlichte Dissertation 1980, Universität Wien.
*** Unveröffentlichte Dissertation 1981, Universität Wien.
In beiden Dissertationen wurde zur Messung der existentiellen Frustration der Logo-Test von Elisabeth Lukas verwendet.

gang ganzer Kulturen, und die existentielle Frustration des einzelnen fördert dessen psychophysische Schwächung. Da diese Zusammenhänge etwas kompliziert klingen, soll wiederum eine Übersicht das Verständnis erleichtern.

Um die logotherapeutischen Erkenntnisse ergänztes Depressions-Klassifikationsschema:

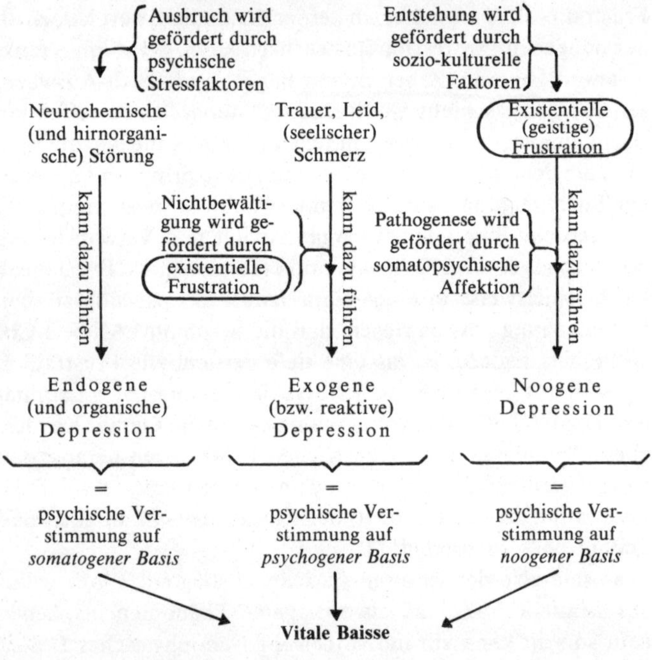

In dieser Übersicht wurden die neurotischen Depressionen weggelassen, weil sie de facto den Neurosen und nicht den Depressionen zugehören. Ferner sind im neuen Klassifikationsschema neben den endogenen und den exogenen Depressionen auch die noogenen Depressionen mitaufgenommen. Durch diese Ergänzung bildet sich darin die Dreidimensionalität des Menschen ab, der ein körperliches, ein seelisches und ein geistiges Wesen in einem ist, in Einheit und Ganzheit, und doch von seiner Anfälligkeit her aus jeder Dimension unterschiedliche Störimpulse empfangen kann.

Die Ergänzung um die Gruppe der noogenen Depressionen ist aber auch aus einem anderen Grunde höchst notwendig. Schließlich steht immer noch die Antwort auf unsere Frage aus, welche Art von Depression denn eigentlich in den letzten Jahrzehnten so beängstigend zugenommen hat, daß es nicht nur den Fachleuten, sondern sogar den Laien schon auffällt? Das ist jetzt nicht schwer zu erraten, es sind tatsächlich die noogenen Depressionen, die heute internationalen Messungen zufolge bereits 20% aller Depressionskrankheiten ausmachen. Und das Schwerpunktthema „Ohne Zukunft?", das sich aus einer Stichprobe von 24518 Klienten, die innerhalb eines Zeitraumes von 3 Jahren an Psychologischen Beratungsstellen datenmäßig erfaßt worden sind, als ein tiefes Anliegen des heutigen hilfesuchenden Menschen herauskristallisiert hat*, ist nirgends anders zu lokalisieren, als im Umfeld der existentiellen Frustration (vgl. umseitiges Schema!), die im Ernstfall zur noogenen Depression führen kann, die aber auch bei den reaktiven Verstimmungen unheilvoll mitmischt. Und zwar nicht nur bei den reaktiven Depressionen, wie aus unserem Schema hervorgeht, sondern auch bei reaktiven Neurosen, bei belasteten Beziehungen und psychosozialen Nöten, also in allen Lebenssituationen, die kritisch aber bewältigbar wären, wenn sie sich von den Betroffenen noch erfahren ließen auf dem Hintergrund eines prinzipiell bejahten Sinnhorizonts des Lebens.

Damit möchte ich den „diagnostischen Teil" meiner Ausführungen beenden und zum „therapeutischen Teil" überleiten. Wir wissen jetzt, worum es sich handelt, wenn wir z. B. in der Beratung einem Klienten begegnen, der glaubt, keine Zukunft mehr zu haben – was ihm fehlt, ist nicht die Zukunft, sondern die Sinnfülle der Gegenwart bzw. sein eigenes Vermögen, sie zu erschließen. Wir können ihm daher die Zukunft nur

---

* Die statistische Erhebung, auf die hier Bezug genommen wird, wurde in den Jahren 1982–84 von der Kath. Bundesarbeitsgemeinschaft für Beratung e. V. an 24518 Klienten von Ehe-, Familien- und Lebensberatungsstellen durchgeführt und diente einer Bestandsanalyse für den Beraterkongreß vom 1.–4. 10. 1985 in Köln.

rückgewinnen, wenn wir ihn auf einen konkreten und persönlichen Sinn ausrichten. Damit ist jedoch keine „Sinnvermittlung" gemeint – die Eheberater vermitteln ja auch keine Ehen! –, sondern eine Art Gesichtsfelderweiterung, damit der Klient selber sinnvolle Möglichkeiten erkennt, die er zuvor nicht wahrgenommen hat. Daß solche Möglichkeiten uneingeschränkt in jeder Situation existent sind, pflege ich manchmal an Hand folgenden Witzes zu verdeutlichen. Der Besucher einer Kunstausstellung frägt den berühmten Bildhauer: „Wie haben Sie bloß diese herrliche Statue geschaffen?" „Ich habe sie aus einem Marmorblock herausgeschlagen", antwortet der Meister, woraufhin der Besucher staunt: „Na sowas, woher wußten Sie denn, daß sie da drin war?"

In der Tat war die Statue zu allererst als eine sinnvolle Möglichkeit existent gewesen, wenn auch nicht im Marmorblock, sondern im Kopf des Künstlers, aber nur dadurch, daß er diese Möglichkeit wahrnahm, machte er sich an die Aufgabe ihrer Verwirklichung. So gesehen gleicht die Lebenszeit, die jeder von uns noch vor sich hat, einem unbehauenen Marmorblock, aus dem Gestalten vielerlei Art herausgemeißelt werden können; und es ist nicht einmal so sehr entscheidend, ob der Marmorblock groß oder klein ist, sondern einzig und allein, ob wir die bestmögliche Gestalt, die daraus überhaupt formbar ist, erspüren und unser Wirken darauf ausrichten können.

Vielleicht erinnert sich der eine oder andere Leser an eine Zeitungsnotiz vom Mai des Jahres 1985. Damals haben vier Jugendliche in Aachen beschlossen, gemeinsam Selbstmord zu begehen. Sie waren 15, 16, 17 und 19 Jahre alt. Mit einem Schlauch leiteten sie die Abgase eines laufenden Automotors in den Innenraum des Pkws, in dem sie saßen; nur der 16jährige überlebte. Der 17jährige hatte zuvor einen Abschiedsbrief an seine Eltern hinterlassen, in dem stand: „Das Leben hier auf der Erde ist doch blöd. Alles nur Zeitverschwendung. Auf der Erde läuft alles schief." Nach einer Aufzählung, was alles schief laufe, fuhr er fort: „Mama, weine nicht. Ihr wart die besten Eltern auf der Welt. Seid nicht traurig."

Diagnostisch muß man sagen, hier ist eine existentielle Frustration zur noogenen Depression geworden, und die war tödlich. Sollte es zuvor irgendwelche Auseinandersetzungen in der Familie des Jungen gegeben haben – was nach seinem Abschiedsbrief nicht unbedingt anzunehmen ist –, dann kamen diese Reibereien lediglich erschwerend dazu im Sinne einer (somato)psychischen Affektion, aber nicht im Sinne eines Kausalgeschehens.

Es wurden von den vier jungen Menschen einfach keine sinnvollen Möglichkeiten mehr wahrgenommen, in den Marmorblöcken ihres Lebens schien keine einzige Gestalt mehr zu schlummern, die es wert gewesen wäre, herausgearbeitet zu werden.

Das bringt uns zurück zum therapeutischen und speziell logotherapeutischen Ansatz, der darin besteht, das Gesichtsfeld eines Patienten zu erweitern. In Fällen, in denen jemand argumentiert, daß es sich gar nicht mehr lohne, zu leben, weil sowieso alles schief laufe – wobei es ganz egal ist, ob sich das Schieflaufen auf internationale Probleme wie drohende Kriegsgefahr und Verelendung der 3. Welt oder auf persönliche Probleme wie drohende Scheidung und finanzieller Ruin bezieht –, in solchen Fällen muß zunächst eine Einstellungskorrektur beim Betreffenden erzielt werden. In der Logotherapie sprechen wir diesbezüglich von der Methode der Einstellungsmodulation. Damit ist nicht gemeint, daß wir Berater dem Ratsuchenden eine bessere innere Einstellung „verpassen“ wollen, was schon deswegen gar nicht geht, weil die Einstellung eines Menschen im Letzten stets eine je frei gewählte ist, die nicht erzwungen werden kann. Nein, gemeint ist, daß der Betreffende aus eigener Kraft und Einsicht seine Einstellung zu den Dingen wandeln soll. Viktor Frankl beschreibt dies in seinem 1945 niedergelegten Bericht „Ein Psychologe erlebt das Konzentrationslager“ folgendermaßen:*

„Wehe dem, der kein Lebensziel mehr vor sich sah, der keinen Lebensinhalt mehr hatte, in seinem Leben keinen Zweck erblickte, dem der Sinn seines Daseins entschwand – und damit

---

* Viktor E. Frankl, „... trotzdem Ja zum Leben sagen“, dtv Nr. 10023, München, 4. Auflage 1985.

jedweder Sinn eines Durchhaltens. Solche Leute, die auf diese Weise völlig haltlos geworden waren, ließen sich alsbald fallen. Die typische Redewendung, mit der sie allen aufmunternden Argumenten entgegentraten und jeglichen Zuspruch ablehnten, lautete dann immer: „Ich hab ja vom Leben nichts mehr zu erwarten." Was soll man demgegenüber nun erwidern?

Was hier not tut, ist die Wendung in der ganzen Fragestellung nach dem Sinn des Lebens: Wir müssen lernen und die verzweifelten Menschen lehren, daß es eigentlich nie und nimmer darauf ankommt, was wir vom Leben noch zu erwarten haben, vielmehr lediglich darauf: was das Leben von uns erwartet!"

Das ist der Angelpunkt im Umgang mit existentieller Frustration und noogener Depression: die Umpolung der kaum beantwortbaren Frage, was man noch zu erwarten habe, in die durchaus beantwortbare Frage, was von einem selber denn noch erwartet werde. Das galt vor über 40 Jahren für die Häftlinge in den Konzentrationslagern, die sich wahrhaftig in einer nahezu aussichtslosen Lage befanden, das gilt aber nicht minder für die Kinder unserer Wohlstandsgesellschaft, deren Lage im Vergleich dazu geradezu paradiesisch ist.

In den vergangenen 20 Jahren westdeutschen Paradieses hat sich die Zahl der Kinderselbstmorde verdoppelt, und mittlerweile rangiert der Selbstmord bei Jugendlichen als zweithäufigste Todesursache nach dem Verkehrsunfall. Ich will nicht behaupten, daß alle diese Verzweiflungstaten auf das Konto einer existentiellen Frustration zu buchen sind, bekanntlich lösen auch Minimalvorkommnisse wie schlechte Noten, Streit mit Freunden usw. reaktive Kurzschlußhandlungen aus. Aber sehr wohl können wir annehmen, daß solche Verzweiflungstaten dennoch unterbleiben würden, wenn die jungen Menschen über alle Unannehmlichkeiten hinaus um sinnvolle Möglichkeiten wüßten, die sie in ihrem Leben noch verwirklichen wollten. Wenn sie sich von einer oder mehreren sie persönlich ansprechenden Aufgaben her als angefordert erleben würden nach dem Prinzip der Fragestellung, was das Leben noch von ihnen erwartet, und nicht umgekehrt.

Neben dem selbstgewählten leiblichen Tod gibt es aber auch

den selbstgewählten geistigen Tod, den Tod der eigenen geistigen Freiheit und Mündigkeit, z. B. durch die Unterwerfung unter einen religiösen oder politischen Sektenführer oder durch die Abhängigkeit von einem Rauschmittel. Während die Sekten gewissermaßen stellvertretend für ihre Mitglieder bestimmen, was von jenen erwartet wird, locken die Rauschmittel mit der Erwartung auf illusionäre Erlebnisse im Rausch. Was in dem einen Fall willkürlich vorgegebener Sinn ist, ist im anderen Falle bloß Scheinsinn. Und wiederum ist es nicht so, daß die existentielle Frustration allein in die freiwillige Knechtschaft der einen oder anderen Richtung drängt, wohl aber, daß ein sinnerfülltes Leben den optimalen Schutz gegen Verführungen jedweder Art gewährt.

Daß nicht nur junge Menschen an der Frage, was sie noch vom Leben zu erwarten haben, scheitern, beweist eine Studie in der Arbeitslosen-Hochburg Dortmund, wo 500 arbeitslose Väter und deren Familien interviewt wurden. Das Ergebnis war erschütternd und lehrreich zugleich. Aus der Entmutigung und Resignation heraus wachsen Gewalttätigkeit, Interesselosigkeit und Krankheit – aber nicht bei allen! Es gibt Eltern, die ungeachtet ihrer Arbeitslosigkeit und der damit verbundenen Geldknappheit da und dort aushelfen, und sei es unentgeltlich, die selbst noch Nachbarschaftshilfe leisten, Kinder betreuen, Babysitten, kurz, einspringen, wo Not am Mann ist, und diese Eltern bleiben von den gefährlichen seelischen Folgen der Arbeitslosigkeit verschont, ihre Familien bleiben heil.

Das Fazit von alledem läßt sich auf eine ganz einfache Formel bringen: *entweder man übernimmt eine Lebensaufgabe, oder es kommt zur Selbstaufgabe,* wobei die Doppelbedeutung des Wortes „Aufgabe“ die Alternativität von beidem sehr klar symbolisiert: entweder ich erfasse und willige ein in das, was das Leben mir hier und jetzt gerade aufgibt, oder ich gebe mich selbst auf. Dementsprechend definiert sich die Hilfe des Arztes, Beraters oder Seelsorgers, wenn er mit existentiellen Nöten konfrontiert ist: er muß a) die Selbstaufgabe seiner Klienten zu verhindern trachten, indem er b) ihnen Lebensaufgaben zu erschließen versucht.

Logotherapeutischer Umgang mit existentieller Frustration und noogener Depression:

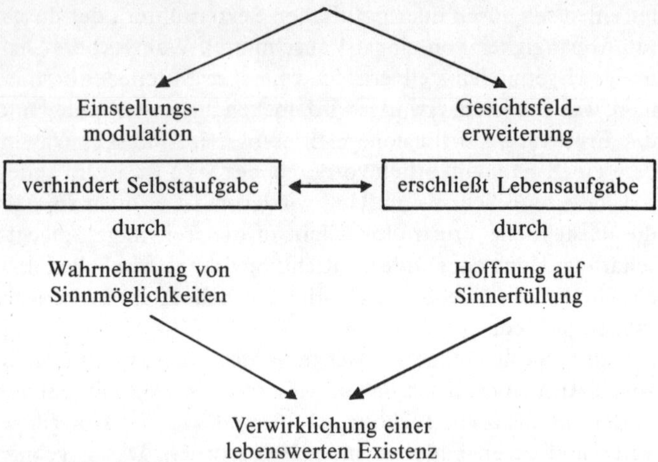

In der logotherapeutischen Literatur finden sich zahlreiche detaillierte Hinweise und Fallbeispiele zu diesen beiden Zweigen therapeutischen Vorgehens, die angesichts drohender noogener Neurosen angezeigt sind, doch will ich mich hier auf das Wesentliche beschränken. Beginnen wir mit der *Verhinderung der Selbstaufgabe* bei den Patienten. Ich erwähnte bereits, daß dafür ein Einstellungswandel erforderlich ist, und möchte an dieser Stelle nochmals hervorheben, daß von der Einstellung eines Menschen zu seinem Schicksal so gut wie alles abhängt, was dieses Schicksal ihm anhaben kann. Die Bedeutung der inneren Einstellung ist kolossal. Mit einer positiven Einstellung kann man selbst der fürchterlichsten Lebenslage noch etwas abgewinnen, wohingegen man es mit einer negativen Einstellung nicht einmal im Paradiese aushält, wie bereits angeklungen. Der alte Witz, daß ein Mädchen im überfüllten Bus stöhnt: „Entsetzlich, dieses Gedränge!“, woraufhin ihr Begleiter antwortet: „Komisch, gestern abend in der Disco nanntest du das Atmosphäre!“, enthält ein gutes Körnchen Weisheit. Die innere Einstellung hat Macht über Wohlbefinden und Unglücklichsein, über Erwartungen und Hoffnungen. Und wie wichtig das Phänomen „Hoffnung“ ist, brauche ich niemandem zu erklären.

Wer sich in einer Lebensphase befindet, in der ihm der Sinn seiner Existenz und Weiterexistenz verlustig gegangen ist, der muß eben warten, bis ihm eines Tages wieder Sinnmöglichkeiten aufgehen, aber wovon lebt er während der Wartezeit? Von der Hoffnung selbstverständlich, daß dieses Aufgehen von Sinnmöglichkeiten eines Tages auch wirklich passieren wird. Nur wenn er die Hoffnung verliert – dann wartet er auch nicht mehr darauf, dann gibt er sich auf.

Dazu kann ich von einem sehr interessanten Analogon aus dem Tierreich berichten, das sich zwar nicht in der noetischen Dimension abspielt, in der menschliche Erwartungen und Einstellungen zu lokalisieren sind, das aber dennoch Vorstufen von Hoffnung und Hoffnungslosigkeit sowie ihre Folgen verdeutlicht.

Vitus B. Dröscher hat darüber berichtet*. Und zwar handelt es sich um ein Experiment, das der Mainzer Professor Rudolf Bilz mit Ratten durchführte. Die Ratten können bis zu 80 Stunden im Wasser schwimmen. Wirft man eine Ratte aber in einen großen Wasserkessel, dessen glatte Wände es ihr rundum verwehren, aus dem Kessel herauszuklettern, dann ertrinkt sie nach ca. 15 Minuten. Der ungewöhnlich schnelle Tod der Ratte ist fast nicht anders zu interpretieren als damit, daß sie die Hoffnung auf Rettung verliert und sich daraufhin selbst aufgibt. Diese Interpretation wird durch eine weitere experimentelle Erfahrung gestützt. Wirft man nämlich die Ratte in den Wasserkessel und reicht man ihr, nachdem sie 10 Minuten verzweifelt umhergeschwommen ist, ein Holzstäbchen, über das sie entkommen kann, und wirft man sie dann erneut in denselben Wasserkessel, so schwimmt sie ihre rund 80 Stunden, bis sie vor Erschöpfung ertrinkt. Sobald sie mithin einmal erlebt hat, daß quasi aus heiterem Himmel Rettung in Form eines Holzstäbchens möglich ist, gibt sie bis zum Schluß die Hoffnung nicht auf und bewahrt sich deshalb am Leben, solange es geht.

---

* Vitus B. Dröscher, „Überlebensformel“, Verlag Econ, Düsseldorf 1979.

Wenn das Phänomen „Hoffnung" schon bei Säugetieren derartige Unterschiede im einzusetzenden Energiepotential ausmacht, wieviel mehr noch mag es hinsichtlich des geistigen Potentials eines Menschen bewirken. Es gibt in jedem menschlichen Leben Zeiten, die kann man bloß durchstehen in der Hoffnung darauf, daß sich irgendwann ein neuer Streifen am Sinnhorizont zeigen wird. Ohne Hoffnung jedoch entschwindet auch noch die Sinnhaftigkeit jeglichen Durchstehens.

Wenn es daher gelingt, die Einstellung eines existentiell frustrierten Patienten dahingehend zu modulieren, daß es gar nicht darauf ankommt, was er vom Leben zu erwarten hat, sondern vielmehr darauf, was das Leben *von ihm* erwartet, und daß vielleicht in seiner gegenwärtigen Situation von ihm nichts anderes erwartet wird, als sich aufzuheben für sinnträchtigere Situationen, die auch wieder kommen mögen, dann ist schon ein Stück Hoffnung und damit ein Stück Zukunft in Sicht. Der entscheidende Punkt dabei ist, daß der Patient es selber in der Hand hat, ob er das von ihm Erwartete erfüllt oder nicht, wobei es keinesfalls um eine gesellschaftliche Rollenerwartung oder um ein moralisches Soll geht, sondern wirklich nur um das Sinnvollste, das unter den gegebenen Bedingungen machbar ist. Er selber hat es in der Hand, wohingegen das Eintreffen seiner Lebenserwartungen außerhalb seiner Macht liegt. So wird ihm durch die Einstellungskorrektur das Handlungsprinzip zurückerobert, was ihn aus Apathie und Resignation herausreißt und dem Leben zurückgibt.

Betrachten wir abschließend noch den zweiten Zweig therapeutischer Hilfeleistung bei drohender noogener Depression, die *Gesichtsfelderweiterung des Patienten*. Viktor Frankl sagte einmal während eines Universitätsseminars: „Das schönste, was ein Therapeut sein kann, ist ein Katalysator." (Und das war noch vor der Zeit der Diskussionen um bleifreies Benzin und umweltfreundliche Autos.) Er meinte damit das jeder guten Therapie und jeder guten Beratung anhaftende Element des „educare", des Herausführens – nicht im Sinne eines Herausziehens, sondern eines Hinweisens auf die in jedem Menschen schlummernden Sinnverwirklichungsmöglichkeiten, und des Zurücktretens, sobald diese vom Patienten oder Ratsuchenden wahrgenommen worden sind.

Wenn ein Logotherapeut etwas aus einem ihm anvertrauten Menschen herausholt, dann nur zu dem Zweck, um es ihm wieder zurückzugeben, damit derjenige entdeckt, daß es überhaupt in ihm drinsteckt. Beispielsweise berichtete mir einmal eine sehr deprimierte ältere Frau, daß sie am liebsten Märchensendungen im Radio hörte, was, wie sie glaubte, in ihrem Alter lächerlich sei. Daraufhin erwiderte ich, daß sie anscheinend eine besondere Beziehung zu Märchen hätte, ja, vielleicht sogar selber in der Lage wäre, sich hübsche Märchen auszudenken, und daß sie doch probieren sollte, ein Märchen zu erfinden. Sie wehrte heftig ab, weil sie ihrer Meinung nach nie und nimmer dazu fähig wäre, was – ebenso wie die eigene Abwertung wegen des Radiohörens – ihr fehlendes Selbstvertrauen und ihre Minderwertigkeitsgefühle dokumentiert.

Nun, ich ließ nicht locker, bis sie mir eines Tages verschämt ihren ersten Märchenentwurf vorzeigte, der ausgesprochen nett geworden war. Wir vervielfältigten ihn in unserer Beratungsstelle und verschenkten ihn an Kinder, die sich sehr darüber freuten. Die Frau konnte das gar nicht fassen. „Mein Geschreibsel ist also wirklich brauchbar?" fragte sie immer wieder. Beim zweiten Märchen half ich schon kaum mehr nach, und mittlerweile hat sie sich einen kleinen Geschichtenband illustrieren und drucken lassen und ihn in ihrem Bekanntenkreis verbreitet, was dazu führte, daß ihr viel Anerkennung zuteil wurde, ihre Selbstachtung stieg, manche brachliegende Freundschaft sich erneuerte, und sie zur Zeit sogar mit einem Verlag in Verhandlungen steht. Sollte aus alledem ein weniger deprimierter Mensch und ein Büchlein, das Kindern Freude bringt, hervorgehen, dann kann ich für mich nur beanspruchen, Katalysator gewesen zu sein, denn die Leistung, sowohl der eigenen Stabilisierung als auch der Verwirklichung einer Sinnmöglichkeit, hat jene Frau ganz und gar allein erbracht.

Der Sinn läßt sich nicht anstreben, nur etwas, das Sinn hat. Unsere frustrierten Klienten brauchen konkrete Lebensaufgaben, aber wer glaubt, daß Lebensaufgabe gleich Beruf sei, der täuscht sich. Freilich kann der Beruf zu einer Lebensaufgabe werden, durchaus, aber die Umkehrung stimmt nicht. Was sollen die vielen Studenten sagen, die nach jahrelangem Studium keine Anstellung finden, was sollen die vielen Arbeiter sagen, deren Betriebe die Pforten schließen müssen, was sollen Nur-Hausfrauen und Mütter sagen, die freiwillig auf eine Berufstätigkeit verzichten, um für die Familie dazusein, und was sollen die Rentner, die Kranken und Behinderten sagen, denen eine berufliche Selbstbestätigung nicht möglich ist? Sie alle sind imstande, Lebensaufgaben, ja zum Teil sehr wertvolle und nutzbringende Lebensaufgaben zu erfüllen, wenn sie sich bloß von dem Gedanken lösen, daß der Sinn mit Geld, Lob oder sonstigen Streicheleinheiten aufgewogen werden kann und muß.

Als ich anläßlich eines Vortrages in Amsterdam war, wurde mir ein riesiges Waldgebiet unweit der Stadt mit der Erklärung gezeigt, daß während der Wirtschaftsdepression der 30er Jahre tausende Arbeitslose des Landes in freiwilligen Einsätzen Mann für Mann und Frau für Frau jene Bäumchen gepflanzt haben, die heute Lunge und Erholungsgebiet der holländischen Metropole sind. Diese Leute litten deswegen bestimmt nicht weniger an Hunger, aber ich bin überzeugt, daß sie während der Pflanzaktion von noogenen Depressionen verschont waren, denn wer müht sich ab um eine Zukunft – und das Bäumepflanzen ist mehr denn alles andere ein Werk für die Zukunft –, wenn er an keine Zukunft mehr glaubt? Es war eine gewaltige Lebensaufgabe, die damals vollbracht wurde, und vor der wir uns heute noch in Bewunderung verneigen können.

Ähnliches erlebe ich in München, wenn ich mit der „Münchner Helfer Information“ zusammenarbeite, einer Organisation, die hilfs-bereite Menschen mit hilfs-bedürftigen Menschen in Kontakt bringt, ehrenamtlich selbstverständlich, und die dabei immer wieder die Erfahrung macht, daß durch ihre Vermittlung beide Teile bereichert werden, der gebende Teil nicht weniger als der nehmende; denn was letzterer an Lebenshilfe erhält, gewinnt ersterer an Lebensaufgabe dazu.

Sinn vermitteln können wir Berater nicht, davon sind wir ausgegangen, aber was wir tun können, das ist, *Zeugnis ablegen* dafür, daß sich Lebensaufgaben finden und erfüllen lassen, auch unter sehr eingeschränkten Bedingungen und in schwieriger Zeit. Für eine solche Zeugenschaft reicht allerdings Empathie allein nicht aus; wenn wir unseren Klienten nur verständnisvoll zuhören und ihren Pessimismus gelegentlich rückspiegeln, erweitert sich ihr Gesichtsfeld nicht; da müssen wir schon etwas mehr Katalysatorwirkung ins therapeutische Zwiegespräch miteinbinden, indem wir Anregungen geben, Beispiele aufzeigen, individuelle Möglichkeiten beleuchten, kurz, das gesamte geistige Potential unseres Gegenübers herausfordern. Das mag nicht leicht sein, aber die Verwirklichung einer lebenswerten Existenz ist eben auch nicht etwas, das einem in den Schoß fällt, sondern etwas, um das gerungen werden muß, und sei es im therapeutischen Dialog.

Vergessen wir nicht: soundsoviele reaktive Neurosen und Depressionen münden ins „existentielle Vakuum". Andererseits gibt es soundsoviele Probleme, die dadurch, daß ein Mensch im Zuge einer Erweiterung seines Sinnhorizontes befähigt wird, wieder konkrete Lebensaufgaben wahrzunehmen, viel leichter gelöst werden können, weil sie auf einmal mehr oder weniger gegenstandslos sind. Die Zukunft ist nicht etwas, das man hat oder nicht hat – sie ist ausschließlich das, was verantwortlich aus ihr gemacht wird. Sie ist der unbehauene Marmorblock, aus dem wir jede sinnvolle Gestalt herausmeißeln können, derer wir gewahr werden. Und mit „wir" meine ich nicht nur die uns anvertrauten Menschen, sondern auch uns selber.

DEM LEBEN
ANTWORT GEBEN

Wie kann die Familie mit seelisch Kranken umgehen?

Wir haben vernommen, daß seelisches Leid entsteht, wo ein Leben inhaltlich nicht gefüllt ist. Andererseits gibt es auch Lebenssituationen, deren „Inhalt“ uns nicht gefällt. In solchen Situationen haben wir dem Leben Antwort zu geben, und unter den „Antworten“ gibt es welche, die seelisches Leid fördern, und welche, die es mildern. Letzteren wollen wir uns zuwenden, denn in ihnen spiegeln sich jene Gesinnungen wider, die Heilung einleiten unter unheilen Bedingungen und Gesundheit bewahren auch noch in krankmachender Zeit.

Einer der „Inhalte“, die uns nicht gefallen, mit denen uns das Leben aber gelegentlich konfrontiert, ist die seelische Verstimmung oder Verwachsung eines Bekannten oder Verwandten. Vor allem für Familienangehörige ist es nicht leicht, die rechte „Antwort“ darauf zu finden. Aber in Anbetracht der vielen Probleme der Gegenwart und der merkwürdigen Tatsache, daß es den Menschen unserer Kultur äußerlich noch nie so gut und innerlich noch nie so schlecht gegangen ist, wie in dieser 2. Hälfte unseres Jahrhunderts, gibt es fast in jeder Familie mindestens ein Familienmitglied, das mit sich selbst und den anderen nicht zurecht kommt, das unangemessene Sorgen hat und Sorgen macht, und dadurch zur allgemeinen „Besorgnis“ seiner Familie erheblich verschärfend beiträgt.

Nun könnte man meinen, das betreffende Familienmitglied möge eben einen Psychotherapeuten aufsuchen, und damit hat es sich, aber in Wirklichkeit hat es sich damit keineswegs, denn die Familie ist und bleibt in das Krankheitsgeschehen – oder sagen wir besser: in das normabweichende Geschehen * – miteinbezogen. Sie muß auf die Belastungssituation, in die sie durch ihr „Sorgenkind" – wer immer das auch ist – ständig gebracht wird, so oder so reagieren; und auf eine abnormale Situation kann man fast nicht normal reagieren! In der Fachsprache heißt das: *Der Neurotiker neurotisiert seine Umwelt.*

Dieser uralten Erfahrung gegenüber steht eine hochmoderne Theorie, die sozusagen das Pferd am Schwanz aufzäumt. Ihr zufolge ist stets das Familiengefüge als Ganzes krank, und ihr schwächstes Mitglied wird zum „Symptomträger", bildet also in seinen eigenen neurotischen Symptomen lediglich die Neurose der gesamten Familie ab. Die „systemorientierte Familientherapie" baut auf dieser Hypothese auf, indem sie sich bemüht, mit der ganzen Familie therapeutisch zu arbeiten, was bestimmt kein schlechter Denkansatz ist, aber bisher leider zu keinen überwältigenden Ergebnissen geführt hat. Das mag daran liegen, daß das gegenseitige Abhängigkeitsverhältnis innerhalb der Familie von den Verfechtern dieser Theorie bei weitem überschätzt wird.

Letztlich kommt es immer auf den einzelnen Menschen an, auch dort, wo dieser einzelne in Teams, Gruppen- und Familienverbänden lebt, was üblicherweise der Fall ist. Es kommt auf den einzelnen Menschen an und darauf, was er aus der jeweiligen Lebenslage, in der er sich befindet, macht, mit allen Folgen, die sein Handeln für seine mitmenschliche Umwelt hat. Zwar vermag ein einzelner, wenn er es darauf anlegt, eine ganze Familie Schritt für Schritt zu zerstören, aber dann kann man beim besten Willen nicht behaupten, es habe sich von vornherein um eine kaputte Familie gehandelt, die den Betreffenden bloß zu ihrem Sündenbock auserkoren habe.

Selbstverständlich kann es auch vorkommen, daß zwei oder drei einzelne Personen, jeder auf seine Art, ein Familienklima

* Es ist eine kritische Frage, ob Neurosen überhaupt als seelische Krankheiten anzusehen sind, was nicht ohne weiteres bejaht werden kann; zumindest im engeren psychiatrischen Sinne zählen sie nicht dazu. Sie sind seelische Verstimmungen mit mehr oder weniger Krankheitswert im Unterschied zu den Psychosen, die als echte seelische Krankheiten einzustufen sind.

vergiften, doch selbst dann ist es fragwürdig, von der ganzen Familie als „seelisch krankem Patienten" zu sprechen, dessen Krankheit zufällig diese oder jene Glieder befallen habe. Das hieße, *die Verantwortlichkeit des einzelnen aufheben in einer Gemeinschaftsverantwortung*, die so gut wie keine konkrete Verantwortung mehr ist! Jeder kann dann auf die anderen verweisen und sich selbst als Opfer der allgemeinen Disharmonie hinstellen – am Ende gibt es bloß noch Opfer, aber keine Täter mehr.

Vieles davon ist in das moderne Scheidungsrecht eingeflossen, wonach es ziemlich unerheblich ist, wie sich der einzelne Ehepartner zum anderen verhält; und wenn er noch so untreu, brutal oder gemein ist, so ist er eben ein Opfer der Zerrüttung dieser Ehe, die auf Grund ihrer Zerrüttung geschieden werden muß. Freilich gilt, daß zum Streiten zwei gehören, aber dabei wird vergessen, daß *zum Kränken einer genügt!* Und jeder Streit hat noch seine positiven Chancen, solange es in seinem Verlauf zu keinen tiefgehenden gegenseitigen Kränkungen kommt. Somit ist jeder der Streitenden dafür verantwortlich, ob der Streit in Kränkungen ausartet oder nicht, und jeder hat es in seiner Hand, über den Ausgang des Streites mitzuentscheiden. Der einzelne ist es, der das Wohl der Gesamtheit bestimmt, und nicht die Gesamtheit, die das Wohl des einzelnen bestimmt, zumindest nicht primär, sondern allenfalls sekundär!

Ähnliche Interpretationsunsicherheiten kennen wir auch aus der Erziehungsberatung, in der gängigen psychologischen Theorien zufolge die Eltern als alleinige Neurosenverursacher dastehen. Es gibt aber Kinder, die von ihrer charakterlichen Veranlagung und Wesensart her schwierig sind, ganz gleich, wie sie erzogen werden, sie neigen einfach zu neurotischen Überreaktionen. Zweifellos sind dabei erbliche und gelegentlich auch minimale cerebrale Faktoren im Spiel. Manche Eltern wissen damit nicht umzugehen, und die Konflikte in der Familie spitzen sich dramatisch zu. Die Mütter reagieren oft ängstlich-überbehütend darauf, die Väter eher ablehnend-kühl, keiner von beiden verhält sich ganz „normal", aber eben als Reaktion auf eine vom Kind heraufbeschworene abnormale Erziehungssituation. Vielleicht wenden sich die Eltern in ihrer Hilflosigkeit dann an eine Erziehungsberatungsstelle, aber wenn sie dort ihre Nöte offenbaren, dreht sich der Spieß schnell um. Denn sobald ein Psychologe jener erwähnten Überbehütungstendenz der Mutter oder jener Ablehnungstendenz des Vaters ansichtig wird, kann es ihn dazu verleiten, zu denken: „Na, bei *der* Mutter und bei *dem* Vater mußte das Kind ja neurotisch werden!“, womit ein Beratungskonzept vorprogrammiert ist, das der Sachlage kaum mehr voll gerecht werden wird.

Man muß deshalb mit Schuldzuweisungen genauso wie mit Schuldfreisprechungen in der Psychologie überaus vorsichtig sein. Daß einer so geworden ist, wie er ist, ist niemals einzig durch die anderen Menschen bedingt, mit denen er im Laufe seines Lebens in Kommunikation stand, immer ist ein persönlicher Entscheidungsfreiraum mit dabei gewesen. Weder sind Kinder die Produkte der Erziehung ihrer Eltern, noch sind Eltern die Sklaven ihrer eigenen Erziehungsansichten. Beide sind noch von einer Reihe weiterer Einflüsse abhängig, beide aber besitzen darüber hinaus auch ein gewisses Maß an Unabhängigkeit, das bei Kindern in Proportion zu ihrer Reifeentwicklung steht, aber etwa bei Jugendlichen durchaus schon bemerkbar ist. Und innerhalb dieses Unabhängigkeitsbereiches verliert die Opfertheorie ihre Gültigkeit, da setzt der Mensch eigenverantwortliche Taten, da ist er der Täter, im Guten wie im Bösen.

Ich habe diese Vorbemerkungen für wichtig erachtet, weil die Frage zur Diskussion steht, wie man bestmöglichst mit jenen Personen umgeht, bei denen der Verdacht auf eine seelische Verstimmung mit Krankheitswert gegeben ist. Logischerweise wird der Fachmann anders mit ihnen umgehen als der Laie, aber man kann keineswegs sagen, es sei *ausschließlich* Sache des Fachmannes, mit solchen Personen umzugehen, im Gegenteil, meistens sind die Laien sehr viel öfter mit einem bestimmten seelisch kranken oder labilen Menschen konfrontiert, als es der Fachmann ist. Wenn der Kranke eine ambulante psychotherapeutische Behandlung erhält, geht er im Durchschnitt 1–2mal für eine ¾ Stunde in der Woche zu seinem Therapeuten, in der restlichen Wochenzeit aber hat er viele Stunden lang Kontakt mit seinen Angehörigen, Berufskollegen etc. Oder wenn ein Jugendlicher, der in einem Heim wohnt, auffällig ist, wird ein Heilpädagoge oder Heimpsychologe hinzugezogen; dieser sieht den Jugendlichen auch nur gelegentlich, während sich das alltägliche Leben, das miteinander Essen, Arbeiten, gemeinsame Ausflüge Machen usw. im Kreis der Erzieher und Kameraden abspielt. Ja, sogar wenn ein Patient so krank geworden ist, daß er in eine Nervenklinik eingewiesen werden muß, verbringt er dort viel mehr Stunden mit seinen Mitpatienten und dem Krankenhauspersonal zusammen, als mit den Fachärzten. Deswegen ist es gerechtfertigt, auch den Laien, das heißt, den seelisch gesunden Menschen, die mit seelisch kranken zu tun haben, wenn auch nicht im fachlichen Sinne, Richtlinien an die Hand zu geben, wie sie auf die Konfrontation mit dem Abnormen am besten reagieren können, ohne einem therapeutischen Dilettantismus anheimzufallen.

An und für sich gibt es drei „Umgehensfelder", die sich gegenseitig überlappen, nämlich:

- den Umgang des Patienten mit sich selbst,
- den Umgang des Therapeuten mit dem Patienten, und
- den Umgang der engeren Umwelt des Patienten mit dem Patienten.

Dabei ist der richtige *Umgang des Patienten mit sich selbst* der Allerwichtigste, er entscheidet praktisch über den Verlauf von Krankheitsgeschehen und Genesungsprozeß. Denn niemand kann dem Patienten das persönliche Ringen mit seinen eigenen neurotischen oder gar psychotischen Impulsen abnehmen, ein solches Ringen kann nur von innen – medikamentös – oder von außen – über das Gespräch – unterstützt werden.

Diese Unterstützung wird hauptsächlich geleistet durch den geschulten *Umgang des Therapeuten mit seinem Patienten,* zum Teil aber eben auch durch den *Umgang der engeren laienhaften Umwelt mit ihm,* die ja nicht spurlos an ihm vorbeifließt und auch ihre impulshemmende oder impulsfördernde Wirkung auf ihn hat. Für diese laienhafte Umwelt besteht jedoch noch ein zusätzlicher Grund, warum sie über den bestmöglichen

Umgang mit seelisch kranken oder labilen Menschen Bescheid wissen sollte, und das ist ein psychohygienischer Grund, der bei meinen Vorbemerkungen bereits anklang: die Umwelt soll ja vom Kranken nicht mitneurotisiert werden! Sie ist aber in seiner Nähe ständig in dieser Gefahr; nicht nur körperliche Krankheiten sind ansteckend, sondern auch seelische Krisen!

So sollen denn meine nachfolgenden Ausführungen skizzenhafte Richtlinien für den Laien darstellen, der beruflich mit Menschen zusammenarbeitet oder familiär mit Menschen zusammenlebt, die sich in irgendeiner Form inadäquat verhalten, weil sie den Anforderungen ihres Daseins seelisch nicht gewachsen sind oder zumindest glauben, nicht gewachsen zu sein.

Beginnen wir gleich mit der Regel Nr. 1. Sie lautet:

„Man reflektiere, spekuliere, interpretiere nicht zuviel!“

Niemals werden wir genau wissen, aus welcher Quelle eine seelische Unstimmigkeit kommt, welche multivariablen Wurzeln ein abnormes Verhalten hat, was wirklich dahintersteckt oder nicht dahintersteckt, was der Betreffende mit seinen Symptomen bezweckt oder ausdrückt. Wer sich in Grübeleien einspinnt, warum der Kranke krank geworden ist, warum er sich ausgerechnet so und nicht anders verhält, ob es Mitschuldige an seinem gegenwärtigen Zustand gibt und wer diese Mitschuldigen sein könnten, der vergeudet Energien, die er dringend benötigt, um sein eigenes Verhalten gegenüber dem Kranken optimal im Griff zu haben.

Aggressivität ist ein gutes Beispiel dafür. Angenommen, eine Mutter sitzt gemütlich im Wohnzimmer und näht, plötzlich reißt ihre 17jährige Tochter die Türe auf und brüllt sie an, wo ihr Kosmetiktäschchen sei, sie könne es nicht finden. Die Mutter zuckt die Achseln, weil sie selbst nicht weiß, wo die diversen Sachen ihrer Tochter verstreut sind, woraufhin die Tochter wütend aus dem Zimmer läuft und die Türe hinter sich zuknallt. Wenn die Mutter im Anschluß an diesen Vorfall mühsam zu ergründen versucht, was den Wutausbruch ihrer Tochter verursacht haben mag, kann sie sich die unterschiedlichsten Sachen ausdenken. Vielleicht hat sich die Tochter mit dem neuen Freund zerstritten oder in der Schule mit den Lehrern angelegt und einfach ihren Ärger zu Hause abreagieren wollen, vielleicht gerät sie dem Vater nach, der auch mitunter etwas jähzornig ist und diesbezüglich nicht immer ein ideales Erziehungsvorbild war, vielleicht auch hat die Tochter gerade ihre Tage und ist etwas nervös und gereizt.

Vieles ist denkbar, und das Beste wäre natürlich, abends in Ruhe nochmals mit der Tochter darüber zu sprechen. Aber es kann leicht sein, daß sich dies als undurchführbar erweist, nämlich dann, wenn bei der Tochter tatsächlich so etwas wie eine seelische Verstimmung vorliegt. Dann wird sie sich abends in ihrem Zimmer einschließen und gar nicht zum gemeinsamen Abendessen erscheinen, oder sie wird ausgehen und auf die Frage der Eltern, wann sie heimzukommen gedenke, ein kurzangebundenes „Weiß nicht" hinwerfen, ehe sie verschwindet. An diesem Punkt sollte es die Mutter mit dem Grübeln gut sein lassen, und es hat auch wenig Sinn, sich mit dem Vater, der ja auch unter der „atmosphärischen Störung" in der Familie leidet, auf eine Kontroverse über hypothetische Erziehungsfehler seinerseits einzulassen, sonst findet letztendlich der ärgste Ehekrach im Hause statt, während sich die Tochter in irgendeiner Diskothek vergnügt.

Jetzt geht es lediglich darum, wie die Eltern mit der Situation umgehen, in die sie hineingestellt sind. Und da hilft am besten Gelassenheit, freundliche Zurückhaltung, das Wartenkönnen auf den Moment, da eine vernünftige Aussprache mit der Tochter wieder möglich ist, ohne darauf zu drängen und ohne Ungeduld. Vielleicht kommt der Moment nie, man muß es tragen, aber tragen mit Würde und ohne die Hoffnung zu verlieren. Sehr wahrscheinlich jedoch kommt der Moment ganz von selbst, da es der Tochter leid tut, da sie wieder den Kontakt mit den Eltern sucht. In der Familienberatung sprechen wir hinsichtlich eines solchen reserviert-zugewandten Schwebezustandes davon, „empfangsbereit zu bleiben, ohne zu senden", was ein sehr anschauliches Rezept für den Umgang mit aggressiv-psychopathischen Menschen ist. Das „Senden" würde nämlich sofort wieder mit Aggressivität beantwortet werden, das „Abbrechen der Empfangsbereitschaft" hingegen würde jede zukünftige Versöhnung ausschließen. Deswegen ist es die beste Taktik, abzuwarten, bis sich ein aggressiver Schub totgelaufen hat, weil er keinen Widerstand fand, der ihm neuen Auftrieb gab. Daß man allerdings nachher tut, als wäre nichts gewesen, ist damit nicht verlangt. Im Gegenteil sollte das wieder in Gang gekommene Gespräch später genützt werden, um auf die unabdingbar notwendige Achtung voreinander hinzuweisen, ohne die menschliche Beziehung und menschliches Zusammenleben nicht vollziehbar sind.

Kommen wir damit zur Regel Nr. 2. Sie lautet:
„Man bleibe realistisch und optimistisch zugleich!"

Das hört sich leichter an, als es ist, denn die Realität gibt leider nicht immer Anlaß zum Optimismus, dennoch ist beides, Realismus und Optimismus, unerläßlich im Umgang mit seelisch labilen oder kranken Menschen. Der Grund dafür ist folgender:

Wir werden nicht nur nie genau wissen, woher eine seelische Krankheit kommt, wir wissen auch nie genau, was der Kranke – krankheitsbedingt – nicht kann, und was er – ebenfalls krankheitsbedingt – nicht zu können glaubt. Im Volksmund heißt es schnell: „Der kann schon, wenn er nur will!", aber das ist bloß die halbe Wahrheit. Wahr ist, daß neurotische Menschen sehr viel mehr können, als sie vorgeben zu können. Das aggressive Mädchen im vorhin genannten Beispiel kann sich sicherlich höflich benehmen, wenn es dies ehrlich möchte, und zwar auch dann, wenn es zuvor in der Schule Streit hatte, wenn es einen jähzornigen Vater besitzt, oder wenn es körperlich nicht ganz auf der Höhe ist. Wir dürfen getrost annehmen, daß es derlei Dinge eher als Ausrede benützt, weil es eben um einiges bequemer ist, sich gehen zu lassen, als sich zu beherrschen.

Es gibt aber eine große Gruppe von seelisch labilen Menschen, die sich nicht deshalb inadäquat verhalten, weil sie es nicht anders wollen, sondern weil sie *glauben, nicht anders zu können.* Das ist die Gruppe der ängstlichen, unsicheren, gehemmten Personen, die sich wenig oder nichts zutrauen und dadurch ihre eigenen Möglichkeiten beschneiden. Es gehört geradezu zur Tragik des Neurotikers, daß er nicht weiß, was er alles kann, und daß er demzufolge seine positiven Anlagen und Talente brach liegen läßt, anstatt sie zum Aufbau einer sinnerfüllten Existenz zu nützen. Macht ihm die Umwelt zusätzlich den Vorwurf, daß er bloß nicht will und sich nur genügend anzustrengen brauchte, erhöht dies seine Angst vor dem Versagen und seine Gewißheit, ein Versager zu sein, noch mehr, was ihn immer tiefer ins Nicht-zu-können-Glauben hineindrückt, bis er wirklich rundum versagt. Dadurch wird seine negative Selbstprognose schließlich zu einer realistischen, obwohl sie es ursprünglich gar nicht war.

Solchen Menschen gegenüber müssen wir *den ihnen fehlenden Optimismus ausstrahlen*, ohne selbstverständlich ins andere Extrem zu verfallen und sie zu überfordern. Dazu bedarf es eines kleinen Stückchens Weisheit und Güte, um den anderen zu erschauen, wie er ist, und doch zur gleichen Zeit zu erschauen, wie er sein kann, in seiner bestmöglichen Seinsgestalt. Blaise Pascal sagte einmal: „Je weiser und besser ein Mensch ist, umso mehr Gutes bemerkt er in den Menschen." Das ist ein gewichtiges Wort zum Umgang mit seelisch Kranken, bei denen wir sogar das *verdeckte* Gute noch bemerken müssen, um es mit vereinten Kräften an die Oberfläche zu hieven.

Sehen wir uns dazu wiederum ein Beispiel an. Angenommen, eine Frau hat eine Arbeitskollegin, die zittrig und nervös ist, sich wegen Kleinigkeiten aufregt, manchmal mit ihren Gedanken an unbedeutenden Details kleben bleibt, dann wieder fieberhaft bemüht ist, alles recht zu machen, mit dem Ergebnis, daß sie vor lauter Übereifer vermehrt Leichtsinnsfehler in die Arbeit hineinbringt, eine Kollegin also, die offenkundig unter einem inneren Druck steht, der ihr das gleichmütige Absolvieren eines normalen Arbeitstages erschwert. Dazu kommt, daß sich der Vorgesetzte dieser Arbeitskollegin schon öfters über deren „hysterisches Getue", wie er es nennt, mokiert hat, ja, daß hin und wieder ernstere Worte gefallen sind, bei denen eine Auflösung des Arbeitsverhältnisses angedroht worden ist, wenn erneut schwerwiegende Fehler bei ihrer Arbeit festgestellt würden.

Fragen wir uns nun, ob und wie die Frau ihrer Kollegin helfen kann. Gewiß wird sie nicht imstande sein, das Woher des ängstlich-unkonzentrierten Verhaltens ihrer Kollegin zu erforschen, denn das ist, wie bereits erwähnt, selbst für den Fachmann nicht leicht und nicht mit 100%iger Sicherheit möglich. Aber es gibt einen teuflischen Bund zwischen Ängstlichkeit und Versagen, der darin besteht, daß das eine das andere stets aufs Neue bedingt. Der unsichere, zögernde, irritierbare Mensch macht alles halbherzig, weil ihm für den vollen Einsatz seiner Kräfte der Mut fehlt, aber die Halbherzigkeit präsentiert ihm die Rechnung in Form von Mißerfolgen, die ihn noch unsicherer, zögernder und irritierbarer werden lassen als zuvor. Je perfekter ein Mensch in seiner Angst vor dem Versagen sein will, desto unvollkommener wird er, und je mehr er sich absichern will gegen irgendwelche weithergeholte Gefahren, desto erschütterbarer wird seine Position in der Tat.

Wenn man um diesen Zusammenhang weiß, kann man versuchen, ihm entgegenzusteuern. Das geht allerdings nur über eine kontinuierliche Ermutigung in zweierlei Hinsicht: zum einen muß der Betreffende lernen, wieder sich und seinen Fähigkeiten zu vertrauen, und zum anderen muß er den Mut aufbringen, sich auch einmal Fehler zu erlauben, ohne allein schon bei dem Gedanken daran in Panik zu geraten. Die Frau in unserem Beispiel könnte daher ihrer Kollegin empfehlen, die Sachlage keinesfalls todernst zu nehmen, sondern sich zur Abwechslung einmal auf humorvolle Art mit ihren Problemen auseinanderzusetzen. Der alte Pädagogenrat für ängstliche Schüler, sie mögen sich bei der mündlichen Prüfung ihre Prüfer einige Sekunden lang splitternackt vorstellen, dann werde mindestens die Hälfte ihrer Prüfungsangst auf der Stelle verfliegen, kommt nicht ganz von ungefähr. Wenn sich die Arbeitskollegin an jedem Morgen, an dem sie sich zur Arbeit begibt, innerlich vornimmt, heute ihrem Vorgesetzten zu beweisen, daß sie bei einigem Glück sogar noch den Weltrekord im Fehlermachen erringen könne, so beginnt sie den Tag bereits mit einem Lächeln, einem feinen Lächeln über sich selbst und ihre eigene Unsicherheit, was ihr von vornherein einen gelösteren Start ermöglicht.

Parallel zum „Mut zum Versagen-dürfen" muß aber auch das „Vertrauen zu sich selber" wachsen, und das gedeiht am besten, wenn es irgendwelche *sicht-, greif- oder spürbare Rückmeldungen über Gelungenes im Leben* gibt. Es ist ein erstaunliches Phänomen, wie oft gerade das Gelungene, das Beglükkende, das Positive übersehen wird, einfach keine Beachtung findet, aus dem Gesichtsfeld verschwindet. In der Psychologie wird andauernd von der Verdrängung unangenehmer Erlebnisse und Gefühle und den daraus resultierenden Psychosomatosen gesprochen, aber mich dünkt, daß viele Übel der Gegenwart eher darin liegen, daß angenehme Erlebnisse, geschenkte Freuden, in ihrer Schönheit einzigartige Stunden aus dem Bewußtsein „verdrängt" werden und dadurch kein nachhaltiges seelisches Echo mehr bewirken. Der Neurotiker jedenfalls weiß nicht nur nicht, was er alles kann, er weiß auch oft nicht, wie gut es ihm eigentlich geht; und weil er es nicht weiß, geht es ihm auch nicht gut.

In Bezug darauf könnte die Frau ihrer Arbeitskollegin eine große Stütze sein, indem sie ihr das Gelungene rückmeldet und zum Beispiel sagt: „Das haben Sie heute prima hingekriegt!" oder „Na, besser hätte es der Chef auch nicht machen können!" Wenn die beiden Frauen ein gutes Verhältnis zueinander haben, kann sie ihr sogar einen kleinen Trick verraten, wie man das Gute einfängt bzw. das Geleistete im Bewußtsein verankert, damit es sich nicht zu rasch daraus verflüchtigt. Der Trick besteht darin, einen Kalender zu führen, in dem Symbole für kleine Überwindungen der Angst eingetragen werden, gleichsam Symbole eines geistigen Triumphes über eine seelische Schwäche, die einen quält. Welche Symbole dabei verwendet werden, ob Sterne, Kreuzchen, Sonnen, spielt keine Rolle, wichtig ist nur, was sie bedeuten, und wichtig ist, daß sie in ihrer Summe dem ängstlichen und an sich selbst zweifelnden Menschen vermitteln: „Was zweifelst du? Wovor fürchtest du dich? Du hast sonnenfache Erfolge, sternenfache Siege über dich selbst, du hast mehr Kraft in dir, als du denkst, also sei nicht kleinmütig, wage das Leben!" Religiöse Menschen mögen hinter ihren in den Taschenkalender gekritzelten Symbolen des Gelingens noch ein tieferes, ungeschriebenes Symbol erblicken, das zu erkennen ihnen bislang der Blick verstellt war: das Symbol der Gnade.

Vielleicht ist an diesem Beispiel klargeworden, was unsere Regel Nr. 2 besagen will. Ihr Aufruf ist es, beim Umgang mit ängstlich-verzagten, hypersensiblen Personen „realistisch zu empfangen und optimistisch zu senden“, das heißt, sich und ihnen nichts vorzumachen, sie in ihrer Unvollkommenheit anzunehmen, aber ihnen trotzdem gezielt diejenigen positiven Kraftreservoire zu Bewußtsein zu bringen, die ungebrochen in ihnen ruhen, wenn auch mitunter ungeöffnet.

Mir hat einmal ein ausgesprochener Pessimist seine Haltung verdeutlicht. Er sagte: „Ich erwarte *immer* das Schlechte und *oft* habe ich recht.“ Daraufhin erwiderte ich: „Dann ist die Differenz zwischen ‚immer‘ und ‚oft‘ das Ausmaß, in dem Sie sich irren.“ „Jawohl“, gab er zu, „aber dieser Irrtum tut nicht weh, er ist sogar angenehm. Würde ich im Unterschied dazu das Gute erwarten und mich irren, wäre ich enttäuscht, und Enttäuschung tut weh.“ Er war mithin ein Pessimist, um schmerzhafte Enttäuschungen zu vermeiden. Nun, beim Umgang mit seelisch kranken oder labilen Personen dürfen wir so egoistisch nicht sein, da müssen wir das Risiko einer schmerzhaften Enttäuschung eingehen, um den so notwendigen Optimismus ausstrahlen zu können. Wenn wir uns irren – und wir werden uns wiederholt irren, denn kein Mensch ist in seinem Handeln und Denken exakt vorhersagbar –, wenn wir uns also irren, dann sollte es ein Irrtum von der Art sein, daß wir jemandem ein bißchen zuviel Gelingen zugetraut haben, ein bißchen zuviel Stabilität, ein bißchen zuviel Anstand und Fairneß, aber nicht ein Irrtum von der Art, daß wir ihn für unfähig, abnormal oder böse hielten, wo er es nicht verdiente. Nehmen wir es auf uns, an unsere Mitmenschen und erst recht an die seelisch angeschlagenen unter ihnen zu glauben und uns notfalls von ihnen enttäuschen zu lassen – die Enttäuschung können wir allemal tragen, aber ob jene unser Mißtrauen *er*tragen können, wissen wir nicht.

Damit komme ich zu einer 3. Regel, die manchen überraschen mag, sie lautet:

„Man höre auf seine innere Stimme!“

Bevor ich den Versuch unternehme, zu definieren, was unter einer solchen „inneren Stimme“ zu verstehen sein könnte, möchte ich von einer Begebenheit aus meinem Leben erzählen. Ich habe das große Glück, nicht nur eine liebevolle Mutter, sondern auch einen herzensguten Vater gehabt zu haben. Nach dem Tod meiner Mutter heiratete mein Vater ein zweites Mal, er lebte damals mit seiner Frau in Wien. Ich stamme auch aus Wien, bin aber mit meinem Mann nach Deutschland gezogen, wo wir uns 1977 in München niederließen. So kam es, daß mein Vater und ich uns in den darauffolgenden Jahren selten sahen, aber wenn wir uns trafen, freuten wir uns stets sehr. Doch in den Jahren 1982/83 veränderte sich mein Vater. Er wurde desinteressiert, gleichgültig, ja abweisend, und wenn ich auf Besuch kam, registrierte er es kaum. Irgendwie bedrückte mich dies, weil es keinerlei Grund für eine Unstimmigkeit zwischen uns gab. Mein Vater war nicht mehr wie früher, und ich, obwohl ich Psychologin bin, und, was noch viel mehr aussagt, seine Tochter war, verstand nicht, wieso. Es war auch fruchtlos, mit ihm darüber sprechen zu wollen, er gähnte gleich und verschanzte sich hinter seiner Müdigkeit.

Im Frühjahr 1983 kam mein 4. Buch auf den Markt, und weil ich gerade nach Wien fuhr, nahm ich ein nagelneues Exemplar dieses soeben erschienenen Buches mit und überreichte es meinem Vater nach der Begrüßung. Er schaute das Buch kurz an und gab es mir dann zurück mit dem Kommentar, daß ich es behalten könne, weil er es sowieso nicht lesen würde. Damals fühlte ich eine Welle des Ärgers in mir aufsteigen, ich empfand es fast als eine Beleidigung meines Vaters mir gegenüber. Schließlich hätte ein Geschenk seiner Tochter, noch dazu ein selbstgeschriebenes Buch, einen Wert für ihn besitzen sollen, unabhängig davon, ob ihn der Inhalt des Buches interessiert. Ich war auch nahe daran, meinem Ärger Luft zu machen, aber während ich dazu ansetzte, hielt mich etwas zurück. Ich kann es nicht anders ausdrücken als mit den Worten: *eine innere Stimme hielt mich zurück.* Ich steckte also das Buch wieder ein und sagte nichts.

Vom psychologischen Standpunkt aus ließe sich allerhand in diese Szene hineininterpretieren. Zum Beispiel könnte man vermuten, ich habe mich nicht getraut, gegen meinen Vater aufzumucken, ich sei in mein Kindheits-Ich zurückgefallen und habe mich vor dem gestrengen Herrn Papa geduckt. Doch das stimmte einfach nicht, ich hatte nicht die geringste Bange vor einem Disput mit ihm. Ich verzichtete bloß darauf, ganz und gar freiwillig, einer seltsamen Gewißheit folgend, daß dies aus unerfindlichen Gründen das einzig Richtige sei.

Ein Jahr später, 1984, klärte sich das Rätsel auf. Bei meinem Vater wurde ein faustgroßer Gehirntumor festgestellt und auch operativ entfernt, aber mein Vater überlebte den Eingriff nicht. Rückblickend erfuhr ich von den Ärzten, daß der Tumor über Jahre gewachsen sein und das Denkvermögen beeinträchtigt haben mußte, ohne daß jemand eine Ahnung davon gehabt hätte.

Was ich mit diesem Beispiel anklingen lassen möchte, ist die Tatsache, daß es nicht nur ein triebhaft Unbewußtes, sondern auch ein geistig Unbewußtes im Menschen gibt, wie Viktor Frankl bewiesen hat*. Menschliches Sein ist im Unterschied zu tierischem Sein kein getriebenes Sein, sondern vielmehr ein *entscheidendes Sein,* und insofern, als es ein entscheidendes Sein ist, ist es ein verantwortliches Sein. Die Kriterien jedoch, nach denen ein Mensch entscheidet, und zwar existentiell Wichtiges in seinem Leben entscheidet, reichen in seine unbewußte Tiefensphäre hinab, es sind, wenn man so will, Gewissensentscheidungen, die nicht mit dem Kopf, sondern mit dem Herzen getroffen werden.

Das geistig Unbewußte ist demnach nicht mit dem Intellekt oder gar mit Intelligenz gleichzusetzen, aber es ist auch kein instinktives Gefühl, etwa aus dem Bereich der Triebgefühle, die nach Lust und Befriedigung drängen. Am ehesten kann es umschrieben werden mit den Begriffen: Gespür, Intuition, Inspi-

* Viktor E. Frankl, „Der unbewußte Gott", Verlag Kösel, München, 5. Auflage 1979.

ration. Es ist im Letzten ein Ahnen um etwas, das nicht verstanden wird oder noch nicht verstanden wird, das sich einem vielleicht einmal offenbaren, vielleicht aber auch auf ewig dem verstehenden Zugriff entzogen bleiben mag. Man denke nur an das Wesen menschlicher Liebe: niemals läßt sich verstandesmäßig begreifen, warum man einen bestimmten Menschen liebt, diesen einen unter unzählig vielen, warum gerade er oder sie es ist, der oder die einem nahesteht wie niemand sonst auf der Welt. Oder man denke an das Wesen der Kunst: es ist ausgeschlossen, die Entstehung eines Gedichtes, eines Musikstücks logisch zu erhellen, der schöpferische Funke bleibt ein Geheimnis. Beides, sowohl die Liebe als auch die Kunst, sind darüber hinaus mehr als bloße Gefühlsanwandlungen, ja, sie veranlassen Menschen sogar, schmerzliche Gefühle in Kauf zu nehmen, wenn es zu ihrer liebenden oder künstlerischen Verwirklichung unumgänglich ist.

Auf ganz ähnliche Weise gleicht das Gewissen einer inneren, aus der geistig unbewußten Tiefe einer Person emporsteigenden Stimme, die weder rational noch emotional begründbare Einsichten erschließt, Einsichten, welche höchstens im nachhinein auch vom Verstand oder vom Gefühl her „eingesehen" werden können. Es handelt sich dabei um die Erschließung des ständig wechselnden *Einen*, das uns von der jeweiligen Lebenssituation, in der wir stehen, abverlangt ist, des Einen, das mit dieser Situation „gemeint" war.

Kehren wir nach diesem kleinen Ausflug ins Franklsche Gedankengut zurück zu unserer Regel Nr. 3, die nichts anderes besagt, als daß wir „empfangsbereit bleiben sollen für das geistig Unbewußte in uns, während wir geistig Bewußtes senden". Seelisch kranke oder labile Menschen verhalten sich häufig in einer Weise, die es ihren Mitmenschen außerordentlich schwer macht, sie zu verstehen. Körperlich kranke oder geschwächte Menschen haben demgegenüber ein großes Plus: sie stoßen im allgemeinen auf wesentlich mehr Sympathie und Verständnis in ihrer Umwelt. Aber *daß wir etwas verstehen, gibt uns noch nicht die Kompetenz, es zu beurteilen, und daß wir etwas nicht verstehen, gibt uns noch nicht das Recht, es zu verurteilen!*

Wer wäre beispielsweise nicht versucht, angesichts des grassierenden Problems von Magersucht bei jungen Mädchen zu denken: „Die Mädchen brauchen nur mehr zu essen, und das Problem ist aus der Welt geschafft!" Ja, die Problematik ist wahrhaftig schwer zu verstehen, aber wer kennt die Hintergründe genau? Die meisten Psychotherapeuten tippen auf schwere seelische Traumen aus der Kindheit, diesbezüglich könnte man skeptisch sein, aber diese Theorie wurde mittlerweile bereits von der medizinischen Entdeckung überholt, daß bei einem Körpergewicht, das mehr als 2 Standardabweichungen unter dem Normalgewicht liegt, im Computertomogramm eine ausgeprägte Vergrößerung der kortikalen Sulci und der interhemisphärischen Fissuren zu beobachten ist. Das bedeutet, daß die Normabweichung im Gewicht ihre Parallele in einer Normabweichung im Gehirn findet. Bei parallelen Sachverhalten weiß man nicht, was zuerst da war und das andere erzeugt hat, in diesem Fall, ob der Gewichtsverlust die Veränderung im Gehirn oder die Veränderung im Gehirn den Gewichtsverlust nach sich zieht. Außerdem besteht trotz der Parallelität die Möglichkeit, daß es doch noch einen dritten, einen psychosozialen Faktor gibt, der Gewichtsverlust und Gehirnveränderung gleichzeitig in Gang bringt.

In Anbetracht der Fülle solcher Verflechtungen von körperlichen und seelischen Aspekten, von sozialen Einflüssen und personalen Entscheidungen müssen wir uns damit begnügen, immer nur Bruchstücke des „Puzzlespiels Mensch" zu erfassen und daher bei unserem Umgang mit diesen Bruchstücken äußerste Behutsamkeit zu üben. Hören wir auf unsere innere Stimme; sie rät uns, den seelisch Kranken in seinem Anderssein zu respektieren, und sie hält uns davor zurück, ihn aus einer Unkenntnis seiner Lage heraus zu verletzen, wie sie mich seinerzeit davor bewahrt hat, meinem Vater Vorwürfe zu machen, die nicht am Platz gewesen wären. Das Gewissen ist eine „Signalanlage", deren Mechanismus nicht zu hinterfragen ist, aber wenn seine Signale auf „rot" stehen, dann empfiehlt es sich, unverzüglich auf die Bremse zu steigen, denn dann stimmt die eingeschlagene Richtung nicht, und wenn sie noch so verständlich oder berechtigt erscheint.

Dem sei eine letzte Bemerkung angefügt. Ich erwähnte eingangs, daß bei engerem Kontakt mit neurotischen Personen die Gefahr nicht ausgeschlossen werden kann, daß man selber mit der Zeit neurotisiert wird. Auch aggressive oder depressive Haltungen übertragen sich leicht. Wer beruflich bzw. familiär mit Menschen zu tun hat, bei denen er nie weiß, wie er dran ist, weil sie ihr Verhalten sprunghaft ändern, der ist selber seelisch sozusagen ständig auf dem Sprung. Dadurch büßt er allmählich seine innere Ausgeglichenheit und Souveränität ein.

Um sich davor zu schützen, muß ein gewisser Abstand zu seelisch kranken oder labilen Personen gehalten werden, ein Abstand allerdings, durch den der Kranke nicht alleingelassen oder gar aufgegeben wird. Im Gegenteil, der Abstand soll dem Betreffenden die Reste seiner Selbständigkeit und Eigeninitiative garantieren, dem Gesunden jedoch gewährt erst der Abstand vom Kranken die Chance, sich stets aufs Neue in Liebe und Geduld dem Kranken zuzuwenden. Nur aus einer heilsamen Distanz heraus kann man sich nämlich stets aufs Neue klarmachen, daß nichts umsonst ist, nichts von dem, was man in einen anderen investiert, was man für einen anderen opfert, was man an einem anderen leidet. Der Weg, auf dem wir seelisch gehandikapte Menschen begleiten, ist gepflastert mit Mißerfolgen, Rückfällen und Undurchschaubarkeiten aller Art, daran kommen wir nicht vorbei, und dennoch ist es ein Weg, der einem sinnvollen Ziel zustrebt. Nirgends noch habe ich das treffender formuliert gefunden als in einem Adventstück von Oswald Gritsch, der seiner Madame Elis die Worte in den Mund legt:

„Genau weiß ich es nicht zu sagen, denn wenn ich den Weg vor mir sehe, so doch nur bis zum Horizont. Was dahinter liegt, verbirgt sich hinter Dunst und Nebel. Und was ich zu erkennen glaube, ist nur Vermutung, gestützt auf bescheidene Erfahrung, die mir Gewißheit gibt, daß alles, was wir aus ehrlicher Überzeugung und mit voller Hingabe tun, niemals verloren sein kann. *Irgendwo in irgendeiner Form muß das, was wir hingeben, was wir verlieren, worauf wir verzichten – wieder erstehen; wie in der Natur auf wunderbare Weise das eine vergehen muß, um das andere hervorzubringen."*

Die Bedeutung der Logotherapie für die Klinische Psychologie

Nachdem wir uns Gedanken darüber gemacht haben, wie die mitmenschliche Umwelt, und insbesondere die Familie, auf seelisches Leid und seelische Krankheit am sinnvollsten „antworten“ kann, wollen wir jetzt der Wissenschaft, und insbesondere der Klinischen Psychologie, „auf die Finger schauen“, die nicht minder gefordert ist, „Antworten“ zu geben, und zwar wenn möglich heilsame.

Genaugenommen ist die Klinische Psychologie um etliche Jahrzehnte jünger als die Logotherapie. Denn das spezifisch „Klinische“ an ihr, also die praktische Anwendung ihrer Theorien am Krankengut, war bis vor wenigen Jahren noch der Medizin vorbehalten, und auch die Logotherapie entstammt der medizinischen Heilkunde. Aber die Psychologie ist nicht nur eine junge, sondern – wie es sich für „Jugendliche“ gehört – auch eine aggressive Disziplin. Sie drängt vorwärts, um Boden zu gewinnen, und zu ihrem Glück ist die allgemeine Degeneration der westlich/abendländischen Kultur stark genug, daß ein ausreichend großes Betätigungsfeld zur Verfügung steht.

Heute gibt es neben dem „sozialen Netz“ fast schon ein „psychologisches Netz“, durch das der Bürger nicht mehr so ohne weiteres hindurchfällt. In der Schule, am Arbeitsamt, im Betrieb, bei Rechtsangelegenheiten oder eben auch in der Klinik macht er unweigerlich Bekanntschaft mit der Psychologie. Frägt man ihn danach, wie es ihm „beim Psychologen“ ergangen ist, erhält man vom verlegenen Schulterzucken bis zur beleidigten Entrüstung eine ganze Skala von mehr oder weniger versteckten Unmutsäußerungen, die, um gerecht zu sein, gelegentlich auch mit einem lobenden Wort durchsetzt sind. Aber

Lob ist rar. Insbesondere die Klinische Psychologie ist nämlich nicht nur jung und aggressiv wie eine „halbwüchsige Dame“, sie entbehrt auch oft des Taktgefühls wie eine solche und eckt dadurch vielfach an: bei den Ärzten, die ihr Tun mißtrauisch beobachten, genauso wie bei den Patienten.

Hinsichtlich dieser „Pubertätsproblematik“ könnte nun die ältere und gesetztere Logotherapie mütterlich helfen. Sie wäre die ideale Ratgeberin für die Klinische Psychologie, weil sie ihr mit *Wissen* und *Weisheit* zur Seite zu stehen vermag. Mit *Wissen* deshalb, weil in der Logotherapie ein ganzes Mosaik an fundamental-anthropologischen Grundlagenerkenntnissen über die Wesenheit menschlicher Existenz zusammengetragen worden ist; Kenntnisse, die sich problemlos auf jeden Einzelfall transferieren lassen. Eine Miteinbeziehung dieses Wissens würde die Methodenklaviatur therapeutischer Interventionen nicht nur repertoiremäßig erweitern, sondern auch noch um die Improvisations- und Individualisationskunst bereichern, die so dringend notwendig ist im klinischen Alltag. Mit *Weisheit* aber deshalb, weil jede therapeutische Intervention zugleich auch eine zwischenmenschliche Begegnung ist, bei der der Faktor der Menschlichkeit und Menschenwürde nicht verloren gehen darf. Die Logotherapie hat sich dieser Tatsache besonders angenommen und so etwas wie „berufsethische Leitlinien“ entwickelt, deren Berücksichtigung mithelfen würde, so manchen therapeutischen Fehltritt zu ersparen bzw. manche iatrogene Schädigung * zu verhindern, was dem Ansehen der Klinischen Psychologie außerordentlich zugute käme.

Bleiben wir zunächst noch beim *Wissen*, das die Logotherapie beizusteuern hat. Was weiß denn die Logotherapie alles? Wollte man versuchen, ihre Wissensschwerpunkte auf wenige Sätze zu komprimieren, könnte man sagen:

1. Sie weiß, wonach der Mensch primär sucht und strebt, und begleitet ihn auf diesem Weg.
2. Sie weiß, wie man geistige Kraftpotentiale im Menschen erweckt, und setzt sie zu Heilungszwecken ein.

---

* Eine iatrogene Schädigung ist eine vom Arzt oder Therapeuten (ungewollt) verursachte Schädigung des Patienten.

3. Sie weiß, was in Not- und Grenzsituationen des Lebens aufrecht hält, und fördert diesen Halt.

Zur Veranschaulichung des Gesagten soll ein praktisches Beispiel dienen. Auf einem Symposion von Gynäkologen in München kam es zu einer bewegten Diskussion über ein Problem, das nicht befriedigend gelöst werden konnte. Das Problem stellte sich folgendermaßen dar:

Die Wissenschaft ist heute in der Lage, durch entsprechende Tests mit einer Wahrscheinlichkeit von über 90% vorauszusagen, ob ein Kind mit einer Behinderung geboren werden wird oder nicht. Die Ärzte, die aus gegebenem Anlaß solche Tests durchführen, erhalten somit relativ zuverlässige Resultate, aber sie fragen sich, wie diese – im ungünstigen Falle – weiterzugeben sind. „Wir können Behinderungen bereits während der Schwangerschaft diagnostizieren", meinten die Teilnehmer des Symposions, „aber wir wissen nicht, wie wir es den Eltern und insbesondere den schwangeren Frauen mitteilen sollen."

Aus der Hilflosigkeit heraus wurde die Idee geboren, man müsse die Psychologie zu Rate ziehen. Wer dann, wenn nicht der Klinische Psychologe, könne dieses Problem bewältigen? So schloß das Symposion mit der Empfehlung, die Teilnehmer mögen auf psychologischen Fortbildungsveranstaltungen die anstehende Problematik unterbreiten und Ratschläge einsammeln, die später untereinander ausgetauscht werden sollten.

Leider wurde aus dem Ganzen ein einziges großes Fiasko, denn, so erstaunlich dies klingt, die Klinische Psychologie hatte keine hilfreichen Vorschläge anzubieten. Ihre Vertreter deuteten ein paar mysteriöse Querverbindungen zwischen der Unerwünschtheit eines Kindes und seiner möglichen Behinderung an und zogen sich danach mit allerlei Ausflüchten vom Thema zurück. Für das Informationsgespräch gäbe es keine „Rezepte", es sei vielmehr Ermessenssache, von diversen Umständen abhängig, nicht generell steuerbar, und im übrigen überschreite die Fragestellung den eigenen Kompetenzbereich. Kurz, sie stellten ihrem Berufszweig – wenn dies der Verfasserin dieser Zeilen, die selber Klinische Psychologin ist, anzumerken erlaubt sei – ein Armutszeugnis aus.

In diesem Dilemma kann nun die Logotherapie ihren Erfahrungsschatz einbringen. Natürlich will auch sie keine „Rezepte“ verschreiben, aber sie wird sich auch nicht scheuen, das, worauf es ankommt, zu *be*schreiben. Und ankommen tut es dem Menschen nicht einmal so sehr darauf, daß immer alles angenehm und bequem ist, daß er und seine Lieben gesund sind, daß ausreichend materielle Güter vorhanden sind, daß er sich die üblichen kleinen Freuden leisten kann, usw. Das alles ist zwar sehr erfreulich, wenn es zutrifft, aber es bildet keine unabdingbare existentielle Notwendigkeit für ihn. Worauf es vielmehr einzig ankommt, ist, daß ein Mensch seine Existenz als *sinnvoll* erlebt und sie eines Tages vollenden kann im Vertrauen darauf, er habe nicht umsonst gelebt.

Auf unser Thema bezogen heißt das: Die Geburt eines Kindes, und erst recht eines behinderten Kindes, nimmt dem Leben seiner Eltern nichts von dessen Sinnhaftigkeit hinweg, im Gegenteil, es stellt ihnen neue zu erfüllende Aufgaben. Aufgaben, die mit steigendem Schwierigkeitsgrad das Mühen und Sorgen der Eltern sogar umso wichtiger und wertvoller machen. Deswegen kann man werdenden Eltern getrost sagen: „Was immer das Schicksal Ihnen zugedacht hat, jetzt werden Sie mehr denn je gebraucht. Ihre Liebe wird gebraucht, Ihr gegenseitiger Zusammenhalt, Ihr volles und uneingeschränktes Ja zum Kind. Wenn Sie die Kraft dazu finden, dann kann Ihnen das Schicksal im Grunde nichts anhaben...“

Bliebe noch die Frage, wo die betroffenen Eltern die Kraft dazu hernehmen sollen. Aber auch diesbezüglich kann die Logotherapie dienlich sein, sie, die es sich von ihrer Konzeption her angelegen sein läßt, geistige Kraftpotentiale im Menschen zu wecken. Da ist zum einen die „Trotzmacht des Geistes“, die uns Viktor Frankl am eigenen Beispiel vorgelebt hat, und die sich auch de facto am leichtesten am Vorbild entzündet. Als ob ein geheimnisvoller Funke überspränge, so wirkt ein heroisches Beispiel ermutigend auf seine Umwelt. Und was ist das Besondere an jedem heroischen Beispiel, das im positiven Sinne so „ansteckend“ wirkt? Es ist nichts anderes als die innere Einstellung, die jemand angesichts unabänderlicher oder bedrängender Gegebenheiten aufbringt, eine

Einstellung, die eben der Umwelt Bewunderung und Hochachtung abringt. Deswegen ist da zum anderen die logotherapeutische Methode der „Einstellungsmodulation“, die darauf abzielt, in der Konfrontation mit dem Schicksal zu einer psychohygienisch gesunden und lebensbejahenden Einstellung zu verhelfen.

Man könnte folglich im Gespräch mit den werdenden Eltern damit fortfahren, ihnen aufzuzeigen, daß es viele unglückliche Familien gibt, obwohl deren Kinder normal entwickelt sind, wohingegen es durchaus glückliche Familien gibt, die einen Geburtsfehler eines Kindes oder auch eine später aufgetretene Behinderung komplikationslos in ihre Gemeinschaft zu integrieren vermochten. Ein Handikap – welcher Art auch immer – ist keine Verurteilung zum Unglücklichsein, sondern eher eine Aufforderung an den menschlichen Geist, das Bestmögliche aus einer Situation herauszuholen; und das kann im Endeffekt wesentlich mehr sein, als man vielleicht jemals herausgeholt hätte, hätte das Handikap nicht bestanden.

Bliebe noch eine letzte Frage, nämlich die nach dem tragenden Seinsgrund, in dem eine solch positive Einstellung verankert sein muß. Natürlich maßt sich die Logotherapie nicht an, mit der Religion zu konkurrieren, aber wenn bei jemandem keine Verankerung im Glauben besteht, aus der heraus er dem irdischen Auf und Ab gelassen ins Auge sehen kann, dann ist es mitunter unumgänglich, ins philosophische Grenzgebiet miteinzusteigen und sich den dort angesiedelten Fragen argumentativ zu stellen. In einem Unglücksfall wie dem einer negativen medizinischen Prognose sind es stets dieselben Fragen, die plötzlich im Raum stehen: „Wieso?“, „Warum?“, „Warum gerade wir?“ Ob ausgesprochen oder nicht, *etwas* sollte der zuständige Arzt oder Psychologe auf diese Fragen erwidern, und auch dazu kann er aus dem logotherapeutischen Wissen schöpfen. Denn dort ist die Erfahrung niedergelegt, daß jene Fragen ans Leben, die aus einem Leid erwachsen und eigentlich Zeichen geistiger Rebellion sind, gepaart werden müssen mit Geduld, weil ihre Beantwortung oft erst zu einem ganz anderen, ja, viel späteren Zeitpunkt aufgeht als dem gegenwärtigen – in der Rückschau klärt sich manches, das in der

Vorschau undurchdringlich war. Deswegen könnte den werdenden Eltern noch der Gedanke mit auf den Weg gegeben werden, daß sie sich Zeit lassen mögen bei der Beurteilung der Sachlage. Wenn es eine übereinstimmende Aussage von Eltern, die irgendwelche Sorgen mit ihren Kindern gehabt haben, gibt, dann ist es im allgemeinen die, daß sie rückblickend gerade jene Kinder nie und nimmer missen möchten; und das ist doch ein großer Trost.

An Hand des erörterten Beispiels haben wir gesehen, daß die Klinische Psychologie erst dann ganz „erwachsen" werden, das heißt, zu ihrer vollen Größe heranreifen wird, wenn sie sich das ergänzende Wissen der Logotherapie einverleibt haben wird. Aber Wissen allein reicht noch nicht aus. (Reicht ja auch die Wissenschaft allein nicht aus, um die Menschheit zu retten, was wir zumindest seit der in wissenschaftlichen Laboratorien initiierten Kernforschung begriffen haben!) Zum Wissen muß die *Weisheit* hinzukommen, und das gilt auch für die Klinische Psychologie, deren zahlreiche heilen-wollende Einzeltechniken und psychologische Strategien ansonsten allzuleicht in ein subhumanes – um nicht zu sagen: inhumanes – Fahrwasser geraten und dort Strudel bilden, die die zu heilenden Menschen noch tiefer in ihre Krankheit hineinziehen.

Worin besteht nun die logotherapeutische Weisheit, die so bedeutsam wäre für die Klinische Psychologie? Keinesfalls in der Entwicklung neuer modischer Techniken und Strategien, sondern vielmehr in einer übergeordneten Besinnung auf die Grundwerte und Grundziele jeglicher Therapie. Wollte man die sich daraus ergebenden „berufsethischen Leitlinien" in wenige Schlagworte fassen, könnte man sie mit folgenden Überschriften versehen:

1. Normalisieren statt psychologisieren!
2. Hilfe zur Selbsthilfe anbieten!
3. Verantwortung nicht abnehmen!

Zur Präzisierung des damit Umrissenen sei es gestattet, jedem Punkt einige erklärende Worte beizufügen. Der *erste Punkt* klingt zugegebenermaßen etwas provokant, und dennoch schimmert gerade in ihm eine uralte Weisheit durch, die etwa lautet, daß man schlafende Hunde nicht wecken bzw. sich nicht mit Problemen herumschlagen soll, die noch gar nicht oder nicht mehr vorhanden sind. Nach logotherapeutischer Auffassung erfordert das psychologische Gespräch ein hohes Maß an Behutsamkeit und Fingerspitzengefühl. Es soll nicht in dem Bestreben geführt werden, alte Wunden um jeden Preis wieder aufzureißen, die dann zu bluten beginnen und den aktuellen Schmerz bloß vermehren. Es soll sich auch nicht darauf beschränken, die Defizite der Gegenwart ans Licht des Bewußtseins zu heben, um das Mißlingen der Zukunft daraus abzuleiten. Schon das Selbstverständnis eines Menschen, seelisch krank zu sein, hält ihn in seiner Krankheit fest, und eine langatmige Entschlüsselung seines neurotischen Werdegangs lähmt erst recht seinen Widerstand gegen die Neurose. Es muß deshalb mit Hypothesen und Deutungen vorsichtig umgegangen werden und eher das Gelungene eines Lebens, das Positive und Wertvolle einer menschlichen Existenz therapeutisch aufbereitet werden. Alte Narben zum Beispiel bilden unter Umständen ein dickes, reißfestes Gewebe, das – wenn es als solches erkannt wird – den Organismus stärker und unangreifbarer macht als zuvor. Auch gegenwärtige Schmerzen können ihren Sinn haben, wie ja überhaupt Schmerz ein sehr eindringlicher Mahner ist, etwas zu unternehmen, zu verändern und wenn möglich „in Ordnung zu bringen“. Vor allem aber ist es das Prinzip der Hoffnung, das seine heilsamen Wirkstoffe entfaltet, sobald es in fachlich vertretbarem Rahmen genährt und nicht abgewürgt wird. Zusammenfassend muß deshalb gewarnt werden: Wo der Psychologisierungseffekt bei einem Patienten größer ist als sein Stabilisierungsgewinn, dort ist der Moment erreicht, da Psychotherapie umkippt in Iatrogenie.

Das Stichwort „Stabilisierung“ eröffnet den Weg zur Besprechung des *zweiten Gesichtspunktes* „berufsethischer Leitlinien“ aus der logotherapeutischen Gedankenwelt, nämlich der Selbsthilfe. Wenn wir schon beim symbolischen Vergleich von seelischen und leiblichen Wunden sind, dann können wir auch dabei bleiben und uns fragen: wer veranlaßt denn, daß sich eine Wunde schließt? Der Arzt? Gewiß nicht. Freilich kann er sie mit Salben und Verbandzeug behandeln, aber heilen muß eine Wunde ganz von allein, das heißt, die Selbstheilkräfte des

Körpers sind für den Heilungsprozeß zuständig. Die moderne Medizin gelangt immer mehr zu der Überzeugung, daß es erfolgversprechender ist, das natürliche, körpereigene Immunsystem therapeutisch zu unterstützen, statt über künstliche, chemische Eingriffe von außen „den Teufel mit dem Beelzebub auszutreiben".

Analog dazu muß auch die Psychologie zunehmend einsichtig werden, daß es nicht nur psychische Ursachen für Krankheitsausbrüche, sondern auch geistige Selbstheilkräfte im Menschen gibt, die solchen Krankheitsausbrüchen durchaus gewachsen sind, wenn nicht sogar sie zu verhindern vermögen. Eine wirklich „weise" Psychologie wird sich daher darauf konzentrieren, jene geistigen Selbstheilkräfte in einem Patienten zu sondieren und konsequent zu fördern, damit sich Wunden schließen, deren Verursachung nun einmal nicht mehr rückgängig zu machen ist, wie sehr man auch darüber nachgrübeln mag. Die spezifisch logotherapeutischen Methoden jedenfalls sind allesamt von dem Wunsch geprägt, Hilfe zur Selbsthilfe anzubieten, und die außerordentlich niedrige Rückfallquote, derer sich diese Behandlungstaktiken rühmen dürfen, spricht dafür, daß sie ihr Ziel nur selten verfehlen.

Und wiederum haben wir ein Stichwort, das den Übergang bildet zur Kommentierung des nächsten und *letzten Punktes* unter den „berufsethischen Leitlinien": die Verfehlung. Bekanntlich ist nicht alles heilbar, und auch die Logotherapie ist kein Allheilmittel. Aber eines darf bei einer therapeutischen Intervention nicht geschehen, oder sie würde ihre Aufgabe gänzlich verfehlen, und das ist die Reduktion des Bewußtseins der grundsätzlich eigenen Verantwortlichkeit beim Patienten. Abgesehen von psychotischen Schüben und Phasen, die selbstverständlich außerhalb des Verantwortungsbereiches eines Menschen liegen, besitzt auch der seelisch Kranke eine gewisse Freiheit, mit seiner Krankheit auf die eine oder andere Weise umzugehen. Er kann sie sehr wohl als Ausrede für alle möglichen Gelegenheiten benützen, oder sogar als Druckmittel für seine Mitmenschen. Er kann es sich einfach machen, kann behaupten, daß er zu diesem und jenem nicht fähig sei, weil seine Eltern ihn falsch erzogen hätten und dergleichen mehr, und dadurch alle Verantwortung auf die Umwelt abschieben. Leider muß zugegeben werden, daß gerade der neurotische Charakter in dieser Hinsicht verleitbar ist.

Hier nun sollte die „Weisheit" einer psychologischen Betreuung einsetzen und zur verantwortlichen Gestaltung des jeweils gegebenen Freiraums eines Patienten aufrufen, statt mittels „Abhängigkeitserklärungen" auch noch in dieselbe Kerbe zu schlagen. Der Mensch ist so abhängig, wie er sich fühlt, und so frei, wie er über sich selbst zu stehen gewillt ist – *das* ist der Wegweiser, der aus der neurotischen Verklemmung herausführt. Wo aber Freiheit ist, dort ist Verantwortung, und wo ein Leben menschenwürdig sein soll, dort muß es ausgerichtet werden auf einen zu erfüllenden Sinn. Aufgabe der Psychotherapie ist es daher nicht, die Selbstbeobachtung und Selbstbemitleidung eines Kranken zu intensivieren bzw. durch eine Überdosierung des Therapieangebotes neue Abhängigkeiten zu schaffen, sondern ein Medium zur Wiederherstellung von Verantwortlichkeit und Menschenwürde zu sein, auf daß der Kranke dessen gewahr wird, wofür und wozu er überhaupt gesund werden will. Psychotherapie ist kein Sinnersatz!

Das sind also die Leitlinien, die die Logotherapie der Klinischen Psychologie als gutgemeinten „mütterlichen" Rat ans Herz legen möchte. Aber nicht in der Absicht, sie irgendwie zu belehren oder zu bevormunden, nein, nur um dieser jungen und hoffnungsvollen Disziplin zu helfen, das Vertrauen der Bevölkerung zu gewinnen – und zu verdienen.

Lebenskunst und Heilkunst

Die Bedeutung der Logotherapie für die Klinische Psychologie läßt sich noch erweitern, nämlich auf den gesamten Bereich der Medizin. Haben wir es doch Viktor Frankl zu verdanken, daß uns heute allmählich aufgeht, wie sehr Gesundheit und Heilung im Zusammenhang stehen: nicht nur mit der Welt, in der wir leben, sondern auch mit der Gesinnung bzw. der persönlichen Einstellung des Einzelnen zur Welt und zu seinem Leben. Noch genauer: *mit der erlebten Sinnhaftigkeit der eigenen Existenz.* Wo diese Sinnhaftigkeit in Frage steht, steht nicht nur die seelische, sondern auch die körperliche Gesundheit alsbald „auf der Kippe", weil das grundsätzliche Ja zum Leben und Weiterleben fehlt, das den existentiellen Motor aller Lebensvollzüge darstellt.

Es mutet uns heute wie eine hellsichtige Prognose an, wenn wir den Gedanken nachgehen, die Viktor Frankl vor einem halben Jahrhundert entwickelt hat, und die in der These gipfeln, daß ein Verlust des Sinnerlebens das Affektivum schwer belastet, und eine belastete Affektlage wiederum die Immunlage eines Menschen schwächt. Tatsächlich konnten wir in den letzten Jahrzehnten weltweit kollektive Phänomene beobachten, die dieser Behauptung eindeutig recht geben.

In den *60er Jahren* brach, durch sozio-kulturelle Faktoren bedingt, die wir bereits hinreichend erörtert haben, jene massive Sinnkrise aus, in deren Gefolge sich das „existentielle Vakuum" ausbreitete, und zwar nicht bloß in den westlichen Industrieländern, sondern auch über die Grenzen des Ostblocks hinaus bis in die von der Zivilisation überrollten Entwicklungsländer hinein. Menschen, die genug, ja teilweise übergenug hatten, *wovon* sie leben konnten, fragten sich auf einmal, *wofür* sie leben sollten, sie sahen keine sinnvollen Aufgaben und Ziele mehr, nichts, das ihr Dasein lohnte. Langeweile, Sättigung, Überdruß und eine panische Flucht ins kurzfristige Vergnügen bei langfristig anhaltenden Dauerfrustrationen kennzeichneten, wie beschrieben, die Symptomatik dieser existentiellen Not.

In den *70er Jahren* kam die durch die Sinnkrise hervorgerufene affektive Belastung zum Ausbruch. Es gab fast keine seelische Irritation, die nicht prozentual in der Bevölkerung zunahm. Depressionen diffuser Genesis und Selbstmorde, Delinquenz und Alkoholismus, triebhafte Auswüchse und Familienzerwürfnisse stiegen stetig an, obwohl sich ein Heer von Ärzten, Psychotherapeuten und Sozialarbeitern um deren Eindämmung bemühten. Aber jede Therapie setzt eben ein Gesundwerden-wollen voraus, und solange nicht geklärt ist, *wozu* jemand gesund werden will, solange also kein übergeordnetes, und das heißt sinnzentriertes Motiv hinter einem anzustrebenden Heilungsziel aufleuchtet, solange kommt der Heilungsprozeß gar nicht richtig in Gang. Wer hört schon beispielsweise mit dem Trinken auf, wenn er nicht weiß, was er mit einem vom Alkohol befreiten Leben Vernünftiges anfangen könnte? Oder wer geht schon Kompromisse ein, um seine Familie zu retten, wenn ihm ein harmonisches Familienleben keinerlei Wert bedeutet?

In den *80er Jahren* bekommen wir nun drastisch zu spüren, daß die Immunlage des Menschen unter anderem von seiner Affektlage abhängt. Die kollektive seelische Verstimmung als Folge geistiger Nöte fordert jetzt auch auf somatischer Ebene ihren Tribut. Die zunehmenden Allergien als Ausdruck einer Teilschwäche des Immunsystems und das ebenfalls unaufhaltsam zunehmende gefährliche Lymphadenopathie-Syndrom, das sich zum tödlichen Immundefektsyndrom AIDS auswachsen kann, sprechen eine deutliche Sprache. Freilich handelt es sich bei letzterem um eine Viruserkrankung, aber man weiß heute sehr wohl, daß AIDS-Virus-infizierte Patienten in der überwiegenden Mehrzahl solche sind, bei denen die Abwehrleistung ihres Immunsystems bereits *vor* der Infektion erheblich geschwächt war. Ferner vermutet man aufgrund anamnestischer und klinischer Hinweise, daß zur Infektion mit dem AIDS-Virus *weitere* das Immunsystem schwächende Faktoren hinzutreten müssen, damit sich das Vollbild der Krankheit entwickelt. Natürlich kann das Immunsystem von Allergiepatienten durch Umweltschäden – insbesondere durch die Luftverschmutzung – vorgeschädigt sein, und ebenso kann das Immunsystem von AIDS-Patienten durch andere, früher durchgemachte Infektionskrankheiten wie z. B. Syphilis, Hepatitis-B, Herpes simplex etc. vorbelastet sein, doch darf die Tatsache nicht übersehen werden, daß auch die Affektlage eines Menschen eine nicht unerhebliche Rolle dabei spielt, und daß diese bei einem Lebensstil, der etwa gekennzeichnet ist von einer rastlosen „Jagd nach Lust" (Promiskuität) oder einer illusionären „Flucht vor der Wirklichkeit" (Drogenabusus), was beides ganz typische Folgeauswirkungen eines geistigen Sinn-Vakuums darstellt, eben nicht zum besten bestellt ist.

So sehr man daher in der medizinischen Forschung aufgerufen ist, ein Mittel zu entdecken, das den AIDS-Virus unschädlich macht, so sehr sind wir von der heilenden Medizin her in die Pflicht genommen, eine „Therapieform" zu entwickeln, die zu einem sinnerfüllten Leben hinführt; und da sind wir zugleich im Zentrum des Themas dieses Buches angelangt, denn *Heilkunst* in ihrem weitesten und besten Sinne will ja letzten Endes nichts anderes, als den zu Heilenden zur *Lebenskunst* zu befähigen.

Die sogenannte „große Therapie" (ein von Max Joseph Zilch geprägter Ausdruck, den ich für bestens zutreffend erachte) kann nicht allein am Immunsystem ansetzen, und schon gar nicht allein im affektiven Bereich: weder das Leibliche noch das Seelische ist Repräsentant des ganzen Menschen. Es fehlt noch das Geistige, die geistige Person im Menschen, die sowohl von der Medizin als auch von der Psychologie allzugerne übersehen wird, und die doch im eigentlichen die Schicksalsfäden in der Hand hält, weil sie zu allem Schicksalhaften in und um den Menschen nochmals Stellung nimmt, sich auf diese oder jene Art dazu einstellt, und durch diese ihre Haltung das Gesundheits- wie Krankheitsgeschehen wesentlich mitentscheidet. Hinter einer gelungenen Lebenskunst steht immer eine positive personale Lebensgrundhaltung, und hinter einer Heilkunde, die „große Therapie“ betreibt, stehen Therapeuten, die selber von einer positiven Lebensphilosophie getragen werden, sonst wären sie nicht imstande, ihre Patienten zu jenen personalen Haltungen aufzurufen, die eine sinnerfüllte menschliche Existenz erst ermöglichen – geschweige denn, sich selber als Vorbild darzubringen.

Gehen wir die genannten Zusammenhänge nochmals Schritt für Schritt durch, damit wir verstehen, was Viktor Frankl vor Jahrzehnten in seinen Schriften vorweggenommen hat:

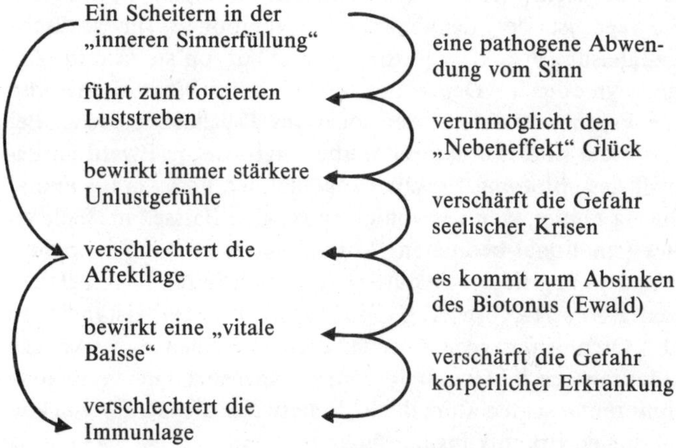

Jedes Scheitern im Aufbau einer sinnerfüllten menschlichen Existenz verleitet zu einer pathogenen Abwendung vom Sinn durch ein vermehrtes Streben nach Lust. Das als „angenehm“ Erlebte soll das als „sinnlos“ Erlebte kompensieren; wenn anscheinend sowieso alles keinen Sinn hat, dann will man wenigstens den Augenblick genießen. Aber just das forcierte Genießenwollen verunmöglicht auch schon den Genuß, denn in Wirklichkeit sind Freude und Glück keine anzustrebenden Parameter, sondern schlicht und einfach „Nebeneffekte“ eines sinndurchwobenen Wirkens, und wenn das sinnvolle Wirken im Leben fehlt, lassen sich seine Nebeneffekte auch nicht erhaschen.

Das Glück ist ein Geschenk, das sich von selber einstellt, wenn man am allerwenigsten ans Glück denkt, sondern sich vielmehr hingibt an eine Sache, an eine Aufgabe, an einen geliebten Menschen, kurz, an einen Wert in der Außenwelt, der einem am Herzen liegt, und um *dessentwillen* man sich engagiert, aber nicht, wenn man Handlungen setzt um der eigenen Bedürfnisbefriedigung willen. So führt das forcierte Luststreben geradewegs zum Aufstau von Unlustgefühlen: was ursprünglich die innere Leere kompensieren sollte, das füllt sie auf mit seelischem Unbehagen. Dies aber verschärft die Gefahr seelischer Krisen, denn eine schlechte und instabile Affektlage ist der denkbar beste Nährboden für seelische Entgleisungen und Entartungen aller Art, ob sie nun ins Aggressive oder ins Depressive tendieren, ins Neurotische oder ins Psychopathische, oder sogar ins Psychosomatische. Bei letzterem sind Biofaktoren mitbeteiligt, wie sie Ewald im Begriff des „Biotonus" zusammengefaßt hat, und worauf Frankl Bezug nimmt, wenn er von einer „vitalen Baisse" im Falle eines (emotional bedingten) Absinkens des Biotonus spricht*. Mit dem Begriff „vitale Baisse" (vgl. auch Seite 110!) ist gleichzeitig eine Herabsetzung der Abwehr- und Widerstandskraft des Organismus gegenüber äußeren Krankheitseinwirkungen oder inneren Verletzungen gemeint, also eben eine verringerte Immunität schlechthin, die logischerweise die Gefahr von körperlichen Erkrankungen erhöht.

Wir sehen, die Gesundheitsvorsorge hat viele Aspekte, und einer der nicht unbedeutendsten ist die Frage nach dem Sinn des Lebens, bzw. die Antwort, die ein Mensch auf diese Frage für sich persönlich zu geben vermag.

Aber nicht nur für den Einzelnen ist die Sinnfrage von Belang. Wir haben eingangs bereits den Bogen zu den Massenphänomenen der Gegenwart gespannt und wollen uns jetzt noch genauer überlegen, was geschieht, wenn sich das Mißlin-

---

* Viktor E. Frankl, „Theorie und Therapie der Neurosen", UTB Verlag Reinhardt, München, 5. Auflage 1983, Seite 76.

gen individueller Sinnerfüllung zum spürbaren Sinn-Vakuum in der Bevölkerung summiert, und welche Rückwirkungen dies wiederum für die Volksgesundheit, oder noch drastischer formuliert, für die Überlebenschance eines Volkes hat.

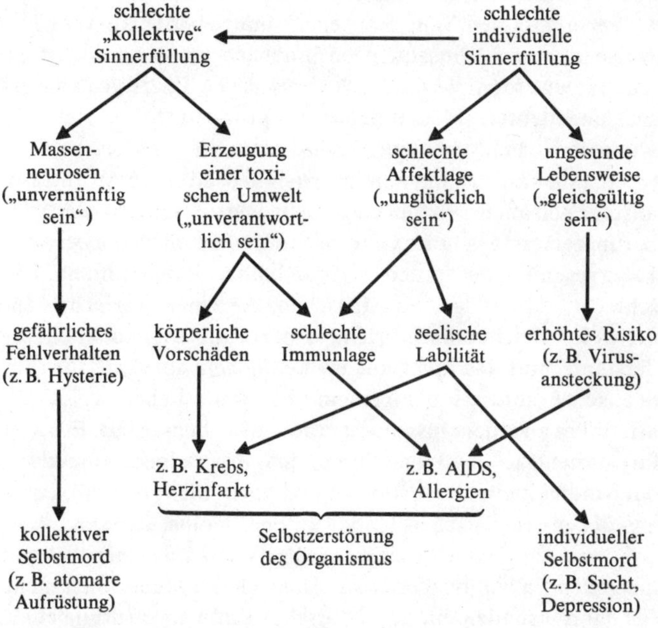

Neben einer Verschlechterung der individuellen Affektlage hat das Fehlen lebenswerter Lebensinhalte beim Betreffenden sehr oft auch eine psychohygienisch ungesunde Lebensweise zur Folge, denn ohne ein sinnvolles Ziel im Leben gibt es absolut keinen Grund zu Selbstdisziplin und Selbstkontrolle, zum sparsamen Haushalten mit den eigenen Kräften und zur bewußten Mäßigung bei allen Begehrlichkeiten. Man läßt sich gehen – warum auch nicht?

Gibt es viele vom Sinnverlust betroffene Menschen in einer Gesellschaft, so potenzieren sich auch die Folgephänomene: aus der vielfach schlechten Affektlage werden Massenneurosen, und aus der vielfach ungesunden Lebensweise entsteht ein „vergiftetes Klima“, eine toxische Umwelt, wie wir sie heute weitgehend vorfinden. Aber wer nimmt schon Verzichte in Kauf, die zur Erhaltung einer menschenfreundlichen Umwelt in Kauf genommen werden müßten, wenn ihm weder an der Umwelt noch an ihrer Menschenfreundlichkeit etwas liegt, weil er um keinen Sinn des Lebens und Überlebens weiß?

Die weiteren Konsequenzen brauchen kaum gesondert erläutert zu werden, sie sind in der umseitigen Skizze grob umrissen angedeutet. Massenneurosen produzieren - wie alle Neurosen - Fehlverhalten, doch diesmal im Großen, im Globalen, und anders kann man die irrsinnige atomare Aufrüstung unserer Zeit auch gar nicht einordnen. Die toxische Umwelt wiederum zerstört gesundes Gewebe und erzeugt Schäden bei allen Lebewesen bis tief in den mikrozellulären Bereich hinab. Die schlechte Affektlage des Menschen, die einer „toxischen Innenwelt“ gleichkommt, bricht seinen Rest an Krankheitswiderstand, und das nicht nur im Leiblichen, sondern auch im Seelischen, und seine allgemein ungesunde Lebensweise verurteilt ihn zu einem insgesamt erhöhten Lebensrisiko. Es kann fast nirgendwohinanders einmünden als in einen kollektiven oder individuellen Selbstmord, und wenn nicht bewußt, dann aus der organismischen Unbewußtheit heraus.

Soweit die Fakten, aber wer sagt, daß sich der menschliche Geist den Fakten beugen muß? Hat sich die Menschheit nicht seit Jahrtausenden mit der Erforschung und Erarbeitung einer „Heilkunde“ beschäftigt, und sollte sie nicht allmählich so weit sein, sich selbst heilen zu können? Fakten, auch unangenehme Fakten, sind noch lange kein Fatum. Fakten müssen zur Kenntnis genommen werden, um Er-kenntnisse daraus zu gewinnen, ja, unter Umständen sogar solche, die jene Fakten zu verändern und zu verbessern vermögen. Und *die* große Erkenntnis der Gegenwart, die allen bedrohlichen Fakten ringsum zu entnehmen ist, eine Erkenntnis, der wir uns heute nicht mehr verschließen können, ist die Einsicht in die Notwendigkeit einer *grundsätzlichen Sinnbejahung,* ohne die menschliche Existenz nicht vollziehbar ist. Es geht um nicht weniger als um die Wiedergewinnung der in den geistigen Tiefen des Menschen schlummernden Sinngläubigkeit (oder Religiosität?), die uns in der Hektik des technischen Zeitalters so fremd geworden ist, und die doch so bitter nottut. Eine Gläubigkeit, die immer dann, wenn die Frage aufbricht, ob das Leben einen bedingungslosen, einen nicht mehr zu hinterfragenden, alles überspannenden Sinn habe oder ein einziger großer Irrtum, ein einziges chaotisches Spiel des Zufalls sei, zur Bereitschaft stimuliert, das eigene Ja, das eigene Sein noch mit auf die Waagschale zu legen, auf daß das Pendel in Richtung „Sinn" ausschlage. Nur ein Sich-selbst-Miteinbringen kann neue Sinndimensionen erschließen, wo vieles, wenn nicht alles, längst verschlossen scheint.

Kehren wir damit zurück zum klinischen Alltag und seinen Anforderungen. Wir sind zu dem Schluß gelangt, daß der Heilkunde ausübende Fachmann nicht einseitig auf das Leibliche oder auf das Seelische konzentriert sein darf, sondern auch noch des Geistigen im Menschen gewahr werden muß, wenn er sich den Nöten der Zeit stellen will. Wir sagten darüber hinaus, daß er von seiner eigenen geistigen Ausrichtung her der Lebensbejahung und Sinnorientierung fähig sein soll, um etwas davon als „miteinzusetzendes Heilmittel" auszustrahlen: ein Stück seiner Heilkunst, das sich beim zu Heilenden in Lebenskunst verwandelt.

Wenn wir solches behaupten, müssen wir uns auf den Einwand gefaßt machen, ob es nicht zuviel verlangt sei, daß der Arzt oder Klinische Psychologe neben seinem fachlichen Wissen und Können auch noch einer positiven Lebensphilosophie zu huldigen habe – ist das nicht ein zu starker Eingriff in seine Privatsphäre? Ich möchte meinen: nein. Solange es um isolierte Untersuchungen oder Symptombehandlungen geht, mag die personale Lebenseinstellung eines Therapeuten unerheblich sein; er ist nur als Spezialist am Werk, und vom Spezialisten wird erwartet, daß er sein „Handwerk" versteht. Der Arzt, der operiert, oder der Psychologe, der testet, sieht nur einen ganz bestimmten Ausschnitt des Menschseins bei seinem Klienten, und vorläufig hat ihn auch nur dieser Ausschnitt zu interessieren. Ihm hat er seine volle Aufmerksamkeit zu widmen. Sobald aber die Operation oder die Eignungsuntersuchung vorüber sind und der Arzt ans Krankenbett seines Patienten tritt bzw. der Psychologe dem Ratsuchenden die Ergebnisse vorzulegen hat, muß sich das Gesichtsfeld des Spezialisten erweitern: nicht mehr sind es die Gallenblase oder die Intelligenz allein, die ihn an seinem Gegenüber zu interessieren haben, jetzt steht er als Mensch einem Menschen von Angesicht zu Angesicht gegenüber und muß ihm Kunde tun von dem, was er als Diagnostiker gesehen hat, und von dem, was er als Therapeut zu empfehlen hat.

Ja, nicht genug damit, nicht nur um das leibliche oder seelische Wohl des Klienten wird sich das Gespräch drehen, denn in so manchem Fall mag sich dem Arzt oder Psychologen auch noch eine geistige Frustration, eine existentielle Angst seines Gegenübers offenbaren, indem zum Beispiel mehr oder weniger deutlich die Frage an ihn gerichtet wird, ob denn ein von einer schweren Operation überschattetes Leben überhaupt noch lebenswert sei, oder ob der psychologische Befund nicht Defizite enthüllt habe, die das Vertrauen in sich selbst zutiefst erschüttern müssen?

Hier setzt nun die wahre Heilkunst ein, das echte Arzttum, dem es um das Leiden in der Welt geht, das es zu verringern gilt, in welcher Gestalt es auch immer auftreten mag. Alles Leiden schreit nach einer Antwort auf die Frage: „Warum?“. Alles Leiden ruft nach seinem Sinn. Gibt es einen Sinn des Leidens? Jetzt hängen die Augen des Patienten an den Lippen des Therapeuten, der unausweichlich über das Leiden sprechen muß, über dessen Ursachen, über dessen Prognose, und über – dessen Sinn. Wird er eine Antwort geben können, ein Wort des Trostes, ein Wort mit auf den Weg nach Hause, ein Wort, das alles erträglich macht, und wenn es noch so schmerzt?

Oh doch, er wird eine Antwort geben können, wenn er selber eine Antwort kennt, aber er wird nur dann eine Antwort kennen, wenn er selber vom Glauben an die bedingungslose Sinnhaftigkeit des Lebens durchdrungen ist. Wenn er jedoch vom zeitgenössischen Nihilismus indoktriniert ist, der sich in vielen maskierten Formen der Humanwissenschaften bemächtigt hat, dann wird er stumm bleiben, und aus dem hilflosen Schweigen des Arztes wird der Patient verzweifelte Schlüsse ziehen.

Ich hatte einmal mit dem Vater eines körperbehinderten jungen Mädchens zu tun, der bei mir saß und weinte, weil er seine Tochter nicht zu lieben vermochte. „Die Ärzte haben mir alles über ihre Behinderung gesagt", schluchzte er, „nur nicht, wie ich sie ertragen soll. Wenn ich das Mädchen humpeln sehe, ekelt es mich, würgt es mich im Hals, ich könnte in den Boden versinken vor Scham. Ich bringe einfach keine Vatergefühle auf ..." Ich ließ mir mehr von seiner Tochter erzählen. Sie hatte einen Geburtsfehler, eine Rückenmarksmißbildung, auf Grund derer sie sich nur unbeholfen und „watschelnd" fortbewegen konnte. Aber sie war trotzdem ein fröhliches, aufgewecktes Kind, besuchte das Gymnasium und war beliebt bei ihren Mitschülern. Ja, sie hatte sogar ein gutes Verhältnis zum Vater, und gerade erst zu seinem Geburtstag eine Strickweste mit einem selbstausgedachten Zopfmuster für ihn gehandarbeitet. Dann ließ ich mir vom Vater über sich selbst erzählen. Er gab zu, ein etwas zwanghafter, schwieriger Mensch zu sein, der an allem etwas auszusetzen hatte. Er sei selten fröhlich und eigentlich nie beliebt gewesen, und eine engere Beziehung zu anderen Menschen sei ihm von jeher schwergefallen. Er verachte alles Schwache, alles Fehlerhafte, strebe Vollkommenheit an ..., aber wo gäbe es diese schon?

Nachdenklich betrachtete ich ihn. „Es gibt eine gewisse Vollkommenheit", sagte ich zu ihm, „aber nur in der gegenseitigen Ergänzung. Sie denken, bloß Ihre Tochter sei behindert, aber Sie irren sich. Auch Sie sind behindert, wenn auch in einer anderen Seinsdimension. Ihre Tochter ist körperlich behindert, aber seelisch stabil, Sie wiederum sind körperlich gesund, aber seelisch verwachsen. Wenn Sie beide sich als zwei behinderte Menschen miteinander solidarisieren würden, wären Sie miteinander stark." „Sie meinen, ich bin wie meine Tochter –?" fragte der Vater erstaunt. „Ja", antwortete ich ihm, „Sie beide besitzen große intakte Lebensbereiche, aber beide haben Sie einen kleinen „Schönheitsfehler". Ihre Tochter kann nicht normal gehen, wie andere Menschen, und Sie können nicht normal fühlen, wie andere Väter. Leihen Sie Ihrer Tochter Ihre Beine, indem Sie sie spazierenfahren, begleiten, stützen usw., und sie wird Ihnen ihr Gefühl „leihen", indem sie genug Liebe aufbringt für Sie beide. Vielleicht liegt der Sinn der Behinderung Ihrer Tochter sogar darin, daß Sie lernen, in der Auseinandersetzung mit ihr Ihre eigene Behinderung zu erkennen und zu überwinden." Die Tränen des Vaters versiegten bei meinen Worten. Seine Schultern strafften sich unwillkürlich. „So habe ich es noch nie gesehen", erklärte er mir, „immer habe ich auf sie herabgeblickt. Aber wenn wir beide quasi in einem Boot sitzen ..." Bewegt und innerlich aufgewühlt verließ er mich, doch wie ich später von seiner Frau hörte, befaßte er sich von Stunde an wesentlich freundlicher und zugewandter mit seinem Kind.

Nicht das (Krankheits-)Ereignis selbst ist es immer, das der Heilkunst des Therapeuten bedarf, wiederholt ist es die Fähigkeit, mit einem Ereignis umzugehen, die der Lebenskunst des vom Ereignis Betroffenen bedarf, eine Fähigkeit, zu der ihn der Therapeut hinführen muß. Wo Hoffnungslosigkeit oder Hilflosigkeit (im Amerikanischen: „given up" oder „giving up") das Ergebnis sind, ist die Therapie nicht gelungen, selbst wenn die Krankheit an sich medizinisch optimal kuriert worden ist. Umgekehrt aber erweist sich eine Therapie als begnadet, wenn sie den Zugang zu einem Sinnverständnis auch noch im Leiden eröffnet, selbst dann, wenn die Krankheit an sich inkurabel sein sollte. „Nicht im Daß: im Wie des Leidens liegt der Sinn des Leidens", schreibt Frankl*, und legt damit den Finger genau an die Stelle, wo es der Heilkunst des Arztes bedarf, um Lebenskunst – um nicht zu sagen „Leidenskunst" – beim Patienten einzuleiten.

Wir haben also den Einwand entkräftet, daß es zuviel verlangt sei, daß der Arzt oder Klinische Psychologe neben seinem fachlichen Wissen und Können auch noch eine positive Lebensphilosophie sein eigen zu nennen habe. (Vielleicht ist es im Gegenteil das „Mindeste", was eine kranke Welt wie die unsrige von ihren „Heilern" verlangt?) Fragen wir uns zuletzt, welche Folgerungen daraus für die Schulung und Ausbildung des medizinisch-therapeutischen Fachmannes zu ziehen sind.

---

* Viktor E. Frankl, „Theorie und Therapie der Neurosen", UTB Verlag Reinhardt, München, 5. Auflage 1983, Seite 86.

Ein ungeheures Umdenken wird diesbezüglich nötig sein. Das möchte ich an einem Beispiel aus der Heim- und Heilpädagogik erläutern.

Seit ungefähr zwei Jahrzehnten suchen die Kinderheime die Hilfe des Fachmannes, aber bis heute sind sie nicht davon überzeugt, daß er ihnen bei der immer schwerer werdenden Erziehungsaufgabe auch wirklich Hilfe zu bringen vermag. Da ich selber fast ein Jahrzehnt lang Kinderheime psychologisch mitbetreut habe, kann ich die Etappen beschreiben, die bei diesem problematischen Unterfangen bisher durchlaufen worden sind, und zwar mehr oder weniger vergebens. Die erste Etappe bestand darin, daß die Heimpsychologen oder Heilpädagogen völlig isolierte Einzeltherapien bei seelisch gestörten Heimkindern durchzuführen versuchten. Zu diesem Zwecke zogen sie sich mit ihren kleinen „Patienten" eine Stunde lang wöchentlich in ein reserviertes Zimmer zurück und spielten dort in relativ gekünsteltem Rahmen Spiele nach Therapieschulen-spezifischen Verhaltensregeln, seien sie mehr tiefenpsychologisch-nondirektiv gefärbt oder mehr behavioristisch-programmierend aufgebaut.

Niemand sah irgendeinen Erfolg, aber „Erfolg" ist in der Psychologie sowieso schwer meßbar. Manche Kinder genossen die Vorzugsstellung, die sie dadurch gewannen, andere schämten sich vor den Kameraden, wenn sie zum „Pißldoktor" oder zur „Spiel, was du willst-Tante" gehen mußten, aber fast nie legte ein Kind durch die Behandlung sein Bettnässen ab oder seine Aggressivität in der Gruppe; und daß es seine frühkindlichen Traumen „aufarbeitete", ist beim besten Willen nicht zu überprüfen.

Man muß es den in den Heimen tätigen Fachleuten zugute halten, daß sie selbst den Fehler entdeckten, wenn auch sehr spät. Erziehung ist eine Sache aus einem Guß, sie kann nicht geteilt, geviertelt und auf unterschiedliche Spezialisten verstreut werden – erziehen muß die Bezugsperson, oder es erzieht keiner. Freilich sind gewisse, vom Zuhause abgekoppelte Trainings möglich: Rechtschreibkurse, Schikurse, Pfadfindertreffen usw. Was aber tiefer gehen soll, was sozusagen eine Umstellung der gesamten Persönlichkeit anpeilt, das kann nicht in Form einer 1-Wochenstunden-Beziehung „produziert“ werden, und schon gar nicht bei Kindern.

Nachdem man dies eingesehen hatte, ging man zur nächsten Etappe über, indem man sich daran machte, die Erzieher als „Kotherapeuten“ einzuschulen. *Sie* sollten jene psychologischen Techniken und heilpädagogischen Kniffe erlernen und unter fachlicher Supervision anwenden, die als Therapieprogramm für ein bestimmtes Kind zusammengestellt wurden. Wobei wiederum die Expertenmeinungen über die inhaltliche Füllung der Therapieprogramme erheblich divergierten: Von den Tiefenpsychologen wurden die Erzieher gemahnt, nur ja antiautoritär „gewähren zu lassen“, damit es zu keiner Verdrängung komme, während sie unter Aufsicht der Verhaltenstherapeuten Strichlisten anfertigen und „eisern konsequent“ sein mußten. Die Erzieher waren willig, aber die Ergebnisse mager, denn Erziehung ist nicht nur eine Sache aus einem Guß, sie ist auch ein reichlich spontanes und vor allem intuitiv gesteuertes zwischenmenschliches Geschehen, das auf der Stelle aus dem Geleise gerät, sobald es „hyperreflektiert“ wird, d.h. sobald der Erzieher sich selbst beim Erziehungsvorgang beobachtet, ob er ja alles richtig macht, anstatt seine Aufmerksamkeit uneingeschränkt den zu Erziehenden zu widmen.

Diesmal kam die Einsicht in den Fehler nicht so rasch. Die Spannungen zwischen dem Heimpersonal und den Fachkräften knisterten deutlich, die einen waren von den anderen enttäuscht, die öffentliche Kampagne gegen Kinderheime verstärkte sich, die Experimente mit der Alternative „Pflegeeltern“ liefen an – wenn auch nicht immer mit glücklichem Ausgang – und die Ratlosigkeit auf beiden Seiten verhärtete sich. Dennoch beginnt man heute langsam zu ahnen, daß auf eine dritte und durchdachtere Etappe therapeutischer „Supervision“ eingeschwenkt werden muß. Ich sehe diese Art von Supervision, die einzige, die wirklich Hilfe verspricht, klar vor mir.

Der Erzieher muß die Erziehung leisten, und niemand kann sie ihm abnehmen. Wie das Wort schon sagt, muß sie „geleistet“ werden, eine Leistung im wahrsten Wortsinn muß vollbracht werden, also etwas, das nicht leicht ist, das Mühe,

Opfer, Sorgen kostet, das Rückschläge serviert und Entmutigung initiiert, das aber andererseits innerhalb weniger Augenblicke hundertfach belohnen kann. Was befähigt den Erzieher, die ihm abverlangte Leistung zu erbringen? Die ihm angelernten Techniken? Niemals. Wenn sie versagen (und es ist nun einmal das Los aller Technik, daß sie gelegentlich versagt!), dann versagt auch er. Nein, was ihm die unermüdliche und unbeirrbare Leistung abringt, die sein Beruf ihm auferlegt, ist nur eines: seine Liebe zu den ihm anvertrauten Wesen. Seine Liebe – und sein Glaube daran, daß nichts von dem, was er für diese Wesen tut, sinnlos ist.

Was könnte folglich die Aufgabe des Fachmannes im Heimbereich sein? Doch nur die, den Erzieher in seiner Liebe, und zwar auch noch zu den erziehungsschwierigen Kindern, zu bestärken, ihn in seinem Glauben an die Sinnhaftigkeit seines Tuns, und zwar auch bei scheinbarer Sinnlosigkeit noch, zu unterstützen, ihm Mut zu machen in mutlosen Phasen, ihm Halt zu bieten in haltloser Zeit. Die Lebenseinstellung, die *Daseinshaltung des Erziehers* ist es, die optimiert werden muß, denn sie geleitet ihn durch alle dunklen Stunden pädagogischer Rückschläge und ist zugleich der Born, aus dem das intuitive Gespür für das je angemessene Verhalten geschöpft werden kann.

Dieses Beispiel aus der Heim- und Heilpädagogik läßt sich auf den gesamten medizinisch-therapeutischen Wirkungsbereich übertragen. Auch die Schulung der Ärzte und Psychologen, der Seelsorger und Krankenpfleger usw. darf sich nicht auf die Vermittlung von Wissensinhalten und Methoden allein beschränken, auch sie muß sich mit deren Daseinshaltung beschäftigen. Wer soll denn Vertrauen zu den Heilkundigen fassen, wenn immer noch die höchste Selbstmordrate von allen Berufsgruppen bei den Ärzten, speziell bei den Psychiatern liegt, oder wenn die Erziehungsberater mit ihren Kindern nicht zurechtkommen und die Eheberater sich in hohem Prozentsatz scheiden lassen? Prinzipiell kann jeder Mensch in eine körperliche oder seelische Krise geraten, das ist keine Schande, aber wie er damit umgeht, dafür gibt es so etwas wie eine eigenberufliche Verpflichtung. Wer den Anspruch erhebt, der Heilkunst mächtig zu sein, der muß auch die Voraussetzung erfüllen, der Lebenskunst fähig zu sein, oder wie sonst soll er andere Menschen zur Lebenskunst befähigen? Nicht nur der Umweltschutz beginnt in den eigenen vier Wänden, auch der „Innenweltschutz" beginnt in der eigenen Seele.

Hier kehren wir zu unserer Grundthese zurück, die darin besteht, einen Zusammenhang zwischen der leib-seelischen Gesundheit eines Menschen und der von ihm erlebten Sinnhaftigkeit seiner Existenz herzustellen. Die Therapeuten, die heute gebraucht werden, dürfen vom Sinn-Vakuum nicht angesteckt sein, oder sie werden den Bazillus weitergeben, der nicht minder tödlich ist als der AIDS-Virus, denn auch er führt zu einem langsamen Absterben, wenn auch zu einem geistigen. Nein, die Therapeuten, die heute gebraucht werden, müssen immun sein gegen das gefährliche Sinnlosigkeitsgefühl, dann werden sie ihre Patienten im Zuge der Behandlung auch dagegen immunisieren, und nur dann wird ihre Therapie eine „große" sein.

Groß genug für das Unheil der Welt.

Die praktischen Vorgehensweisen der Logotherapie

Oft werde ich von Leuten, die sich mit der logotherapeutischen Literatur näher beschäftigt haben, gefragt: „Das klingt alles sehr schön, aber wie bringt man jemanden dazu, einen Sinn in seinem Leben zu sehen? Wie macht man das?"

Ja, was ist denn überhaupt „machbar" in der Psychotherapie? Oder gehen wir mit unseren Überlegungen noch ein Stück weiter: was wirkt denn überhaupt in der Psychotherapie? Unbestreitbar haben alle psychotherapeutischen Verfahrensweisen auch ihre Wirkungen, ihre Erfolge, und selbst wenn keine Psychotherapie im üblichen Sinne angewandt wird, gibt es Erfolge: bei Wallfahrten, durch Handauflegen, mittels Amuletten, die um den Hals gehängt werden ... Bevor die Erzielbarkeit einer therapeutischen Wirkung diskutiert werden kann, sollte daher erst eruiert werden, was denn das in allen Therapien und Hilfsmethoden wirksame gewisse Etwas ist, dasjenige, von dessen Zustandekommen oder Nichtzustandekommen die Bewährung einer Therapie abhängt? Im folgenden möchte ich versuchen, diesem gewissen Etwas nachzuspüren und nachzuweisen, daß die Logotherapie sehr viel davon bei ihrem praktischen Vorgehen zu „materialisieren" vermag, wenn man diesen mystischen Ausdruck verwenden will, um das Mysterium des Therapiegeschehens anzudeuten.

Überlegen wir uns also, worin ein derartiger „Therapiebewährungsfaktor" bestehen kann, der mit gar unterschiedlichen Mitteln auf unterschiedlichen Ebenen angepeilt wird. Eines ist gewiß: wenn er über so primitive und vor allem nonverbale Medien wie Amulette ebenfalls ins Leben gerufen werden kann, dann hat er etwas mit *Erwartung und Hoffnung* zu tun.

Nicht nur die Medizinmänner im Busch, sondern auch alle guten Ärzte wissen, welch verblüffende Gesundungsfortschritte allein mit Hilfe von Placebos zu erreichen sind. Viktor Frankl verwendete beispielsweise larvierte Suggestionen in Fällen von hartnäckiger Enuresis nocturna, bei denen er physiologische Kochsalzlösung injizierte und vorgab, es handle sich um ein schwer erhältliches, ausgezeichnetes Serum gegen das Einnässen*. Der Erfolg war groß – die physiologische Kochsalzlösung verwandelte sich sozusagen über Nacht in eine „psychologische Kochsalzlösung".

Der Glaube an die Wirkung einer Medizin macht mindestens schon die Hälfte ihrer Wirkung aus. Analog dazu haben Negativerwartungen ihren schädigenden Effekt. Experimentalpsychologische Untersuchungen, im Zuge derer Versuchspersonen Brandblasen auf ihren Händen bekamen, nachdem sie eine kalte Herdplatte berührt hatten, bloß weil ihnen zuvor überzeugend dargelegt worden war, die Platte sei glühend heiß, beweisen die „Laufrichtung" des Effekts quer durch alle drei Dimensionen menschlicher Existenz: von der geistigen Erwartung ausgehend über die psychische Angst bis hin zur somatischen Reaktion.

Halten wir somit fest, daß die Erwartung einer positiven Entwicklung bzw. die Hoffnung auf Genesung einen guten Teil dessen ausmacht, was einen Patienten auf eine Therapie ansprechen läßt, wodurch sich diese Therapie bei ihm eben bewährt. Ein weiterer wichtiger Anteil kommt allerdings als unerläßliche Voraussetzung dazu. Es ist der eigene Wille des Patienten, die Grundentscheidung fürs Leben, sein letztendliches Ja zur Wiedergesundung. Wodurch aber kann ein solches Ja geweckt werden? Nicht per Suggestion, sondern nur über die *Liebe*.

Vergessen wir nie: keine Psychotherapie gelingt ohne die Liebe! Historisch betrachtet läßt sich sogar vermuten, daß die unfaßbar angestiegene Notwendigkeit von Psychotherapie heutzutage allemal die Antwort ist auf den ungeheuren Liebes-

* Viktor E. Frankl, „Psychotherapie in der Praxis", Verlag Deuticke, Wien, 3. Auflage 1975, Seite 200.

verlust des modernen Menschen. Liebe – das hat mit Beziehung zu tun. Daß jemand da ist für einen, daß jemand einen wichtig nimmt, sich um einen bekümmert, für einen sorgt. Dafür jedoch bedarf es eines Mediums ganz besonderer Art: der Echtheit und Natürlichkeit. Eine Therapiesituation verliert ungemein, sobald sie von einem Flair der Unnatürlichkeit und Gekünsteltheit umgeben ist. Praktisch läuft dann nichts mehr zwischen dem Patienten und seinem Therapeuten, was letzteren dazu veranlaßt, Zuflucht zu seinen Techniken zu nehmen. Das aber ist genau der Punkt, an dem auch die Psychotechniken an ihre Grenzen kommen: eingebettet in die Liebe sind sie von großem Wert, isoliert davon leisten sie nichts.

Warum haben wir ein abwehrend-ungutes Gefühl, wenn wir von jenem orientalischen Brauch hören, demzufolge bei einem Todesfall Klageweiber bestellt und für ihr Weinen bezahlt werden? Warum stört uns die gekaufte Zärtlichkeit bei der Prostitution? Doch nur, weil etwas Unechtes da ist, das nicht da sein dürfte: unechter Schmerz, unechte Liebe. Was aber ist dann mit bezahlter therapeutischer Fürsorge, mit einem Honorar für eine halbe Stunde Zuwendung? Schleicht sich da nicht dasselbe ungute Gefühl beim Patienten ein? Er zahlt für etwas, das im eigentlichen gar nicht bezahlbar ist; echte Mitmenschlichkeit ist in Geld nicht ummünzbar.

Natürlich müssen Ärzte und Psychologen auch von etwas leben, doch ihre Sorge soll dennoch nicht dem Honorar, sondern dem Patienten gelten, und das verlangt von ihnen ein hohes Maß an Selbsttranszendenz. Woher nehmen sie es?

Hier taucht bei unseren Überlegungen ein neuer Fragenkomplex auf. Der Patient muß sich seinem Therapeuten ausliefern, er soll sich ihm öffnen, ihm anvertrauen. Der Therapeut ist sein bedingungsloser Lehrer – sein Lebenslehrer, wenn man so will –, er soll ihn ja lehren, richtig zu leben. Unausgesprochen bleibt dabei die Frage des Patienten an ihn: „Und wer ist *dein* Lehrer?" Woher bezieht der Therapeut seine Weisheit, seine Ziele, seine Maßstäbe? Aus dem Elternhaus, aus seinem Studium, aus seiner Lebenserfahrung? Wir alle wissen, daß weder ein noch so gutes Elternhaus noch ein Studium vollkommen ist, also orientiert sich auch der Therapeut an unvollkommenen Maßstäben, oder? Hier kommt seine Lebensphilosophie ins Spiel. Wie positiv ist sie, auf welchen Säulen ruht sie? Gibt es etwas über dem Therapeuten, etwas, auf das er nur verweist, das er aber nicht selber ist? Und wenn ja, was ist es? Sein persönlicher Gott?

Zu diesem großen Fragenkomplex haben die meisten Therapieformen keine Antwort, aber die Logotherapie hat eine: *der Logos.* Sie weist auf etwas hin, das für den Therapeuten gleichermaßen wie für den Patienten gilt, und das macht sie so glaubwürdig. Fassen wir also zusammen. Was sind jene praktischen Vorgehensweisen der Logotherapie, von denen ich behauptet habe, daß sie den allen wirksamen Therapien gemeinsamen Therapiebewährungsfaktor in hohem Maße zu „materialisieren" vermögen? Erstens erzeugt die Logotherapie eine Atmosphäre der Hoffnung und positiven Erwartung bei ihren Patienten, zweitens setzt sie die selbsttranszendentale Liebe des Therapeuten mit ein, und drittens verweist sie auf einen personenübergreifenden Logos, der verbindlich ist für alle. Das ist ihr Geheimnis. Der Rest ist Methodik und Improvisation. Wenn nur eines der drei Kriterien fehlt, ist das Vorgehen kein typisch logotherapeutisches mehr, aber, wie ich glaube, auch das gewisse Etwas, das jede wirklich gute Therapie auszeichnet, nicht mehr erzielbar. Es gibt therapeutische Modelle, die das Aufzeigen von Defiziten, speziell aus der Kindheit, zum Grundprinzip haben; sie erzeugen weder Hoffnung noch positive Erwartung, sie heben nur das Negative ins Bewußtsein. Bei anderen therapeutischen Modellen findet zwischen Patienten und Therapeuten kaum mehr ein zwischenmenschlicher Kontakt statt, wodurch sich die selbsttranszendentale Liebe des Therapeuten – soweit sie vorhanden ist – nicht ausdrücken bzw. für den Patienten nicht mehr erlebbar werden kann. Darüber hinaus gibt es eine Reihe von Therapieentwürfen, die im Subjektivismus steckenbleiben; alle Wertmaßstäbe werden als „subjektiv" interpretiert und mithin relativiert. Objektiv bleibt nichts übrig, nichts Wahres, nichts Gutes, nichts Schönes, nichts Sinnvolles, nur eine inhaltsleere Welt, gefüllt mit beliebigen Projektionen.

Wir sehen, die drei Kriterien logotherapeutischer Vorgehensweisen sind unerläßlich, aber nicht nur das, sie bauen auch aufeinander auf, und daher ist sogar ihre Reihenfolge unaustauschbar. Das allererste ist tatsächlich die Hoffnung, die positive Erwartung, die angebahnt werden muß – ohne sie ist jeder weitere Schritt vergebens. Erst muß der Patient sich selber noch eine Chance geben, damit die Therapie überhaupt eine Chance hat, helfen zu können. Aber schon der zweite Schritt führt den Patienten über sein Selbst hinaus und in ein Erlebnis hinein, das verkümmerte Resourcen in ihm wecken wird, in das Erlebnis nämlich, daß es jemanden gibt, dem es nicht gleichgültig ist, wie es ihm geht. Am echten, persönlichen Einsatz des anderen für ihn beginnt er abzulesen, daß seine Existenz wichtig ist, und diese Erkenntnis wird er brauchen, um auch den dritten Schritt noch vollziehen zu können im Erschauen dessen, *wofür* er denn wichtig ist.

So läßt das Kriterium „Hoffnung" den Patienten voll Vertrauen auf sich selber schauen, das Kriterium „Liebe" den Patienten voll Vertrauen auf seinen Therapeuten schauen, und schließlich das Kriterium „Logos" den Patienten voll Vertrauen auf die sinnvollen Aufgaben seines Lebens schauen, die sich ihm stellen, und an denen er zu seinem einzigartigen Ich heranreifen kann. Man könnte die drei Kriterien mit den drei großen Methodengruppen der Logotherapie parallelschalten, denn die Methode der Paradoxen Intention ist besonders gut geeignet, negative Erwartungen zu sprengen und Hoffnung an Stelle von Angst zu setzen, die Methode der Einstellungsmodulation wiederum ist geeignet, sogar erbitterte Anklagen und Haß noch in Versöhnung und Akzeptanz überzuführen, und die Methode der Dereflexion gibt auf dem Weg zur Genesung den letzten Schliff in der durch sie initiierten Hingabe an das, was Sinn hat*. Doch möchte ich hier an Hand von konkreten Beispielen und Gesprächsfragmenten zeigen, daß die drei genannten Therapiebewährungskriterien im therapeutischen Geschehen eigentlich immer präsent sein müssen; sie sind die Grundlage der Methoden, sie sind die Rettung der Methoden,

* Die drei logotherapeutischen Methodengruppen habe ich ausführlich beschrieben in meinem Buch „Von der Trotzmacht des Geistes", Verlag Herder, Freiburg 1986.

wo diese zu versagen drohen, und sie sind notfalls die Ermächtigung zum Verzicht auf jedwede Methodik, wenn es die Situation erfordert.

Beginnen wir mit der Methode der *Paradoxen Intention.* Ein Patient schlief seit Jahren schlecht, wiederholt wurde er von demselben Traum verfolgt: eine große Schlange winde sich um seinen Körper, enge ihn ein und schnüre ihm den Hals zu. Der Patient sprach mit seinem Hausarzt darüber und wurde an einen Psychotherapeuten überwiesen, der im Symptom die Auswirkung eines sehr alten Traumas zu erkennen glaubte, welches auf eine Verschlingung der Nabelschnur im pränatalen Stadium des Patienten zurückzuführen sei. Dementsprechend bemühte er sich, früheste Erinnerungen und infantile Urängste beim Patienten zu reaktivieren, was zwar gelang, aber mit der Folge, daß der Patient noch schlechter schlief, auch tagsüber nervös und zittrig wurde, Schweißausbrüche bekam und in Panik verfiel, sobald irgend etwas in seiner Umgebung mit dem Begriff „Schlange“ assoziierbar war. In seiner Verzweiflung wandte er sich erneut an seinen Hausarzt und bat um starke Schlaf- und Beruhigungsmittel, damit er seinen beruflichen Anforderungen überhaupt noch entsprechen könne. Diesmal gab ihm der Hausarzt, der inzwischen von mir gehört hatte, meine Adresse und meinte, der Patient sollte es vorerst mit einem anderen Therapieansatz versuchen, ehe er als letzten Ausweg zu Psychopharmaka greife.

So stand ich vor der schwierigen Aufgabe, eine begonnene Therapie fortzusetzen, in der es offenbar mißglückt war, eine Atmosphäre der Hoffnung und positiven Erwartung zu schaffen. Nun, ich ließ mich auf eine langwierige Traumanalyse gar nicht ein. Der Patient wurde angeleitet, mit der Schlange seiner Träume liebevoll zu plaudern. Sie sollte sein Haustier werden, das er sich extravaganterweise hält, das ihn nachts besuchen und liebkosen darf, und das ihm nichts tut, wenn er nett und freundlich zu ihm ist. Er sollte sich selbst wie ein Akrobat im Zirkus verstehen, der sich in der Manege unter vollem Applaus mutig und gelassen eine Riesenschlange um den Hals legt, weil er sein Tier kennt und weiß, wie er es behandeln muß.

Der Patient glaubte, seinen Ohren nicht zu trauen, aber bei

allem Erstaunen war er bereits in unserer ersten Gesprächsstunde imstande, zu lachen. Nach einigen weiteren Gesprächen war er soweit, sich abends vor dem Einschlafen den nächtlichen Besuch der Schlange zu wünschen, um mit ihr für den nächsten Zirkusauftritt proben zu können. „Daß du mir ja nicht faul bist und heute nacht ausbleibst", sprach er in Gedanken zu ihr, „wir müssen noch fleißig üben, damit unsere Nummer die beste wird! Also keine Ausflüchte bitte!" Doch so gehorsam war die Schlange nicht. Je intensiver er sie herbeiwünschte, desto öfter versäumte sie es, zum nächtlichen Stelldichein zu erscheinen, die paradoxe Haltung des Patienten verscheuchte das Angstgebilde. Nach einem halben Jahr gemeinsamer therapeutischer Arbeit war der Spuk vorbei; der Patient schlief gut und träumte gelegentlich wie jeder andere Mensch von den verschiedensten Sachen, aber die Schlange hatte sich endgültig verflüchtigt. Als wir bei unserem Abschied darüber sprachen, wie tapfer er sich gehalten habe und wie stolz er daher auf seinen inneren Sieg über eine jahrelange psychische Irritation sein könne, beugte sich der Patient zu mir vor und fragte zögernd: „Und wenn es doch so war, daß sich die Nabelschnur um meinen Hals wand, als ich noch im Mutterleib war?" „Dann", antwortete ich ihm, „danken Sie Gott, daß Sie trotzdem als gesundes Baby das Licht der Welt erblickt haben, danken Sie dafür und machen Sie etwas aus diesem Ihnen geschenkten Leben!" Da stand der Patient auf, ergriff meine Hand und meinte: „Der allererste, bei dem ich mit dem Danken anfange, sind Sie!"

Fallbeispiele wie dieses lehren uns die Richtigkeit der Franklschen Aussage, daß die Angst den Gegenstand der Angst herbeizieht, und zwar nicht nur indirekt, sondern auch direkt. Aus Angst verhält man sich so, daß man zusätzlichen Grund zur Angst hat. Ein Verdächtiger, der aus Angst schweigt, macht sich noch mehr verdächtig. Ein Patient, der an einem Waschzwang leidet, weil er sich übermäßig vor Infektionen fürchtet, infiziert sich an seinen vom vielen Waschen aufgeriebenen Händen viel leichter als jemand ohne Waschzwang. Eine Hausfrau, die Gäste erwartet und große Angst hat, das Fleisch könnte ihr anbrennen, nimmt es zu früh aus der Pfanne und serviert es hart, was den Gästen erst recht nicht bekommt. Ein Schulkind, das vor lauter ängstlichem Sich-absichern-Wollen einen perfekten Spickzettel schreibt, braucht dazu genauso lang wie es bräuchte, um den Lernstoff ordentlich einzuüben, setzt sich aber der großen Gefahr aus, erwischt zu werden, wodurch es im Endeffekt statt mehr Sicherheit mehr Unsicherheit gewinnt. Der Ängstliche schafft sich eine Welt, in der er tatsächlich Angst haben muß, eine Welt zum Fürchten.

Deshalb ist es die Aufgabe des Therapeuten, diese durch Angst geschaffene Welt aus ihren Angeln zu heben, und der Humor ist ein ausgezeichnetes „Brechwerkzeug" dazu, wie die Methode der Paradoxen Intention beweist. Allerdings hat eine Methode eben auch ihre Grenzen, und dann ist nicht sie es, die um jeden Preis durchgezogen werden muß, sondern der dreifache Therapiebewährungsfaktor, den wir bereits erörterten, ist es, der notwendigerweise erhalten bleiben soll, mit Hilfe welchen Handwerkszeuges auch immer.

Ein Patient von mir, der zu allerlei Zwangsvorstellungen neigte, krallte sich einmal an der Idee fest, seine Frau könnte eine Thrombose bekommen. Er hatte zuvor Artikel über die Gefährlichkeit von Thrombosen gelesen, und als bei seiner Frau ein kleiner medizinischer Eingriff vorgenommen werden mußte und sie ins Krankenhaus eingewiesen wurde, steigerte sich seine Angst auf ein unerträgliches Maß. Als er bei mir Rat suchte, sah er sie quasi schon im Grabe liegen. Sollte ich ihm nun im Sinne der Paradoxen Intention raten, seiner Frau tunlichst eine Thrombose zu wünschen? Vielleicht nach dem Motto, daß er ohnehin schon viel zu lange unter dem Ehejoch gestanden habe? Hier zeichnet sich die Grenze einer erstklassigen Methode ab: ich kann nicht Hoffnung und positive Erwartung erzeugen mittels Inhumanität. Aber ich kann die Inhumanität überwinden durch die Einbeziehung des Logos!

Deshalb fragte ich den Patienten: „Worum geht es Ihnen in erster Linie, um Sie oder um Ihre Frau?" „Um meine Frau", war die spontane Antwort. „Dann", sagte ich, „ist es jetzt nicht so wichtig, daß *Sie* das Beste erwarten, wichtiger ist, daß *Ihre Frau* bei guter Verfassung bleibt und nicht von Ihren Ängsten angesteckt wird." Er sah es ein. „Folglich", fuhr ich fort, „ist es Ihre Pflicht, bei Ihren Besuchen ein Mindestmaß an Zuversicht auszustrahlen, und das können Sie nicht, wenn Sie vor Angst schlottern. Deswegen legen Sie die Angst jetzt beiseite in dem Gedanken: „Und wenn meine Frau zehn Thrombosen hintereinander bekommt und noch zusätzlich vom Herzschlag getroffen wird, so lasse ich das auf mich zukommen und konzentriere mich jetzt nur darauf, ihr zu vermitteln, daß ich dennoch an eine gemeinsame Zukunft glaube. Ihr zuliebe halte ich diesen Glauben aufrecht, geschehe, was will." Diese kleine Abweichung von der klassischen Paradoxen Intention ermöglichte es dem Patienten, indem er Hoffnung verbreitete, selber Hoffnung zu schöpfen, was aber nur gelang über den Hinweis auf einen außerhalb seiner selbst liegenden Wert.

Auf ähnliche Weise habe ich einmal einem Kleriker, den die Zwangsidee quälte, er könnte von dunklen Mächten getrieben in der Kirche onanieren, die paradoxe Haltung beigebracht, daß Gott an einem tiefgehenden Vertrauen seines irdischen Vertreters gewiß mehr gelegen sei, als an einer sauberen Kirche. Ein solches Gottvertrauen könne der Patient aber dadurch beweisen, daß er in Kauf nehme, alle nur denkbaren unsittlichen Handlungen just in der Kirche zu begehen im Vertrauen darauf, daß Gott als guter Diagnostiker wissen würde, daß sie, wenn sie geschehen, aus Krankheit heraus geschehen und nicht in böser Absicht. Auch hier war die Paradoxe Intention abgewandelt worden in Hinblick auf einen übergeordneten Logos, was einen schlagartigen therapeutischen Effekt im Positiven hatte, den ich mit dem plumpen Rat, der Patient solle in Gedanken vergnüglich hingehen und alle Kreuze beschmutzen, nie hätte erreichen können.

Soviel zur Paradoxen Intention, nun einige Beispiele zur *Einstellungsmodulation*. Die Aufgabe dieser Methode ist es weniger, die Einstellung eines Patienten zu korrigieren, als vielmehr, ein Aha-Erlebnis bei ihm zu produzieren, und zwar darüber, daß seine Einstellung korrigierbar ist und von ihm korrigiert werden sollte.

Einmal sagte eine Frau zu mir: „Ich habe alles falsch gemacht, am liebsten möchte ich gar nicht mehr leben!"

Daraufhin erwiderte ich: „Wenn Sie wirklich Fehler begangen haben, dann brauchen Sie gerade noch Lebenszeit, um Ihre Fehler wieder gutmachen zu können!", woraufhin sie mich verlegen anlächelte und meinte: „Da haben Sie gar nicht unrecht ..." Das Beispiel zeigt, wieviel therapeutischer Zündstoff in einem einzigen Satz verschlüsselt sein kann. Die kurze Formulierung: „... gerade dann brauchen Sie noch Lebenszeit, um ihre Fehler wieder gutmachen zu können!" barg zwei Denkanstöße in einem, nämlich den Hinweis auf einen Sinn des Weiterlebens, und den Hinweis auf die Möglichkeit einer Wiedergutmachung des Geschehenen.

Ein anderes Mal war ich gebeten worden, eine Frau in der Strafanstalt zu besuchen, weil ich nach ihrer Entlassung zur Frage der Wiederanbahnung von Besuchskontakten mit ihren Kindern gutachtlich Stellung nehmen sollte. Ich traf also mit der Inhaftierten zusammen, und das erste, was sie behauptete, war, daß sie an den ihr zu Lasten gelegten Vergehen unschuldig sei. Das nahm ich zum Anlaß, um ihr darzulegen, daß ich gekommen war, um ihr bei der Bewältigung ihrer gegenwärtigen Lebenssituation zur Seite zu stehen. Wenn man sie zu Unrecht verurteilt habe, müsse sie mit einem ungeheuren Leid fertig werden, das ihr widerfahren sei, und wenn man sie zu Recht verurteilt habe, müsse sie mit einer großen Schuld fertig werden, die sie auf sich geladen hätte. Es gäbe psychologische Hilfen sowohl zur Leidbewältigung als auch zur Schuldbewältigung, nur würden diese Hilfen am falschen Platz keine Früchte bringen, ähnlich wie der Gang zum Zahnarzt einem Patienten nichts nütze, wenn er in Wahrheit Bauchweh statt Zahnweh habe. So würde mein Hilfsangebot ihr nur dienlich sein können, wenn es zu ihrer wahren Lebenssituation passe.

Die Frau überlegte sich das eine Weile, dann fragte sie leise: „Naja, was haben Sie denn zur Schuldbewältigung anzubieten?", womit der Weg für eine sinnvolle Zusammenarbeit freigeworden war. Es würde vom Thema wegführen, diese Arbeit näher zu schildern*, ich will damit nur demonstrieren, auf wel-

* Beispiele von therapeutischer Hilfe zur Schuldbewältigung finden sich in meinen Büchern „Auch dein Leiden hat Sinn" und „Psychologische Seelsorge", Verlag Herder, Freiburg 1981 und 1985.

che Weise es gelang, die Einstellung der Gefangenen zu mir zu wandeln. Was durch die Methodik der Einstellungsmodulation hindurchklang, war der Therapiebewährungsfaktor „Liebe“, der ihr die Botschaft überbrachte: „Mich interessiert nicht, ob du schuldig bist oder nicht, in jedem Fall geht es dir dreckig, und in jedem Fall will ich dir beistehen. Gib mir bloß eine Chance, daß meine Worte die richtigen für dich sind!“

Dieses Durchklingen von Liebe hat eine unglaubliche Sprengkraft, was Widerstände von Patienten betrifft. Wenn einer zum Beispiel vorwurfsvoll zu mir sagt: „Was Sie mir letztes Mal empfohlen haben, habe ich versucht, aber es hat überhaupt nicht geklappt!“, und ich antworte ihm darauf freundlich: „Oh, Sie haben es versucht, das freut mich. Das beweist, wieviel Mut Sie haben –“, so reagiert der Patient meistens mit erhöhter Kooperationswilligkeit, weil ihn das unerwartete Lob darin bestärkt, sich vom Mißerfolg nicht beirren zu lassen. Man sieht, aus jeder Aussage, sogar aus negativen Aussagen, kann therapeutisch noch etwas herausgeholt werden, aber nur dann, wenn man seine Patienten wirklich liebt. Es soll allerdings nicht der Eindruck entstehen, daß Einstellungsmodulationen stets eine Sache von wenigen Sätzen sind. Bei den noogenen Problemen, denen eine geistige Frustration zu Grunde liegt, fordern sie dem Therapeuten mitunter eine ziemliche Denkleistung ab und zugleich ein fast unbewußtes Mitschwingen seines eigenen Gewissens mit der Gewissensnot des anderen. Auch dazu möchte ich einen Fall skizzieren.

Ein ausländischer Geologieprofessor suchte meinen Rat. Er habe Depressionen, die in letzter Zeit zunähmen. Besonders morgens könne er sich kaum aufraffen, irgend etwas zu tun, selbst das Zähneputzen falle ihm schwer. Mittags gehe es etwas besser, und in seiner Abendvorlesung fühle er sich manchmal erstaunlich frisch. Bei einem solch typischen Kennzeichen lag die Frage nach einer erblichen Belastung nahe, und in der Tat berichtete der Patient, daß seine Mutter nach ihrem Klimakterium an phasenweisen Stimmungsschwankungen gelitten habe und über Jahre mit Lithium behandelt worden sei. Der Verdacht auf das Vorliegen einer endogenen Depression verdichtete sich somit. Ich erklärte dem Patienten, was ich vermutete, und riet ihm, einen guten Facharzt aufzusuchen, der die Diagnose abklären und ihm während des Tiefs medikamentöse Linderung verschaffen könne.

Da der Patient ein wissenschaftlich gebildeter, hochintelligenter Mann war, dem ich ein gutes Maß an Selbstdistanzierungsfähigkeit zutraute, sprach ich ziemlich offen über das vermutete Krankheitsbild und strich heraus, daß es sich dabei praktisch um eine gefühlsmäßige Täuschung handle, die zeitweise auftrete und ihn einer Melancholie ausliefere, die keinerlei realen Hintergrund habe, sondern letztlich in neurochemischen Vorgängen wurzle. Auch wenn er diese depressiven Stimmungen als schmerzlich empfinde, könne er sich deshalb zumindest an dem Gedanken festhalten, daß objektiv gesehen nichts vorliege, was seine Traurigkeit rechtfertige, und daß folglich sein Sein und Wirken in der Welt nach wie vor sinnvoll sei, auch wenn er es subjektiv vorübergehend anders bewerte.

Da blickte mich der Patient ernst an und fragte: „Sind Sie so sicher, daß mein Wirken ein sinnvolles ist?“ Seine Frage ließ mich aufhorchen. Gehörte die Frage zur Symptomatik eines endogen Depressiven oder war sie der Hilferuf eines Menschen, der am Sinn seiner Existenz zweifelte? Die äußeren Lebensdaten des Patienten waren eindeutig positiv, wie ich aus unseren Gesprächen wußte: er stellte eine angesehene Persönlichkeit in der Fachwelt dar, galt geradezu als Experte auf seinem Gebiet, unternahm in diesem Zusammenhang Reisen um die halbe Welt, war glücklich verheiratet und hatte gesunde Kinder, die alle einem ordentlichen Beruf nachgingen. Seine Zweifel schienen grundlos und das heißt krankheitsbedingt zu sein. Deshalb antwortete ich: „Ihr Wirken ist so sinnvoll, wie Sie es außerhalb Ihrer depressiven Verstimmung als sinnvoll einschätzen, vorausgesetzt, daß Sie ganz ehrlich zu sich selber sind.“ Da senkte er den Kopf und schwieg, und wie er so dasaß, spürte ich plötzlich rein intuitiv: Das ist ein Mann, der mit seinem Gewissen ringt. Das Endogene mag dispositionell vorhanden sein, aber darüber liegt etwas Noogenes. Was konnte es sein? Schließlich sagte der Patient in die Stille hinein: „Ich bringe meinen Studenten bei, wie sie an Hand von komplizierten Gesteinsanalysen Uranlagerstätten finden können.“

Ich gestehe ein, daß ich nicht gleich verstand, worauf er hinauswollte. Warum sollten Geologiestudenten nicht über Metallvorkommen auf der Erde Bescheid wissen? Er ahnte meine Verwirrung und setzte erklärend hinzu: „Ja, das gehört zum Studienlehrplan. Aber wenn meine Studenten ihr Studium abgeschlossen haben und Geld verdienen müssen, dann holt sie die Industrie und läßt sich von ihnen zeigen, was sie braucht, um ständig neue Atomkraftwerke zu bauen, deren Entsorgung ein entsetzliches Risiko bedeutet, worüber ich mir durch meine Fachkenntnisse keinerlei Illusionen machen kann. Die dafür nötigen Uranvorräte würden besser nie gefunden." Mein Patient war also nicht nur ein bekannter Wissenschaftler, er war im Grunde seines Herzens ein großartiger Mann, den ein Gewissenskonflikt in die Arme einer erblich schlummernden Depression getrieben hatte. Ich ließ mir die Sache durch den Kopf gehen. Was sollte ich ihm raten? Seinen Beruf aufzugeben? Welch ein Ansinnen! Und würde in diesem Fall nicht einfach ein anderer Professor an seine Stelle nachrücken und den Studenten dasselbe gefährliche Wissen vermitteln? Nein, es mußte eine andere Lösung geben. Die Studenten, die sich dafür interessierten, würden sich ihr Wissen sowieso aneignen, hier oder an einer anderen Universität, wichtig war lediglich, daß sie zugleich mit dem Fachwissen auch *das Wissen um ihre Verantwortlichkeit* erwarben. Aber wer konnte ihnen dieses beibringen? Doch nur jemand, der selber um die Verantwortlichkeit des Wissenschaftlers wußte, jemand wie mein Patient! War das der Sinn des Augenblicks?

„Herr Professor", begann ich, „ich empfehle Ihnen, Ihre ganze Not, Ihren ganzen Zweifel vor die Studenten zu bringen. Zeigen Sie ihnen ruhig, wie man Uran findet, aber artikulieren Sie die Frage, ob es gut ist, daß Uran gefunden wird. Nicht alles, was technisch machbar ist, darf gemacht werden; das gilt für die Medizin, das gilt für die Physik, das gilt eben auch für die Geologie. Sprechen Sie in Ihrer Vorlesung zum Thema „Machbarkeit und Verantwortbarkeit", und Sie werden sich über alle Anerkennung aus der Fachwelt hinaus die Achtung Ihrer Studenten und die Achtung vor sich selbst erwerben!" „Ja, das muß ich tun", stimmte der Patient zu, „das werde ich tun. Irgendwie war ich zu feig dazu, aber jetzt sehe ich klar. Das ist mein Weg." Nun, es war sein Weg. Ich bat ihn, sich bei mir zu melden, falls er wieder von Depressionen geplagt werde, aber er hatte eine psychologische Hilfe bis heute nicht mehr nötig.

Bleibt uns zum Schluß die logotherapeutische Methode der *Dereflexion* auf ihre Therapiebewährung zu untersuchen. Wenn wir die Paradoxe Intention als ein „Brechwerkzeug" bezeichnet haben, welches geeignet ist, eine aus irrationalen Ängsten geschaffene Welt aus ihren Angeln zu heben, dann läßt sich die Dereflexion mit einem Fernrohr vergleichen, das dazu dient, eine durch übermäßige Selbstbeobachtung aus den Augen verlorene Welt wieder ins Visier zu bekommen. Um das Verständnis dafür zu erleichtern, was denn überhaupt derart verloren gegangen ist, daß es dereflektorisch neu anvisiert werden muß, möchte ich einen Abschnitt aus dem Prosastück „Über das Marionettentheater" von Heinrich von Kleist zitieren:

Ich badete mich, vor etwa drei Jahren, mit einem jungen Mann, über dessen Bildung damals eine wunderbare Anmut verbreitet war. Er mochte ohngefähr in seinem sechszehnten Jahre stehn, und nur ganz von fern ließen sich, von der Gunst der Frauen herbeigerufen, die ersten Spuren von Eitelkeit erblicken. Es traf sich, daß wir grade kurz zuvor in Paris den Jüngling gesehen hatten, der sich einen Splitter aus dem Fuße zieht; der Abguß der Statue ist bekannt und befindet sich in den meisten deutschen Sammlungen. Ein Blick, den der junge Mann in dem Augenblick, da er den Fuß auf den Schemel setzte, um ihn abzutrocknen, in einen großen Spiegel warf, erinnerte ihn daran; er lächelte und sagte mir, welch eine Entdeckung er gemacht habe. In der Tat hatte ich, in eben diesem Augenblick, dieselbe gemacht; doch sei es, um die Sicherheit der Grazie, die ihm beiwohnte, zu prüfen, sei es, um seiner Eitelkeit ein wenig heilsam zu begegnen: ich lachte und erwiderte – er sähe wohl Geister! Er errötete, und hob den Fuß zum zweitenmal, um es mir zu zeigen; doch der Versuch, wie sich leicht hätte voraussehn lassen, mißglückte. Er hob verwirrt den Fuß zum dritten und vierten, er hob ihn wohl noch zehnmal: umsonst! er war außerstand, dieselbe Bewegung wieder hervorzubringen – was sag ich? die Bewegungen, die er machte, hatten ein so komisches Element, daß ich Mühe hatte, das Gelächter zurückzuhalten: –

Von diesem Tage, gleichsam von diesem Augenblick an, ging eine unbegreifliche Veränderung mit dem jungen Menschen vor. Er fing an, tagelang vor dem Spiegel zu stehen; und immer ein Reiz nach dem anderen verließ ihn. Eine unsichtbare und unbegreifliche Gewalt schien sich, wie ein eisernes Netz, um das freie Spiel seiner Gebärden zu legen, und als ein Jahr verflossen war, war keine Spur mehr von der Lieblichkeit in ihm zu entdecken, die die Augen der Menschen sonst, die ihn umringten, ergötzt hatte. Noch jetzt lebt jemand, der ein Zeuge jenes sonderbaren und unglücklichen Vorfalls war, und ihn, Wort für Wort, wie ich ihn erzählt, bestätigen könnte. –

Was Heinrich von Kleist im Jahre 1810 beschrieb, ist ein Phänomen, das heutzutage scharenweise Menschen in die Mühlen der Psychiatrie bringt, ohne daß eine echte Notwendigkeit dafür besteht. Wenn sie aber erst einmal drin sind, kommen Sekundär- und Tertiäreffekte dazu: sie verlieren ihr Selbstvertrauen und halten sich für abnormal, sie werden künstlich ruhiggestellt, was sie auch von jeder Lebensfreude „hinwegberuhigt", und sie erleiden eine diffizile Ächtung im Bekanntenkreis, die noch schlimmer ist als Neugier und Mitleid.

Damit will ich keine Kritik an der Psychiatrie üben, sondern nur festhalten, daß es Patienten gibt, die dort gar nicht hinmüßten, die aber dort landen auf Grund von nichts anderem als einer übermäßigen Selbstbeobachtung, in deren Gefolgschaft stets Hineinsteigerungsmechanismen ablaufen. Wie bei dem anmutigen Jüngling in Kleist's Erzählung, der all seine Anmut verlor in dem Moment, als er bewußt anmutig sein wollte, verlieren solche Menschen ihre Unbefangenheit im Daseinsvollzug, weil sie etwas für sich erzwingen wollen, das ihnen nur dann gehört, wenn es unreflektiert bleibt. Wiederholt sind mir Leute vorgestellt worden, die bloß durch die Teilnahme an einer Selbsterfahrungsgruppe aus dem Gleichgewicht geraten sind, ja, Horrortrips erlebt haben, in denen sie ihr ganzes Leben innerlich nochmals rückspulten, sich dabei in Schrei- und Weinkrämpfe verstrickten und völlig außer Kontrolle gerieten. Das sind keine „reinigenden Gewitter", sondern gefährliche seelische Aufschaukelungsprozesse, bei denen es geschehen kann, daß sich das spontane, unkomplizierte Leben von früher nie mehr einstellt. Wieviel besser sind demgegenüber die sogenannten Selbsthilfegruppen, die es für diverse Problemlagen gibt, und die – was sehr nachdenklich stimmen sollte – *ohne Therapeuten* mit hohen Erfolgsquoten arbeiten. Während die Selbsterfahrungsgruppen ihre Teilnehmer darauf programmieren, ihr Selbst voreinander zu entblößen und in sich selbst hineinzuhorchen, fordern die Selbsthilfegruppen dazu heraus, einander zu helfen bzw. dem anderen zuzuhören, und das ist der entscheidende Unterschied. Wer dem anderen helfen will, der erfährt sich automatisch selbst, aber wer sich selbst erfahren will, der hilft niemandem, nicht einmal sich selbst!

Einer der tragischesten Fälle, von denen ich je gehört habe, ist der einer älteren Dame, der folgendes passiert ist. Sie hatte ein Leben lang ein Reformhaus geführt und schließlich beschlossen, in den Ruhestand zu treten und das Geschäft aufzulassen. So ein Abschied ist für jeden Menschen, der ein kleines oder großes Lebenswerk aufgebaut hat, ein schwerer Schritt. Die alleinstehende Dame wußte dies und beabsichtigte deshalb, nach Aufgabe ihres Geschäftes eine längere Reise zu unternehmen, doch wenige Tage vor der geplanten Abreise verstarb ihre Mutter, mit der sie ein sehr inniges Verhältnis gehabt hatte. Dadurch kam die natürliche Trauer um den Verlust der Mutter zu dem ebenso natürlichen Leeregefühl nach Beendigung der Berufstätigkeit hinzu, und die Ablenkungsmöglichkeit durch die Reise fiel weg. Dies alles zusammen versetzte die Dame in einen deprimierten Zustand, in dem sie nichts mehr essen wollte oder konnte, was wiederum die Indikation für den sie behandelnden Arzt war, sie auf die Psychiatrie einweisen zu lassen. Dort ging es mit ihr rapide bergab. Sie erhielt Psychopharmaka und Gespräche, die sich um sie selbst drehten, um ihre Verlassenheitsgefühle, ihre unterdrückten Bedürfnisse, ihre Enttäuschung usw., kurz, ihre Welt wurde immer enger und das, was einmal ihr Leben lebenswert gemacht hatte, entschwand aus ihren Augen. Man betrachtete sie als recht hoffnungslosen Fall, und das war sie denn auch. Eines Tages blieb ihr Herz über Nacht einfach stehen.

Ich habe mich mit einem der Krankenhausärzte, den ich später auf einer Fortbildungstagung kennenlernte, darüber unterhalten, und er sagte mir, wenn er damals schon über die logotherapeutische Methode der Dereflexion informiert gewesen wäre, hätte er die Patientin vielleicht durchgebracht. Er glaubte nämlich nicht an einen organisch bedingten Tod. Was der Dame gefehlt hatte, war das Gebrauchtwerden von irgendetwas oder irgend jemandem, und hätte man ein solches Gebrauchtwerden auf einem ganz simplen Wege arrangieren können, und sei es nur über ein Vögelchen, das sie zu füttern gehabt hätte, oder über den Anschluß an eine Telefonkette, bei der sich alleinstehende ältere Menschen gegenseitig täglich anrufen, um sich zu vergewissern, ob alles in Ordnung ist, dann hätte ihr Herz vermutlich noch eine Weile weitergeschlagen.

Die Dereflexion vereint alle drei Therapiebewährungsfaktoren auf geniale Weise. Sie holt mit ihrer Fernrohrwirkung den Logos sozusagen ganz nah an den Patienten heran, indem sie diesem übermittelt: denk nicht an dich, stell dich etwas zurück, vergiß dich, es gibt noch anderes außer dir, schau hin auf das andere, gib dich hin an das andere, geh auf im anderen, und du wirst dich selber geschenkt bekommen. Die therapeutische Liebe wird dem Patienten gleichsam als ein Pfand in die Hand gedrückt, das er weitergeben soll, hinein in eine Welt, die Liebe braucht – auch *seine* Liebe braucht. Sobald er das verstanden hat, daß seine Liebe gebraucht wird, und er sich deswegen nicht in seinem Schmerz verkriechen und in seinem Kummer total vergraben darf, hat er zugleich auch schon Hoffnung geschöpft; vielleicht nicht die Hoffnung auf ein langes, angenehmes und glückliches Leben, aber zumindest die Hoffnung auf ein sinnvolles Leben, unter welchen Umständen auch immer, und das ist der Kernpunkt einer jeden Heilung und eines jeden Heil-seins menschlicher Existenz.

Ich sagte vorhin, daß die Kriterien „Hoffnung“ auf seiten

des Patienten, „Liebe“ auf seiten des Therapeuten und „Logos“ als verbindlich für beide diejenigen Kriterien sind, die die logotherapeutischen Vorgehensweisen kennzeichnen, aber meines Erachtens auch *die* Therapiebewährungsfaktoren schlechthin bedeuten, die überall dort zugegen sind, wo gute Therapie gemacht wird. Hier stoßen wir noch einmal auf das Wort „machen“, von dem wir ausgegangen sind mit der Fragestellung, was überhaupt machbar sei in der Psychotherapie. Machbar ist, was lehrbar ist. Ich kann meinen Studenten beibringen, wie sie mit Hilfe von Humor, Einstellungsänderungen, gezielter Ermutigung usw. eine Atmosphäre der Hoffnung und positiven Erwartung bei ihren Patienten erzeugen können. Ich kann ihnen desweiteren beibringen, wie sie ein die Sinnorientierung und Sinnzentrierung ihrer Patienten förderndes Beratungsgespräch am besten führen. Aber was ich ihnen nicht beibringen kann, das ist das Sich-zutiefst-Annehmen ihrer Patienten aus einer nicht bezahlbaren weil echten Menschlichkeit heraus, diesbezüglich können sie nur zulassen, was sie bereits in sich tragen – *wenn* sie es in sich tragen. Liebe ist nicht lehrbar, Liebe ist nur lebbar, um ein Franklwort abzuwandeln.

Somit existiert im therapeutischen Geschehen unter drei entscheidenden Faktoren einer, der nicht machbar und nicht lehrbar ist, zu dem es kein Rezept für eine bestimmte Vorgehensweise gibt, auch kein logotherapeutisches Rezept. Es ist jener Faktor, dem wir zu verdanken haben, daß jede gelungene Therapie im letzten ein Mysterium bleibt.

Seelische Heilung und Seelenheil – Intention oder Effekt?

Es ist das Wort „Logos“ gefallen, ein Begriff, den nicht nur die Logotherapie als Psychotherapie, sondern auch die Religion kennt. Deswegen ist es an der Zeit, nach eventuellen Überschneidungen von beiden Systemen zu fragen, auch wenn ich mir bewußt bin, damit das „heißeste Eisen“ im Themenkatalog dieses Buches anzufassen. Nichts ist nämlich so verpönt unter den Psychotherapeuten, wie die Anrüchigkeit von Seelsorge, und kaum etwas hat sich auf die Seelsorger so nachteilig ausgewirkt, wie ihre Indoktrination mit psychotherapeutischen Theorien, wodurch verständlich wird, daß beide Seiten auf Distanz bedacht sind. Die Psychotherapeuten kümmern sich um die „Psyche“ des Menschen, die Seelsorger um die „Seele“ des Menschen, und daß das Wort „Psyche“ zufällig die Übersetzung des Wortes „Seele“ ist, ist zwar etwas peinlich für beide, wird aber elegant überspielt, indem jeder seine eigene Definition für den ihm zustehenden Begriff parathält. Die Kompetenzfelder sind abgesteckt, und man bemüht sich, einander nicht in die Quere zu kommen. Allein, zwischen den Feldern steht der Mensch.

Der Mensch, dessen Urgrund unbewußter Natur ist. *Triebhaft* unbewußter Natur, wie die Psychotherapie seit Sigmund Freud lautstark verkündet, aber auch *geistig* unbewußter Natur, wie die Psychotherapie seit Viktor Frankl zugeben muß, der in seinen 10 Thesen über die Person* sogar zu behaupten wagt, daß dieses Unbewußte auch so etwas wie eine unbewußte Gläubigkeit in sich berge. Nun ist die Grenze zwischen

* Viktor E. Frankl, „Der Wille zum Sinn“, Verlag Huber, Bern, 3. Auflage 1982.

unbewußten und bewußten Lebensvorgängen sehr verschwommen, ja, man könnte sogar von einer starken Fluktuationsrate zwischen beidem sprechen, was besonders an den Übergängen von Traum und Wachheit, von Trance und Konzentration beobachtbar ist. Die Grenze zwischen dem Triebhaften und dem Geistigen hingegen ist ausgesprochen scharf, wie Viktor Frankl betont, hier sind keine Übergänge zu finden, im Gegenteil, zeitweilig handelt es sich dabei um antagonistische Kräfte im Menschen.

Es wäre somit das Einfachste, die Kompetenzfelder von Psychotherapie und Religion genau an jener naturgegebenen Grenze aneinanderstoßen zu lassen, die zwischen Triebhaftem und Geistigem besteht; also etwa der Psychotherapie die Erhellung des triebhaft Unbewußten zuzuordnen, und der Theologie die Erhellung des geistig Unbewußten im Menschen zu überlassen.

Doch auch dies ist keine akzeptable Lösung, denn eine seelsorgerische Arbeit, die die biopsychischen Fundamente des Menschseins aus den Augen verlöre, wäre alsbald zum Scheitern verurteilt; und eine psychotherapeutische Intervention, die das Geistige im Menschen auszuklammern versuchte, verfehlte ebenfalls ihr Ziel und liefe am Menschen vorbei, ohne sein Eigentlichstes auch nur zu berühren. Die Geschichte kennt beide Variationen zur Genüge, und es ist schließlich an der Zeit, die Fehler der Vergangenheit zu überwinden. Heute besteht nicht die geringste Notwendigkeit, unterschiedliche Disziplinen der Humanwissenschaften dadurch voneinander abzugrenzen, daß man ihnen einzelne Teile der menschlichen Existenz als „Bearbeitungsobjekte" zur Verfügung stellt – vielmehr ist es heute dringend notwendig geworden, das Band, das die Einzelteile menschlicher Existenz zusammenhält und dadurch überhaupt erst zu einer solchen macht, dieses Band den diversen Disziplinen wieder nahezubringen, damit sie vor lauter Detailforschung die Ganzheit und Einheit Mensch nicht übersehen.

Dieses Band hat auch seine Präsenz, wenn es um die „Seele" oder „Psyche" geht. Jahrhundertelang war die „Seele" nach populärer Vorstellung dasjenige, was Gott dem Menschen eingehaucht hat: der Odem Gottes. Mit der Entwicklung der modernen Psychologie als Wissenschaft kam es zu einem radikalen Bedeutungswandel. Die „Seele“ schrumpfte zum Sammelbecken psychischer Funktionen zusammen, als da sind Begierden, Aggressionen, Frustrationen, Hoffnungen, Sehnsüchte, Ängste, Komplexe, Selbstwertgefühle usw. Aus dem Odem Gottes wurde der Stimmungsbarometer eines höher entwickelten Tieres, aber das spezifisch Menschliche war noch nicht in Sicht. Erst mit Viktor Frankl wurde diejenige Instanz aufgespürt, die den Menschen zwischen dem Göttlichen und dem Animalischen als eigenständige Wesenheit lokalisiert: der *menschliche Geist*. Oder anders ausgedrückt: die *noetische Dimension* des Menschen, die über alle Triebbefriedigung hinaus nach Sinn und Werten im Leben strebt und solange nicht ruht, bis jene Aufgaben erfüllt sind, die das Ich sich selbst zum Ziele gesetzt hat.

Wenn wir heute von „Seele“ sprechen, sollten wir deswegen den engen Begriff der „Psyche“ überschreiten und neben der psychischen Dimension auch die geistige oder noetische Dimension des Menschen darunter subsumieren. Und wenn es um Seelsorge und um Seelenheilkunde geht, was durchaus zwei verschiedene Disziplinen sind, dann sollten auch in deren Wirkungsbereichen die geistigen Elemente menschlicher Existenz neben den psychischen ihren Stellenwert erhalten, auf daß wir das Band nicht vermissen, das menschliches Sein erst konstituiert. Ja, selbst wenn wir uns mit medizinischen Aspekten befassen, also die leibliche Dimension des Menschen zum Gegenstand unserer Betrachtung machen, empfiehlt es sich, die geistige Ebene eines Kranken nicht ganz außer acht zu lassen, denn bekanntlich haben Gesinnung und Gesundheit sehr viel miteinander zu tun, und der Lebenswille entscheidet nicht selten über den Ausgang einer Erkrankung.

Die Abgrenzung zwischen religiöser Seelsorge und medizinisch/psychologischer Seelenheilkunde ist folglich eine ganz andere als die zwischen unterschiedlichen Zuständigkeitsbereichen in der Aufsplitterung menschlichen Seins. Keine von beiden Disziplinen darf mehr aufsplittern, keine von beiden kann eine ganze Dimension menschlichen Seins negieren.

Beide müssen lernen, zwischen dem Triebhaften und dem Geistigen im Menschen zu differenzieren und den zwischen diesen zwei Dimensionen wirksamen „noo-psychischen Antagonismus“ richtig zu deuten.

Dazu möchte ich aus dem Franklschen Gedankengut vier Gesichtspunkte herausgreifen, um an Hand von ihnen aufzuzeigen, daß es sehr wohl eine Grenze zwischen Theologie und Psychotherapie gibt, jedoch eben keine „lokale“, sondern eine „intentionale“. Die *Zielrichtungen* beider Disziplinen weichen voneinander ab, insofern, als die Theologie das *Seelenheil* des Menschen intendiert, während die Psychotherapie die *seelische Heilung* eines Menschen zu erreichen versucht. Aber obwohl die Intentionen von Seelsorge und Seelenheilkunde demnach völlig unterschiedlich sind, kann es geschehen, daß sich die *Effekte* beider Bemühungen um den Menschen kreuzen. Daß die Religion – ohne es zu wollen – einen Beitrag zur seelischen Gesundung eines Menschen leistet, oder daß die Therapie – ebenfalls ohne es zu wollen – einen Menschen zur religiösen Sinnfindung befähigt. Dort, wo wir an das spezifisch Humane herankommen, an das alle menschlichen Seinsschichten verbindende geistige Band, dort können wir nicht mehr nach einem bestimmten Effekt haschen, dort rühren wir an der ganzen Person oder gar nicht, dort ist Heilung wenn, dann dimensional uneingeschränkt möglich.

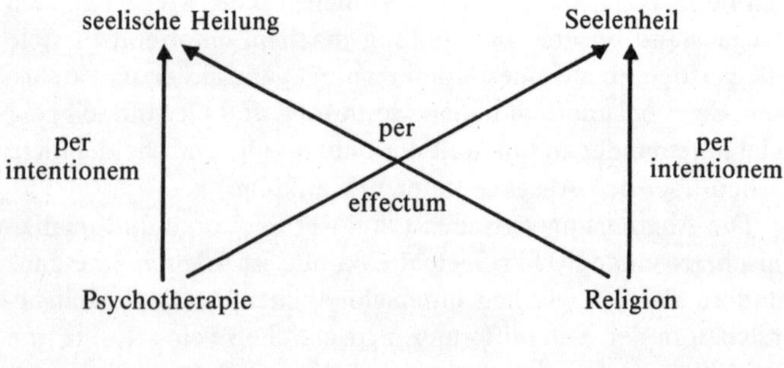

(Aus: Viktor E. Frankl, „Der Mensch auf der Suche nach Sinn“, Verlag Herder, Freiburg/Br. 1972, Seite 73)

Der erste Gesichtspunkt, auf den ich kurz eingehen möchte, ist die *Dialektik von Schicksal und Freiheit*. Das Triebhafte im Menschen, die Gefühle, Ängste, Stimmungen zählen zweifellos zum Schicksalhaften, bezüglich dem man zu einem gegebenen Zeitpunkt keine Wahl hat. Das Geistige im Menschen wiederum hat die Freiheit, darauf zu reagieren, die Triebe zu kontrollieren, mit den eigenen Ängsten umzugehen und an den eigenen Stimmungen vorbei in die Welt hinauszuagieren.

Aus der Psychotherapie wissen wir, daß es geradezu ein Gradmesser seelischer Gesundheit ist, wie sehr ein Mensch seinen jeweiligen Freiraum sinnvoll nützt, während es ein Gradmesser neurotischer Krankheit ist, wie sehr ein Mensch sich seiner Schicksalsverhaftung beugt. Vielleicht kann ein einfaches Beispiel zum näheren Verständnis dessen beitragen. Betrachten wir zwei alleinstehende Frauen im Alter von über 60 Jahren. Beide seien Witwen, deren erwachsene Kinder längst das Elternhaus verlassen haben, weggezogen sind und ihr eigenes Leben führen. Beide Frauen bekommen eine kleine Rente, haben ihre unvermeidlichen Altersbeschwerden und stehen sozusagen funktional am Abstellgleis, von niemandem gebraucht, einer fortschrittlichen Zeit preisgegeben, die ihnen immer fremder wird.

Bis hierher ist es die Handschrift des Schicksals, die ich nachzuziehen versucht habe: das Altern, der Verlust des Lebenspartners, das Erwachsenwerden der Kinder, das Ausrangiertsein in der Leistungsgesellschaft. Jetzt aber werfen wir einen Blick auf den immer noch verbleibenden Freiraum der beiden Frauen. Die eine verzichtet darauf, ihn sinnvoll zu nützen, sie sieht nur ihre Unfreiheit und puppt sich darin ein. Sie fühlt sich einsam und reagiert mit Verbitterung. Sie zieht sich in ihre vier Wände zurück und will von Gott und der Welt nichts mehr wissen. Dadurch verliert sie die letzten zwischenmenschlichen Kontakte, die sie noch hätte. Das Leeregefühl des Nicht-mehr-gebraucht-Werdens läßt sie in Streik treten: dann soll auch keiner mehr etwas Gutes von ihr empfangen. Kein Gruß, kein Brieflein geht von ihr aus, kein Lächeln, keine Freundlichkeit. Man hält die Alte für verschroben und läßt sie in Ruhe, aber es ist eine Ruhe, die die Werthaftigkeit ihres Lebens langsam auslöscht. Das Schicksal hat ihr alles genommen, ja, so sieht es aus, aber nur deswegen, weil sie alles an das Schicksal delegiert hat.

Wenden wir uns nun der zweiten Frau zu. Sie ist praktisch in der gleichen Lage, aber sie nützt den ihr verbliebenen geistigen Freiraum. Weil ihre Kinder sie nicht mehr benötigen, sie aber gerne soziale Aufgaben erfüllt, meldet sie sich freiwillig als Hospiteß beim Roten Kreuz, welches für bettlägrige Patienten ohne Familienanschluß einen kostenlosen Besucher-Service unterhält. Dort nimmt man ihre Hilfe dankbar an, und so geht sie zwei- bis dreimal die Woche für einige Stunden in die Krankenhäuser und besucht fremde Patienten. Sie sitzt am Krankenbett, hört zu, tröstet ein wenig, erledigt Behördengänge für die Kranken, besorgt Lesestoff, versorgt deren Haustiere und anderes mehr.

Durch diese ehrenamtliche Tätigkeit knüpft sie sehr viele zwischenmenschliche Kontakte, und mitunter entwickeln sich aus den Krankenhausbesuchen heraus Freundschaften, die auch noch andauern, wenn die Patienten das Krankenhaus längst verlassen haben. So kommt es, daß die Frau nach kurzer Zeit keineswegs mehr einsam ist, sondern einen sehr netten Bekanntenkreis besitzt, der sie auch dann nicht im Stich lassen wird, wenn sie ihre ehrenamtliche Tätigkeit eines Tages aufgeben muß. Ihr Leben behält seine Werthaftigkeit bis zuletzt, und daran konnte auch das Schicksal nichts ändern.

Wenn wir beide Frauengestalten miteinander vergleichen, stellen wir fest, daß die eine ihren psychischen Frustrationsgefühlen nachgebend die Augen vor den Sinnmöglichkeiten ihrer Existenz verschlossen hat, während die andere aus einer „sapientia cordis", einer Weisheit des Herzens heraus eben jene Sinnmöglichkeiten aufgegriffen und verwirklicht hat, die ihr allem zum Trotz noch offenstanden. Wenn wir jetzt wieder zurückblenden zu unserer Fragestellung, wie weit Theologie und Psychotherapie als zwei Disziplinen, die sich mit der „Seele" des Menschen befassen, einander ins Gehege kommen oder auch nicht, so läßt sich an Hand der Dialektik von Schicksal und Freiheit gut veranschaulichen, welch differente

Zielintentionen vorliegen, und wie logisch sich dennoch eine gegenseitige Überschneidung der Effekte daraus ergibt.

Ziel der Psychotherapie ist es und muß es sein, den Patienten früher oder später in die Selbstverantwortlichkeit eintreten zu lassen, und das heißt konkret, ihn dazu zu bringen, seinen ihm jeweils offenstehenden Freiraum geistig wahrzunehmen und sinnvoll zu nutzen. Insbesondere die Logotherapie hat sich dieses Anliegen als ihr oberstes Ziel gesetzt und verfolgt es in der Entwicklung ihrer Methoden und Techniken konsequent. *Ziel der Theologie* andererseits ist, wenn ich es richtig verstehe, das freigewählte Bekenntnis des Menschen zu Gott. Nicht ein erzwungenes oder ein übernommenes, von den Eltern vorexerziertes, von der Gesellschaft sanktioniertes Bekenntnis wie etwa das Taufscheinchristentum, sondern ein Ja zu Gott, das aus der Freiheit und Verantwortlichkeit des Menschen entspringt, um nicht zu sagen, aus den präreflexiven Tiefen seiner „sapientia cordis".

Niemand wird bestreiten, daß der Eintritt des Menschen in die Selbstverantwortlichkeit und sein freigewähltes Bekenntnis zu Gott unterschiedliche Intentionen sind. Doch was sind die Effekte, wenn es in einem Fall gelingen sollte, diese Intentionen zu realisieren? Nur ein Mensch, der in das Stadium der Selbstverantwortlichkeit eingetreten ist, ist überhaupt fähig, ein weltanschauliches Bekenntnis frei zu wählen! Solange er blindlings ins Schicksalhafte starrt und sich seiner möglichen Eigeninitiativen nicht bewußt ist, solange er sich als ein durch die Umstände Gewordener begreift und nicht als jemand, der seine Umstände mitgestalten kann und daher in vielfältiger Weise noch ganz anders „werdbar" ist, solange ist doch von einer echten und ehrlichen Entscheidung keine Rede und also auch von keinem echten und ehrlichen Ja zu Gott. Das bedeutet, die seelische Heilung eines Patienten – definiert an seinem Wiedereintritt ins Stadium der Selbstverantwortlichkeit – kann in ihrem Gefolge mit sich bringen das Seelenheil eines Patienten – definiert an der Wiedergewinnung seiner Bekenntnisbereitschaft zum Glauben.

Aber es gilt auch die Umkehrung. Ein Mensch, der nach langem Ringen zu einem freigewählten religiösen Bekenntnis vorgestoßen ist, ist damit automatisch vom Schicksalhaften etwas abgerückt und hat zumindest *einen* Aspekt seines Daseins selbstverantwortlich in die Hand genommen. Das kann ihn zu der Erkenntnis führen, daß es in jeder Situation, wie sie auch beschaffen sein mag, noch einen Freiraum gibt, und sei es nur der der inneren Einstellung dazu. Diese Erkenntnis ist aber wiederum die unabdingbare Voraussetzung, um jeglichem neurotischen Fatalismus zu entkommen und den eigenen psychischen Hemmnissen ein geistiges Kontra zu bieten. Solcherart kann das Seelenheil eines Patienten – definiert an seiner inneren Gläubigkeit – zu dessen seelischer Heilung – definiert am geistigen Widerstand gegenüber neurotischen Mechanismen – Entscheidendes beitragen.

Damit möchte ich zum zweiten Gesichtspunkt aus dem Franklschen Gedankengut überleiten, und zwar zur *Dialektik von Anfälligkeit und Intaktheit*. Daß die leibliche und die psychische Dimension des Menschen krankheitsanfällig sind, braucht nicht näher erläutert zu werden; jeder von uns befindet sich jederzeit irgendwo am Kontinuum zwischen körperlicher Gesundheit und Krankheit, zwischen psychischer Normalität und Abnormalität. Das Geistige im Menschen jedoch kann per definitionem nicht krank werden. Es steht vielmehr jenseits von Gesundheit und Krankheit – für das Geistige gibt es keine Qualitätsabstufungen: soferne es Geistiges ist, ist es intakt. Wenn es Abstufungen gibt, dann lediglich in seiner quantitativen Verfügbarkeit. So kann die Verfügbarkeit des Geistigen auf Grund von Hirnschäden, Psychosen, Alterssenilität usw. gering oder gar verloren sein, doch dort, wo es durch geschädigte Nervenzellen und psychische Krankheitsprozesse noch hindurchschimmert, dort ist es das, was es immer gewesen ist, das personale, unverwechselbare Ich eines Menschen.

Nun wissen wir nicht nur aus der Psychotherapie, sondern auch aus der allgemeinen Medizin, was es bedeutet, das intakte Geistige im Menschen gegen ein anfälliges Psychophysikum auszuspielen. Wenn dies gelingt, können mitunter „Wunder" geschehen – „Wunder" im streng wissenschaftlichen Sinne als das prognostisch Unwahrscheinliche gemeint. Ein gutes Beispiel dafür ist der bereits mehrfach erwähnte Zusammenhang zwischen *Gesinnung und Gesundheit,* der oft untersucht worden ist und sich immer wieder bestätigt hat. Um nur eine einzige Untersuchung zu nennen, möchte ich Ida Cermak und Peter Paal zitieren, die Lebensläufe namhafter Dichter erforscht und darüber publiziert haben*.

Da war zum Beispiel der englische Dichter John Keats, der mit 23 Jahren bereits schwer erkrankte, und über den man sagte: „Er hat keinen Funken Hoffnung, keine Philosophie, keine Religion, die ihn aufrechterhalten könnten." Bald bewahrheitete sich, was man befürchtete: nicht seine Krankheit, sondern seine unglückselige innere Verfassung brachte ihn um. Er starb an Hoffnungslosigkeit. Dem gegenüber steht das große Vorbild Goethes, der erstaunlich viele ernsthafte Erkrankungen erdulden mußte – mehr als man gewöhnlich annimmt –, der sich aber nie davon beirren ließ, seinem Lebens- und Schaffensziel zuzustreben. Noch als Achtzigjähriger erklärte er: „Es ist unglaublich, wieviel der Geist zur Erhaltung des Körpers vermag. Ich leide oft an Beschwerden des Unterleibs. Allein der geistige Wille und die Kräfte des oberen Teils halten mich in Gange. Der Geist muß nur dem Körper nicht nachgeben." Auf ähnliche Weise läßt sich verstehen, wie es kam, daß Christian Morgenstern, der schon in jungen Jahren an Tuberkulose litt, immerhin ein Alter von 43 Jahren erreichte, das niemand ihm zugetraut hätte. Er überlegte sich, daß es vielleicht dieselbe Kraft sei, die, wie er sagte, ihn auf dem physischen Plan verlassen, aber geistig fortan sein Leben begleitet habe. Was sie ihm leiblich nicht habe geben können, habe sie ihm aus geistigen Welten geschenkt ... Seine Dichtungen zeugen von Tapferkeit und unerschütterlichem Humor – nie büßte er seine innere Gesundheit ein.

Aus diesen und vielen anderen Beispielen kann man die Erfahrung ableiten, daß jemand, der imstande ist, sich innerlich von einer psychischen oder körperlichen Krankheit zu distanzieren, die Krankheit wesentlich besser übersteht oder wenigstens erträgt als jemand, der ganz und gar seelisch mit ihr

* Aus: „die barmer", Zeitschrift für die Mitglieder der BEK, Nr. 1, März 1984.

verschmilzt. Voraussetzung dabei ist aber, daß er sich in seinem Distanzierungsprozeß auf das Geistige als das Nicht-krank-sein-Könnende in sich konzentriert, das bis zu einem gewissen Grad über den leider allzu anfälligen Teil des Menschseins zu triumphieren vermag.

An dieser Stelle möchte ich zu unserer Fragestellung zurückkommen und an Hand der Dialektik von Anfälligkeit und Intaktheit erneut aufzeigen, welch differente Zielintentionen die beiden Disziplinen Psychotherapie und Religion verfolgen, und welch überschneidende Effekte sich dennoch ergeben können. *Für die Psychotherapie* ist es mehr als ein Plansoll, die Fähigkeit zur *Selbstdistanzierung* in jedem Patienten zu stärken. Viktor Frankl hat in seinen Werken zur Methodenlehre darauf aufmerksam gemacht, daß vor allem die Zirkulärmechanismen von Angst- und Zwangsneurosen nicht anders aufzubrechen sind als über einen gezielten Einsatz der Selbstdistanzierungsfähigkeit, indem die Kranken dazu angehalten werden, ihren unrealistischen Ängsten und Zwangsvorstellungen sozusagen von einer höheren Warte aus „ins Gesicht zu lachen", statt vor ihnen panisch zu fliehen oder verzweifelt gegen sie anzukämpfen. Er und andere berühmte Forscher – auch aus dem verhaltenstherapeutischen Lager – haben eigene Techniken entwickelt, um psychisch gestörten Personen zu einem „inneren Dialog" zu verhelfen, nämlich zu einer inneren Zwiesprache des gesunden, vernünftigen Ichs in ihnen mit dem Irrationalen aus ihrer Gefühls- und Gedankenwelt, das sie zu überwältigen droht, mit dem das Ich aber lernen kann, richtig umzugehen.

Für die Religion ist wiederum etwas ganz anderes mehr als ein Plansoll, und das ist das Gebet. Natürlich gibt es vielerlei Arten zu beten – dazu müssen sich weder die Lippen bewegen, noch bestimmte Worte geformt werden, aber eines ist allen Gebeten gemeinsam: sie sind gleichsam die intimsten inneren Selbstgespräche eines Menschen, denen Gott als Partner beiwohnt *.

---

* Viktor E. Frankl, „Der Mensch vor der Frage nach dem Sinn", Verlag Piper, München 1979, Seite 275.

Damit wären die zwei verschiedenen Zielintentionen umrissen: einerseits eine verstärkte Fähigkeit zur Selbstdistanzierung, um das Gesunde gegen das Kranke in einem Patienten auszuspielen, und andererseits die Erringung der Partnerschaft Gottes im Gebet. Wir sehen, die Wegweiser der beiden Disziplinen weisen wahrhaftig in unterschiedliche Richtungen. Betrachten wir aber jetzt wiederum die Effekte. Kann denn jemand innere Zwiesprache halten mit seinem Gott, wenn er nicht einmal Zwiesprache mit sich selbst halten kann, weil sich die eine existentielle Dimension in ihm von den anderen Dimensionen nicht hinreichend distanziert? Das ist in der Tat schwer vorstellbar. Die Mobilisierung der Selbstdistanzierungsfähigkeit im Rahmen einer psychotherapeutischen Behandlung mag daher in dem einen oder anderen Fall zugleich weichenstellend sein für das Wiederaufflackern des Betenkönnens – auf dem Hintergrund eines zutiefst ehrlichen, inneren Gesprächs des Ichs mit sich selbst erscheint dann plötzlich ein Du.

Analoges gilt für die Umkehrung. Wer betet, tut dies aus einem grundsätzlichen Urvertrauen heraus. Er hat wirklich eine Art „Partner“ an seiner Seite, er ist niemals total alleingelassen, die Geborgenheit im Du begleitet ihn überall hin. Nichts aber ist dem Angst- oder Zwangsneurotiker mehr verlustig gegangen als eben jenes Urvertrauen. Deswegen dramatisiert er ja jedes kleinste Vorkommnis, und sei es nur das Erröten seiner Wangen oder das Zittern seiner Hände, und deswegen hat er ja auch nicht das geringste Vertrauen zu sich selbst und denkt fortwährend, er werde sich blamieren, die schrecklichsten Dinge tun, zur Strafe vom Herzschlag getroffen werden und dergleichen mehr. Wenn allerdings ein solcher Patient noch eine religiöse Beziehung hat, die ihn trotz allem beten lehrt, dann kann seine Selbstdistanzierungsfähigkeit nicht gänzlich geschwächt sein, und dann wird jedes Heilungskonzept zum Abbau neurotischer Ängste und Insuffizienzen, das über eine Förderung des „inneren Dialogs“ vorzugehen versucht, Früchte zeitigen. Ja, es gibt therapeutische Dialoganleitungen, die auf nichts anderes abzielen als auf die Rückgewinnung des Urvertrauens, wie etwa die logotherapeutische

Methode der Paradoxen Intention, und logischerweise werden diese um so wirksamer sein, je tiefer das eigentliche Vertrauensfundament eines Menschen ist, das vielleicht von seiner neurotischen Erkrankung überlagert wurde, aber in seinen Gebeten noch letzte Spuren hinterläßt.

Damit möchte ich weitereilen zum dritten Gesichtspunkt aus dem Franklschen Gedankengut, der sich mit der *Dialektik von Lustorientierung und Sinnorientierung* befaßt. Der Mensch strebt nach Lust, wer wollte es leugnen? Das Triebhafte in ihm hat ihm diesen Stempel aufgedrückt. Aber so sehr die Lust der Befriedigung eines Triebes dient, so wenig befriedigend ist das bloße Streben nach Lust insgesamt. Wenn da nicht noch mehr existiert als Auslebmöglichkeiten für Triebe, und wenn da nicht noch mehr in ein menschliches Leben hineingepackt werden kann als vorüberhuschende Augenblicke der Lust, dann wird alles als schal und sinnlos erlebt, als leer und nichtig. Die Frage „wozu" drängt sich in den Vordergrund, und das Geistige im Menschen pocht auf eine Antwort. Leben um der sexuellen Höhepunkte willen, um der Stillung von Machtgelüsten, um der Sammlung von Streicheleinheiten alias „Verstärkern" willen oder zur Erkämpfung von etwas so Vagem wie der Selbstverwirklichung? Das Geistige im Menschen ist damit nicht abzufertigen, es verlangt nach der *Überschreitung des Egos* in der Orientierung auf einen objektiven Sinn hin, der sich ihm in der Welt ringsum stets aufs Neue erschließt. Von seiner noetischen Struktur her ist der Mensch ein Wesen, dessen primäre Motivation nicht darauf ausgerichtet ist, sich selbst zu befriedigen, sondern vielmehr darauf, über sich selbst hinauszuwirken, sich selbst zu transzendieren, um eine als sinnvoll erkannte Aufgabe *um ihrer selbst willen* zu erfüllen. Diese seine Fähigkeit zur Selbsttranszendenz, die ihn von den Tieren grundsätzlich unterscheidet, nennt Viktor Frankl „die Signatur der menschlichen Existenz".

Nun kennen wir zwei Extreme, die beweisen, *wie* primär das Sinnstreben des Menschen tatsächlich ist. Das eine Extrem kann abgelesen werden an der Frustration des Sinnstrebens, das andere an dessen Implikation. Die Folgen der Frustration haben wir schon besprochen – sie sind schlichtweg verheerend. Man wird kaum fehlgehen in der Annahme, daß nahezu alle lebensfeindlichen Auswüchse unserer Zeit im Grunde „Vakatwucherungen“ sind, das heißt, hineinwuchern in ein geistiges Vakuum. Die hohen Korrelationen zwischen Sinnlosigkeitsgefühl und Delinquenz, Sinnlosigkeitsgefühl und Suchtphänomenen, Sinnlosigkeitsgefühl und suizidalen Tendenzen etc., die in einer Reihe von wissenschaftlichen Arbeiten nachgewiesen worden sind, lassen keinen Zweifel mehr darüber aufkommen, daß ein allgemeiner Sinnverlust gleichbedeutend ist mit einem „Abbau des Menschlichen“, wie ihn Konrad Lorenz warnend prophezeit.

Dem gegenüber steht das andere Extrem, nämlich die Erfahrung, daß es in jedem von uns kräftemäßige Reservoire gibt, die gewöhnlich geschlossen sind, deren Schleusen sich aber urplötzlich zu öffnen vermögen, sobald ein starker „Sinnanruf“ aus einer bestimmten Lebenssituation heraus zusätzliche Kräfte erfordert. Ein Beispiel dazu, eines von unzähligen, lieferte im Dezember 1984 ein Vater aus England, als sein geparktes Auto unglücklicherweise ins Rollen kam und seine auf der Straße spielende kleine Tochter mit einem der Hinterräder erfaßte. Der Mann lief hinzu und hob den Wagen blitzschnell hoch, wodurch das Kind gerettet wurde. Der Grund, warum dieser Vorfall durch die Presse ging, war der, daß man später feststellte, der Mann konnte das Auto theoretisch gar nicht heben, weil es die Kraft von fünf Männern braucht, um den schweren Wagen vom Boden hochzubringen. Man sieht, der „Sinnanruf“ der Situation – in diesem Fall der Notruf des Kindes – hat physische Kräfte freigesetzt, die normalerweise nicht zur Verfügung stehen, und die eben ein primäres Sinnstreben des Menschen implizieren, wenn wir nicht unterstellen wollen, daß der Mann lediglich seine Vatertriebe hat abreagieren wollen, was doch zu lächerlich wäre.

Womit wir auch schon wieder beim Thema der *psychotherapeutischen Zielintentionen* angelangt sind, die mit denen der Theologie verglichen werden sollen. Wir benötigen nämlich in der Psychotherapie alle nur verfügbaren psychischen Kraftreservoire bei den Kranken, und da gilt nicht minder die Regel, daß einzig die Wahrnehmung eines „Sinnanrufs“ die Schleusen entriegelt. Um aber einen Patienten zur Sinnwahrnehmung zu geleiten bzw. ihm zur Sinnfindung zu verhelfen, muß zuvor seine Fähigkeit zur *Selbsttranszendenz* gestärkt werden, denn solange sich sein Denken und Trachten bloß um kurzfristigen Lustgewinn oder überbesorgte Unlustvermeidung dreht, solange ist er zur Ebene der Sinnorientierung noch gar nicht vorgestoßen, die die eigentliche Ebene des Menschen ist. Daher ist die Fähigkeit zur Selbsttranszendenz mindestens genauso wichtig wie die Fähigkeit zur Selbstdistanzierung, und es wurden spezielle therapeutische Methoden entwickelt, um sie zu stärken, insbesondere die logotherapeutische Methode der Dereflexion, die sich ausgezeichnet bewährt bei allen psychosomatischen Problemen, psychogenen Sexual- und Schlafstörungen.

Was sind im Vergleich dazu die *theologischen Zielintentionen?* Dasjenige, was wir als den einer bestimmten Situation innewohnenden „Sinnanruf" bezeichnet haben, läßt sich auch in ethische Kategorien transponieren. Es ist dann einfach das Gute, das zu erkennen, die Pflicht, der zu gehorchen, das Richtige, das zu tun ist. Es ist der „Anruf der Transzendenz", den der Mensch abhört in seinem Gewissen*. Und nichts anderes kann schließlich das Ziel jeder seelsorgerischen Arbeit sein, als den Gläubigen zu ermutigen, der Stimme seines Herrn mit Hilfe seines Gewissens zu lauschen und ihr zu folgen.

Nun ist eine Stärkung der Fähigkeit zur Selbsttranszendenz bei weitem nicht dasselbe wie eine Gewissensinterpretation als „der zu erlauschende Anruf der Transzendenz". Die Intentionen beider Disziplinen, der Psychotherapie und der Religion, weichen voneinander ab, wie aber steht es mit ihren Effekten? Kann ein Mensch, der den Sinncharakter der jeweiligen Situation nicht versteht, weil er über sich selbst und seine kleinlichen Belange nicht hinausschaut, die verborgenen Hinweise seines Gewissens überhaupt entschlüsseln? Ist es nicht eher so, daß er sich blind und taub stellt gegen jede Form von ethischem Bewußtsein nach dem Motto: „Hauptsache, mir

---

* Viktor E. Frankl, „Der Wille zum Sinn", Verlag Hans Huber, Bern, 3. Auflage 1982, Seite 117.

geht's gut"? Und würde dies nicht bedeuten, daß eine therapeutische Förderung seiner Fähigkeit zur Selbsttranszendenz ihn unter Umständen wieder instandzusetzen vermöchte, den Willen Gottes hinter dem zu erspüren, was man schlechthin die Sprache des Gewissens nennt?

Lassen wir unsere Erwägungen jetzt die umgekehrte Richtung einschlagen, beginnen wir bei der Schärfung der Hellhörigkeit des Gewissens im theologischen Sinne. Jemand, dessen ethisches Empfinden durch die Religion, der er angehört, geschult ist, wird im allgemeinen weniger Schwierigkeiten haben, den Sinn einer Situation zu deuten und sich danach zu orientieren. Er, der eine Antenne besitzt für die Stimme der Transzendenz, besitzt damit auch einen Zugang zur Selbsttranszendenz, denn seine Gedanken und Hoffnungen verweilen nicht beim Ego allein, sondern beziehen die Mitmenschen, die Umwelt, die Kultur und alle darin vorzufindenden „Werte per se" automatisch als „Schöpfungsinhalte" mit ein. Dadurch kann die Religion im Effekt dazu beitragen, jene tragische Egozentrizität des modernen Menschen zu bremsen, die uns Psychotherapeuten so sehr zu schaffen macht, weil sie einer einseitigen Lustorientierung Vorschub leistet, die nirgendwo anders hinführt als zur Erlebnis- und Liebesunfähigkeit und zu psychosomatischen Zusammenbrüchen.

Bliebe noch ein vierter Aspekt zu erörtern, und zwar die *Dialektik von Charakter und Persönlichkeit*. Obwohl es aus fachlicher Sicht viele widersprüchliche Meinungen dazu gibt, finden sich bei den meisten psychischen Krankheitsbildern basale, zum Teil hereditäre Charakterdispositionen, die ganz typisch für eben diese Krankheit sind. Der depressive Charakter, der anankastische Charakter, der hysterische Charakter, der suchtabhängige Charakter usw., sie alle repräsentieren Neigungen zu einer gewissen Verleitbarkeit, was aber noch lange nicht heißt, daß sie ursächlich am Ausbruch der ihr zugehörigen Störung beteiligt sind. Sie bilden einfach den geeigneten Nährboden, auf dem sich eine solche Störung entwickeln kann, wenn zusätzliche traumatische Lebensereignisse dazukommen, biographische Daten mit Auslösewirkung, und wenn es dem Betreffenden nicht gelingt, über seine Charakterveranlagung hinauszuwachsen. Wobei unter diesem Hinauswachsen die Erlangung eines Minimums an Freiheit und Unabhängigkeit vom eigenen Charakter zu verstehen ist, oder mit anderen Worten: das Heranreifen zur eigenen Persönlichkeit.

Freilich kann sich niemand seinen Charakter bzw. seine traumatischen Lebensereignisse aussuchen. Was er aber aus seinem Charakter macht, ob er an der Entfaltung seiner Begabungen arbeitet oder nicht, ob er seinen Schwächen nachgibt oder nicht, bzw. wie er sich zu seinen schmerzlichen Lebenserinnerungen einstellt, ob mit Selbstmitleid und Groll oder mit Tapferkeit und Versöhnungsbereitschaft, das bestimmt ein jeder selbst. So sehr die psychische Dimension des Menschen charakterlich präformiert ist, so wenig läßt sich die geistige Dimension unterjochen – nicht einmal von der eigenen Präformierung!

Um zur näheren Erläuterung wenigstens ein Beispiel zu bringen, möchte ich eine Untersuchung von Elmar Hartstock erwähnen, der Persönlichkeitsveränderungen bei langjährig abstinenten Alkoholikern im Vergleich zu solchen, die sich gerade in Entwöhnungsbehandlungen befanden, geprüft hat. Unter vielen denkbaren Parametern, die miteinander verglichen wurden, fand sich nur einer, der einen signifikanten Wesensunterschied aufdeckte. Elmar Hartstock schreibt darüber in seinem Resumée*: „Die Ergebnisse erhärten die Vermutung, daß langjährig abstinente Alkoholiker sich von anderen, die noch trinken oder deren Trinken nicht allzu lange zurückliegt, *in Bezug auf ihr persönliches Wertsystem* unterscheiden: und zwar sind ihnen Ideale und Grundsätze deutlich wichtiger, dagegen Anerkennung sowie Einkommen und Besitz erheblich weniger wichtig ... Es sollte zu denken geben, daß sich Alkoholiker, die sich erfolgreich gegen die Sucht behaupten konnten, also am ehesten dadurch auszuzeichnen scheinen, daß sie ihr Leben nach bestimmten Idealen ausrichten.“

Diese Ergebnisse sind nicht nur deswegen interessant, weil die bisherige größtenteils verhaltenstheoretische Suchtkrankenforschung die Frage der Sinn- und Wertorientierung von

* Unveröffentlichte Arbeit, 1984.

Alkoholabhängigen vorwiegend ausgeklammert hat, und das, obwohl in der Praxis hinlänglich bekannt ist, daß die Korrektur von Verhaltensdefiziten vor keinem Rückfall zu schützen vermag, wenn der Abhängige nicht zugleich neue Perspektiven für sein Leben gewinnt. Für unsere Überlegungen hier sind die Erkenntnisse Hartstocks noch aus einem weiteren Grunde interessant. Wer nämlich ein persönliches Wertsystem aufbaut und sein Leben nach Grundsätzen und Idealen ausrichtet, der wächst über seine Charakterveranlagung hinaus, der mobilisiert seine Fähigkeiten zur Selbstdistanzierung und Selbsttranszendenz, der nützt seinen Freiraum zur Wahl einer freigewählten Lebensauffassung, kurz, er verlagert das Schwergewicht auf seine geistige Dimension, schöpft aus geistigen Reservoiren und ist längst nicht mehr der Sklave ererbter oder erworbener Dispositionen, der er vielleicht einmal war. Demnach hieße das einzige wirklich erfolgversprechende Rezept für alle jene seelischen Krankheiten, denen ein Quentchen Unheilbarkeit anhaftet, weil sie in der Charakterdisposition eines Menschen verankert sind: inneres Wachstum – Wachstum über sich selbst hinaus und Heranreifung zu *der* Persönlichkeit, die man werden kann.

Mit dieser Formulierung haben wir zugleich wiederum eine *psychotherapeutische Zielintention* beschrieben, eine, die fast eine pädagogische ist: die Umerziehung des Patienten in der Ausrichtung nach Sinn und Werten und seine Weiterentwicklung zur bestmöglichen Seinsgestalt. Fragen wir uns: gibt es auch dazu ein theologisches Gegenstück, das mit der Dialektik von Charakter und Persönlichkeit zu tun hat? Ich glaube, es gibt eines, nämlich die oberste und höchste *Zielintention jeder Religion,* die Erlangung der „Gotteskindschaft", oder anders ausgedrückt, das Heranwachsen des Menschen zur „Nachfolge" Gottes und letztlich zur Vereinigung mit und Vervollkommnung in ihm.

Zwei Zielintentionen von Seelenheilkunde und Seelsorge also, die different sind wie die bereits vorher genannten, und deren Effekte sich, wie leicht einzusehen ist, ebenso überkreuzen wie die bereits genannten. Ist doch das innere Über-sich-selbst-Hinauswachsen geradezu Vorbedingung einer „Nachfolge“ Gottes, was im Opfer-Darbringen, im Fasten und ähnlichen asketischen Ritualen seine Symbolik findet. Und ist doch auch umgekehrt das Streben nach religiöser Vervollkommnung ein ernstzunehmender Impuls zur Formung der eigenen Persönlichkeit, was jene zahllosen Menschen auf der ganzen Welt beweisen, die ihr Leben in den Dienst eines Glaubens gestellt haben und daran über ihre eigenen Charakterneigungen hinausgewachsen sind.

Damit haben wir an Hand von vier Aspekten aus dem Franklschen Gedankengut die intentionale Heterogenität und die dennoch effektiv mögliche Homogenität der Wirkungsbereiche von Psychotherapie und Religion kennengelernt. Natür-

Das *Triebhafte* (in der psychischen Dimension des Menschen)	Das *Geistige* (in der noetischen Dimension des Menschen)	Teilziele auf dem Weg zur *„seelischen Heilung“*	Teilziele auf dem Weg zum *„Seelenheil“*
Schicksal	*Freiheit*	Eintritt in die Selbstverantwortlichkeit	Freigewähltes Bekenntnis zu Gott
Anfälligkeit	*Intaktheit*	Stärkung der Fähigkeit zur Selbstdistanzierung	Gott als Partner der intimsten Selbstgespräche
Lustorientierung	*Sinnorientierung*	Stärkung der Fähigkeit zur Selbsttranszendenz	Abhören des Anrufs der Transzendenz im Gewissen
Charakter	*Persönlichkeit*	Inneres Über-sich-selbst-Hinauswachsen	Heranwachsen zur „Nachfolge“ Gottes

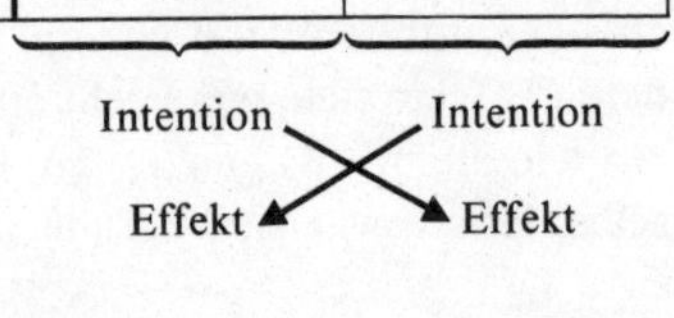

lich muß dabei beachtet werden, daß auch die Zielgruppen beider Bereiche relativ inhomogen sind. Die Psychotherapie beschäftigt sich mit seelisch kranken Menschen, ob sie gläubig sind oder nicht. Die Religion beschäftigt sich mit gläubigen Menschen, ob sie krank sind oder nicht. Die Psychotherapie braucht daher Heilmethoden, die sie auch atheistischen Personen anbieten kann, während die Religion Argumente braucht, die auch für gesunde Personen von Interesse sind. Doch bei näherer Betrachtung enthüllt sich diese Inhomogenität der beidseitigen Klientel als eine vordergründige, was ich zuletzt noch an zwei Begriffen erläutern möchte, die für alle unverzichtbar sind, und die beide in gewisser Weise „missing links" zwischen Seelenheilkunde und Seelsorge darstellen.

Den einen Begriff verdanke ich Wolfgang Brezinka, der ihn während eines faszinierenden Vortrages in München verwendete. Er sprach davon, daß uns heute mehr denn je eine „Ethik der Verantwortung" nottut, und ich glaube dem hinzufügen zu dürfen, daß weder Psychotherapeuten noch Theologen, weder gläubige noch ungläubige und weder gesunde noch kranke Menschen von der Verpflichtung befreit sind, die sie verantwortlich an ein Ethos bindet. Der einzige Unterschied mag darin liegen, daß der Begriff der Verantwortung nicht nur ein Wofür voraussetzt, sondern auch ein Wovor, und daß wir Psychotherapeuten eher aufgerufen sind, das Wofür der Verantwortung ins Blickfeld zu schieben, während die Theologen auch noch das Wovor der Verantwortung in ihre Botschaft miteinbeziehen*. Hier aber verwischen sich auch schon wieder die Grenzen, denn wer klar bewußt weiß, *wofür* er Verantwortung trägt, der ahnt zumindest unbewußt auch, *vor wem* er sich verantworten muß. Das Ethos ist eine Größe, die nicht von Menschenhand allein gemacht worden sein kann, dazu ist sie zu tief in unser Herz eingraviert.

Den zweiten Begriff, den ich noch erwähnen möchte, verdanken wir Viktor Frankl, der ein arbeitsreiches Leben lang der Frage nach dem Sinn nachgegangen und dabei zwangsläu-

* Viktor E. Frankl, „Ärztliche Seelsorge", Kindler Verlag, München 1975, Seite 220.

fig auch auf die Frage nach dem *Sinn des Leidens* gestoßen ist. Wieviele Ungerechtigkeiten, Grausamkeiten, Wahnsinnstaten geschehen tagtäglich, wieviele Härten des Schicksals treffen Unschuldige landauf und landab, wieviel unvorstellbare Not gibt und gab es zu allen Zeiten und bei allen Völkern des Menschengeschlechts! Kann *das* Sinn haben? Und welcher Sinn kann das sein? Nicht wenige im Grunde gläubige Menschen zweifeln wegen dieser Frage, warum Gott das Leiden zuläßt; und nicht wenige seelisch oder körperlich kranke Menschen verzweifeln an dieser Frage, warum sie denn vom Leiden heimgesucht worden sind. Auch Viktor Frankl kann den Sinn des Leidens nicht konkretisieren, aber er wagt eine Erklärung, wieso dieser Sinn von uns nicht konkretisierbar und trotzdem existent sein könnte. Er schreibt*:

„Es mag sein, daß der eigentliche Unterschied zwischen Mensch und Tier letztlich nicht so sehr darin besteht, daß das Tier Instinkte hat und der Mensch Intelligenz; vielmehr wäre die wesentliche Unterscheidung zwischen Mensch und Tier darin gelegen, daß die Intelligenz des Menschen so hoch ist, daß der Mensch sogar auch noch eines kann: einsehen, daß es eine Weisheit, und zwar von einem die seinige grundsätzlich überragenden Range – eine übermenschliche Weisheit – geben muß, die ihm die Vernunft und den Tieren die Instinkte eingepflanzt hat ... Wollen wir das Verhältnis von tierischer Umwelt zur Welt des Menschen und von dieser wieder zu einer Über-Welt bestimmen, so bietet sich uns als ein Gleichnis der Goldene Schnitt an. Ihm zufolge verhält sich der kleinere Teil zum größeren so wie der größere zum Ganzen. Nehmen wir das Beispiel eines Affen, dem schmerzhafte Injektionen gegeben werden, um ein Serum zu gewinnen. Vermöchte der Affe jemals zu begreifen, warum er leiden muß? Aus seiner Umwelt heraus ist er außerstande, den Überlegungen des Menschen zu folgen, der ihn in seine Experimente einspannt; denn die menschliche Welt, eine Welt des Sinnes und der Werte, ist ihm nicht zugänglich. An sie reicht er nicht heran,

* Viktor E. Frankl, „Ärztliche Seelsorge", Kindler Verlag, München 1975, Seite 45/46.

in ihre Dimension langt er nicht hinein; aber müssen wir nicht annehmen, daß die menschliche Welt selber und ihrerseits überhöht wird von einer nun wieder dem Menschen nicht zugänglichen Welt, deren Sinn, deren Übersinn allein seinem Leiden erst den Sinn zu geben imstande wäre?"

Meines Erachtens ist der Begriff des „Übersinns" neben der „Ethik der Verantwortung" das zweite „missing link" zwischen der Seelenheilkunde und der Seelsorge. Denn wer an den Sinn von etwas glaubt – und das tut auch der nicht-religiöse Mensch, und sei es nur, daß er an den Sinn seiner Nicht-Religiosität glaubt –, der muß früher oder später entdecken, daß es Sinngestalten gibt, die sich seinem Begreifen lange Zeit entzogen haben oder vielleicht niemals zugänglich sein werden, weil der Sinn wie das Ethos eine Größe ist, die nicht von Menschenhand stammt und nicht am menschlichen Horizont endet. Ja, möglicherweise sind Sinn und Ethos sogar eins: identische Einheiten am Maßstab der Transzendenz.

Wenn ich daher als Vertreterin der Psychotherapie Stellung nehmen soll zur Interdependenzproblematik von „seelischer Heilung" und „Seelenheil", dann will ich es tun mit folgendem Eingeständnis: Mit Hilfe der Psychotherapie können wir manches heilen, aber das Heil bringen können wir nicht. Wenn es überhaupt etwas gibt in dieser Welt, das solches vermag, dann ist es das Vertrauen darauf, daß diese Welt nicht alles ist, sondern daß sich über ihr ein umfassender Übersinn aufspannt, in dem all unsere ungelösten Fragen ihre Antwort finden.

Zur Bewältigung der „tragischen Trias" Leid, Schuld und Tod

Auf einer Logotherapie-Tagung in Bremen* übergab mir eine Teilnehmerin ein Dankesbrieflein mit einem chinesischen Spruch, von dem sie meinte, er passe gut zur logotherapeutischen Gedankenwelt. Der Spruch lautete: „Daß die Vögel der Sorge und des Kummers über unser Haupt fliegen, können wir nicht verhindern – jedoch verhindern können wir, daß sie Nester in unseren Herzen bauen."

In der Tat eignet sich dieser Spruch zur Auseinandersetzung mit den tragischen Phänomenen des Lebens, die jeden von uns allzuleicht in seelische Not stürzen, nämlich die Phänomene von Leid, Schuld und Tod, die Viktor Frankl in der sogenannten „tragischen Trias" zusammengefaßt hat. Wenn es uns ein ehrliches Anliegen ist, Menschen in seelischer Not zu helfen, können wir uns an der „tragischen Trias" nicht vorbeidrücken; so gerne wir sie vielleicht manchesmal tabuisieren, gehört sie doch zum unabdingbaren Wirklichkeitsvollzug unseres Daseins. Ja, sofern wir das Schuldphänomen ausklammern, das die Kehrseite der geistigen Freiheit und Verantwortlichkeit des Menschen repräsentiert, gehört die Tragik von Leid und Tod zum Wirklichkeitsvollzug alles Lebendigen, das wir kennen.

Was aber deutet der chinesische Spruch an? Die Vögel der Sorge und des Kummers müssen nicht Nester bauen in unseren Herzen ... Das heißt, wir können die „tragische Trias" als Urbestand unseres Daseins zwar nicht verhindern, aber wir können sie bewältigen, wir können der seelischen Not, die sich

* Bremen ist der Sitz der „Deutschen Gesellschaft für Logotherapie e. V." seit 1982.

ihr folgend in unseren Herzen breitzumachen droht, mit geistigen Mitteln Einheit gebieten. Und das nicht nur bei uns selbst, sondern auch bei den Rat und Hilfe suchenden Menschen, die ihren Notruf an uns richten, oder deren Not wir ansichtig werden im Zuge unseres beruflichen Wirkens.

Ich möchte deswegen in Ergänzung der bisher dargelegten Querverbindungen zwischen Lebenskunst und Heilkunst noch ein paar Gedanken zur Bewältigung von Leid, Schuld und Tod anbieten, oder anders ausgedrückt: zur Frage der Verlustbewältigung, der Versagensbewältigung und der Vergänglichkeitsbewältigung. Beginnen wir mit der *Verlustbewältigung,* die im Fall einer Leiderfahrung zu leisten ist, denn jedes Leid stellt in irgendeiner Form einen Wertverlust dar. Wenn z. B. jemand an einer schweren Krankheit leidet, dann ist ihm die normalerweise als selbstverständlich betrachtete gesundheitliche Voraussetzung seines täglichen Tuns verlorengegangen. Oder wenn jemand daran leidet, daß er keinen Partner findet bzw. vom Partner verlassen worden ist, dann ist ihm eben die Hoffnung auf eine erfüllende Partnerschaft in Verlust geraten. Ein solcher Verlust muß nicht unwiederbringlich sein, wie es etwa der Verlust der Bewegungsfreiheit durch Querschnittlähmung nach einem Unfall wäre; auch ein vorübergehender Verlust, etwa der Möglichkeit, Selbstbestätigung zu finden während einer langen Phase von Arbeitslosigkeit, kann sich psychisch sehr deprimierend auswirken.

Beschäftigen wir uns jetzt weniger mit dem Woher eines Leides, sondern vielmehr mit dem Wie seines Ertragens. Wie trägt ein Mensch sein Leid? Wie kommt es, daß manche Menschen schwerste Schicksalsprüfungen heroisch durchstehen, und andere beim geringsten Kummer in Panik verfallen oder sich depressiven Stimmungen total hingeben? Aus der Logotherapie ist uns mittlerweile bekannt, daß ein direkter Zusammenhang zwischen der Leidensfähigkeit eines Menschen und seiner Grundeinstellung zum Leben besteht. Dazu möchte ich wiedergeben, was einmal ein junger Mann im Logo-Test niedergeschrieben hat. Dieser Logo-Test ist, wie eingangs erwähnt (vgl. Seite 14!), ein psychologisches Meßinstrument, das solche Grundeinstellungen zum Leben erfaßt und im 3. Abschnitt danach frägt, welche Ziele sich jemand gesteckt hat, ob er sie erreicht hat, und wie er seine Erfolge oder Nichterfolge beurteilt. Der junge Mann schrieb also folgendes:

„Ich habe fast alle Ziele, die ich mir bis jetzt gesteckt habe, erreicht, im Privaten wie auch im schulischen Bereich. Insgesamt gesehen war die Schule für mich nur ein Mittel zum Zweck, eine Position im Leben zu erreichen, in der ich mich wohlfühle. Das Leben selbst erscheint mir sinnlos, doch wenn ich schon lebe, dann möchte ich mir diese Zeit so angenehm wie möglich gestalten. Insofern wäre es für mich ein schrecklicher Schlag, würde irgend etwas meine Pläne durchkreuzen."

Überlegen wir uns den Aussagegehalt dieser wenigen Sätze. Das Leben selbst wird als sinnlos empfunden; auf dieser Basis sollen wenigstens so viele Annehmlichkeiten wie nur möglich aus dem Leben herausgeholt werden; wenn das jedoch nicht gelingt, dann – wäre es schrecklich! Hier wird eine unheilvolle, aber in sich logische Kette aus drei Gliedern offenbar:

1. Wenn der Sinn im Leben fehlt, wird auf die Lust ausgewichen.
2. Da die Lust im menschlichen Leben aber kein anzustrebendes Ziel per se, sondern allenfalls das Beiprodukt einer sinnerfüllenden Tätigkeit oder Begegnung sein kann, wird sie höchstwahrscheinlich verfehlt.
3. Wenn sie verfehlt wird, ist das an sich schon sinnentleerte und nun auch lustentleerte Leben kaum mehr erträglich.

Schließen wir das 3. Glied der logischen Kette zu ihrem 1. Glied zurück, so erhalten wir die logotherapeutische Erkenntnis, daß *die Leidensfähigkeit des Menschen von der Intensität seiner inneren Sinnerfüllung abhängt.* Wer grundsätzlich einen Sinn in seinem Leben bejaht, erträgt auch ein schweres Leid, weil sein leidüberschattetes Leben ja nicht an Sinn verliert, obwohl es an Lust reduziert ist.

Der Sinn ist sozusagen das Unverlierbare menschlicher Existenz, und er ist es deswegen, weil er nie vollkommen erreichbar, vollkommen ergreifbar, vollkommen internalisierbar ist, wie es die Ziele der Triebbefriedigung sind. Einen Sinn erspürt man, erahnt man, nach ihm orientiert man sich, aber er bleibt immer das Gesuchte und wird nie zu dem absolut Gefundenen; der Sinn, den ich dem heutigen Tag abringe, wird nicht derselbe Sinn sein, den ich im morgigen Tag erkennen werde. So besitzen Menschen mit guter innerer Sinnerfüllung das ständig Gesuchte und manchmal in „Sternstunden" sogar das fast Gefundene, während Menschen mit schlechter innerer Sinnerfüllung nicht nur das Gefundene vermissen, sondern auch das Gesuchte entbehren. Dies jedoch ist Leid genug: nichts zu haben, wonach man sucht, ist Leid genug – kommt noch ein weiteres schicksalhaftes Leid hinzu, bricht die Tragfähigkeit des Menschen zusammen. Oder mit anderen Worten: nur dort, wo die existentielle Geborgenheit im Wissen um die Sinnhaftigkeit des Lebens fehlt, dort werden Schicksalsschläge aller Art zu dramatischen Einbrüchen im Daseinsvollzug.

Daß ein Sinn im Leben nicht nur trotz eines Leides, sondern sogar auf Grund eines Leides wahrgenommen und erfüllt werden kann, beweisen uns unzählige Menschen, und wenn wir danach Ausschau halten, finden wir solche überall. Ich erinnere mich zum Beispiel an eine Mutter, die vor Jahren ihre Adoptivtochter in der Beratungsstelle, in der ich arbeitete, auf Schulreife untersuchen ließ. Im Zuge des Gesprächs erzählte sie mir die Geschichte dieser Adoption.

In ihrer Ehe hatte sich viele Jahre lang kein Nachwuchs eingestellt, bis sie endlich schwanger geworden war, aber als das Kind zur Welt kam, war es tot. Da lag sie damals im Krankenhaus, mit tränenüberströmtem Gesicht, und im Bett neben ihr lag ebenfalls eine Frau, die gerade entbunden hatte, ebenfalls mit tränenüberströmtem Gesicht. Erst zwei Tage nach der Totgeburt war das Interesse der Mutter an ihrer Umwelt wieder soweit erwacht, daß sie ihre Bettnachbarin fragen konnte, warum diese denn weinte, obwohl ihr Kind, ein Mädchen, völlig gesund war? Es stellte sich heraus, daß die Bettnachbarin auch ein leidender Mensch war, eine Gastarbeiterin, aus der fernen Heimat nach Deutschland eingereist, um Geld zu verdienen, in ein paar unbedachten Liebesnächten schwanger geworden, hilflos und alleingelassen, ohne Rückkehrmöglichkeit mit einem unehelichen Kind und ahnungslos, wie es weitergehen sollte. Da lagen die beiden Frauen in jenen schweren Stunden, eingeschmolzen auf den Wesenskern der Seele, verbunden durch die Verstrickung des Schicksals, und plötzlich leuchtete auf dem Hintergrund ihres individuellen Leides eine gemeinsame Sinnmöglichkeit auf. Die Gastarbeiterin, die für ihr Kind keine Zukunft sah, überwand sich und reichte ihr Baby hinüber ins andere Bett, wo die Mutter, die ihr eigenes Kind mit soviel Liebe und Freude erwartet hatte, schweren Herzens das fremde annahm. Daraus entstand die Adoption. Und als ich das Mädchen sechs Jahre später wegen der Einschulungsfrage zu Gesicht bekam, begegnete ich einem Kind, das mich aus fröhlichen, dunklen Augen anstrahlte, sichtlich glücklich und im Elternhaus geliebt.

Es sieht nach einem „happy end" aus, aber man täusche sich nicht; als mir die Mutter ihre Geschichte erzählte, hatte sie immer noch Mühe, ihrer Stimme einen normalen Klang zu geben, und ich bin überzeugt, daß auch die Gastarbeiterin, wo sie auch heute sein mag, den geleisteten Verzicht auf ihr Kind nicht vergessen haben wird. Weder war das adoptierte Mädchen ein „Ersatz" für das Totgeborene, noch war die Kindesfreigabe eine Ideallösung der anstehenden Probleme. Dennoch lag Sinn im Handeln der beiden Frauen, ein Sinn, der dem beidseitigen Leid entsprungen war und letztlich mithalf, es zu bewältigen. Hätten sich die zwei Frauen bloß an den Annehmlichkeiten des Lebens orientiert, dann wäre die eine vielleicht an ihrem Schmerz zerbrochen, und die andere vielleicht an ihrem Kind, um das sie sich nicht hätte kümmern können, schuldig geworden.

Mir hat einmal ein anderer Klient, der draußen am Lande wohnt und durch ein schweres körperliches Handikap von vielem Schönen im Leben ausgeschlossen ist, gesagt: „Wissen Sie, Frau Doktor, auch diejenigen Bäume im dichten Wald, die wenig Licht und Wärme abbekommen, die Schmächtigen und Verkrüppelten, haben ihren Wert. Sie werden zum Verheizen abgeholzt und schenken uns Menschen Wärme, damit es in den Stuben behaglich wird. Dasselbe kann ich auch, und mehr als das will ich gar nicht: Wärme schenken, obwohl ich vom Schicksal wenig Wärme empfangen habe." Und in der Tat wird dieser Mann von allen Dorfbewohnern wegen seines freundlichen Wesens hochgeschätzt. Sind das nicht immense geistige Leistungen, großartige Verlustbewältigungen, erbracht aus dem Wissen, daß in allem, aber auch wirklich in allem noch Sinn erspürt, aus allem heraus noch Sinn geschöpft werden kann, selbst durch die Abgründe der Verzweiflung hindurch?

Hier geht es nicht um ein Hinunterschlucken des Erlittenen, um ein Verdrängen, ein Rationalisieren, ein Überkompensieren usw., hier geht es um mehr: um eine innere Distanzierung, die es ermöglicht, aus der Distanz heraus Sinnstrukturen zu erspähen, die aus der Nähe nicht zu erkennen sind, und sich – diesen Sinnstrukturen entlangtastend – über die Situation zu stellen. Wer im Leid aufrecht stehen bleibt, der steht zugleich auch schon *über* dem Leid. Wenn er aber *über* seinem Leid steht, dann ragt er eben aus der Menge der Leidenden heraus, er wird zu einem „herausragenden" Vorbild für andere, von ihm strahlt, ganz nach dem altrömischen Motto „exempla trahunt", eine Kraft aus, die sich fortpflanzt in der Umwelt. Kurz, wer sein eigenes Leid zu bewältigen vermag, hilft anderen Menschen, ohne auch nur einen Finger für sie zu rühren, allein schon durch seine Existenz, die einem Zuruf gleicht, es ihm nachzumachen. Wahrscheinlich meinte dies bereits Seneca, von dem der folgende etwas modifizierte Appell überliefert ist:

„... bleibe auf deinem Posten und hilf durch deinen Zuruf; und wenn dir das Leid die Kehle zudrückt, bleibe auf deinem Posten und hilf durch dein Schweigen."

Bevor wir das Thema „Verlustbewältigung" abschließen, möchte ich noch einen Blick auf jene Sonderkategorie des Leides werfen, die überflüssig und selbstgeschaffen ist und dadurch offensichtlich keinerlei Sinn beinhaltet. Es gibt Patienten, die sich aus unbegreiflichen Gründen geradezu freiwillig in Leidsituationen hineinmanipulieren, sei es im neurotischen Kontext von Selbsthaß und Selbststrafe, sei es als hysterisches Mittel, um Bekannte und Verwandte zu Hilfsaktionen zu zwingen, oder sei es einfach aus Resignation und Selbstaufgabe heraus. In gewisser Weise läßt sich sogar jede Form von Sucht in diese Kategorie des selbstgeschaffenen Leides einordnen.

Hier, wo es nicht die Konfrontation mit dem Schicksal ist, sondern die Konfrontation mit der eigenen Verantwortlichkeit, die geleistet werden muß, wo es sich also im eigentlichen gar nicht um eine Verlustbewältigung handelt, sondern um die Bewahrung und Ausschöpfung positiver Lebensmöglichkeiten, hier gilt die logotherapeutische Regel, die wir kennengelernt haben, in umgekehrter Richtung. Die von uns besprochene Regel lautete: Die Leidensfähigkeit des Menschen hängt von der Intensität seiner inneren Sinnerfüllung ab. Umgekehrt aber gilt: *Die innere Sinnerfüllung steht im Widerspruch zur Bereitschaft des Menschen, Leiden zu schaffen.* Was die Orientierung nach dem Sinn im Passiven, im Rezeptiven an Aushaltenkönnen fördert, das hemmt sie im Aktiven und Produktiven an Zufügenkönnen. Und wiederum gibt es eine logische Erklärung für diesen Zusammenhang. Wir sagten, die Sinnorientierung fördert die Leidensfähigkeit, weil auch das leidüberschattete Leben seinen Sinn nicht verliert. Umgekehrt hemmt nun die Sinnorientierung die Bereitschaft, Leiden zu erzeugen und zu vermehren, weil das nicht-leidüberschattete Leben an Sinn gewinnt. Wer seinen Selbsthaß aufgeben kann, wer seine hysterischen Impulse bezähmen oder seiner Suchtneigung widerstehen kann, der bekommt eben die Chance zu einer reicheren, erfüllteren Lebensgestaltung, der kann Vorhaben in Angriff nehmen, die ihm bis dahin nicht zugänglich gewesen sind, oder der kann sich Erlebnissen öffnen, die ihm verschlossen waren. Ja, theoretisch bestünde Hoffnung, daß sich die ganze Menschheit endlich dem konstruktiven Aufbau eines beglückenden Miteinanders zuwenden und vom ständigen Vermehren des Leides in der Welt abwenden würde, wenn es gelänge, ihre Grundmotive nach dem je zu entdeckenden Sinn der je gegebenen Situation auszurichten. Darum denken wir daran, wenn wir mit Leid zu tun haben, sei es bei uns selbst oder bei anderen Menschen: *Das leidüberschattete Leben verliert nicht an Sinn, aber das nicht-leidüberschattete Leben gewinnt an Sinn,* denken wir daran, und es wird uns ein Leichtes sein, die optimale psychohygienische Einstellung zur Sachlage zu finden.

Wenden wir uns jetzt dem schwierigen Themenkomplex der Schuld zu, den wir unter den Oberbegriff der *Versagensbewältigung* gestellt haben. In der Psychotherapie wird viel von den „unaufgeräumten Sachen" gesprochen, die den Patienten „auf der Seele liegen", wobei man von der alten Traumatheorie ausgeht, derzufolge seelische Verletzungen über lange Zeit hinweg negative Auswirkungen bei den Betroffenen hinterlassen. Diese Traumatheorie ist heute mehr als umstritten, und es gibt eine Reihe von Fachautoren, die sie glattweg ablehnen, wie zum Beispiel Hansjörg Hemminger, der sie in seinem Buch „Kindheit als Schicksal?" als eine Fehlhypothese entlarvt.

Ich möchte in diesem wissenschaftlichen Widerstreit nicht Partei ergreifen, sondern lediglich einen Aspekt aufzeigen, der meines Erachtens bemerkenswert ist und mit der Schuldproblematik zu tun hat. Und zwar habe ich wiederholt die Erfahrung gemacht, daß dasjenige Negative, das – wenigstens in seiner vollen Schärfe – mit der Zeit vergessen wird (ob man es als „von seelischen Abwehrmechanismen verdrängt" deutet oder nicht), hauptsächlich dasjenige Negative ist, wofür man nichts konnte. Demgegenüber wird dasjenige Negative, das auf eigenes Versagen zurückzuführen ist, nicht so ohne weiteres vergessen, es bleibt tatsächlich als ein unruhestiftender Rest solange „auf der Seele liegen", bis es aufgewogen worden ist in irgendeiner Art von Aussöhnung oder Wiedergutmachung.

Wenn wir zunächst einmal ganz unvoreingenommen an diese Beobachtung herangehen, könnten wir vermeinen, die Natur habe es in ihrer Weisheit so eingerichtet, daß vergessen werden *soll,* was keinen Sinn hat, weiterhin erinnert zu werden, wohingegen *nicht* vergessen werden *soll* dort, wo noch ein Sinn in der Erinnerung schlummert, der seiner Erfüllung harrt. Welchen Sinn könnte es denn haben, schmerzliche Erlebnisse, die einem zufällig widerfahren sind, unaufhörlich zu memorieren und sich dadurch die positive Lebenszeit, die einem noch zur Verfügung steht, zu vergiften? Viel eher wäre doch ein Sinn in der gedanklichen Aufarbeitung des Gewesenen dann denkbar, wenn das Schmerzliche von einem selber ausgegangen ist, wenn Fehlhandlungen begangen worden sind, die ihre ernsten Folgen gehabt haben. Denn nur dadurch, daß dies eben *nicht* vergessen wird, kann es zu einem Lern- und Läuterungsprozeß kommen, der einen vor Wiederholungsfehlern schützt und auf den richtigen Weg bringt.

Von einem solchen mit der Traumatheorie nur in halbem Einklang stehenden Gedankenmodell ausgehend, müßten wir das Vergessen von traurigen Kindheitsereignissen oder von schlechten Träumen neu beurteilen. Kein Kind ist schuld an dem, was mit ihm in seiner Kindheit geschieht, und kein Schläfer ist schuld an dem, was er träumt. Wer sagt uns daher, daß es nicht gut ist, wenn sich der Schleier des Vergessens über den kleinen und großen Tragödien, die jede Kindheit in sich birgt, und über den mehr oder weniger verschwommenen Ängsten der Traumwelt senkt? Wie können wir beweisen, daß wir nicht wider die Natur handeln, wenn wir diesen Schleier künstlich lüften? Vielleicht wären wir – krass ausgedrückt – alle miteinander schon längst gestorben, wenn es nicht die Gnade heilsamen Vergessens gäbe, wenn die Erwachsenengenerationen durch die Jahrhunderte hindurch die Schrecken erlebten Elends aus Kriegs-, Hungers- und Notzeiten immerwährend und unverrückbar lebendig vor Augen behalten hätten? Manchmal, wenn ich Patienten begegne, die therapeutisch darauf getrimmt worden sind, alle Entsetzlichkeiten ihrer frühesten Vergangenheit ins Bewußtsein zu heben und dort parallel zum Gegenwartsgeschehen mit sich herumzutragen, fällt mir ein Vers aus Schillers „Taucher" ein:

> *„Der Mensch versuche die Götter nicht*
> *und begehre nimmer und nimmer zu schauen,*
> *was sie gnädig bedecken mit Nacht und Grauen."*

Natürlich ist klar, daß der Zweck jeglicher Bewußtmachung die endgültige Bewältigung des Vergangenen sein soll, ein therapeutisch sehr legitimes Anliegen, es fragt sich bloß, ob es durch die Neuaufladung der damit verbundenen Affekte wirklich zu erreichen ist.

Wenn wir uns nun der Versagensbewältigung zuwenden, verlassen wir den Boden der Kindheit und der Träume, aber nicht den Bereich der persönlichen Lebensvergangenheit, denn ein aktuelles Geschehen ist ja immer erst im Werden und kann in seiner Unabgeschlossenheit noch nicht als Versagen deklariert werden. Auch wollen wir unter Versagen ein *schuldhaftes* Versagen verstehen, denn ein schuldloses wäre eher als „Überforderung" einzustufen und fiele unter die Kategorie erfahrenen Leides.

Hinsichtlich der eigenen Schuldhaftigkeit erwähnte ich bereits, daß die Götter im allgemeinen weniger gnädig sind: sie bedecken sie kaum je mit völligem Vergessen, sondern lassen sozusagen stets einen Zipfel davon herausschauen, der als „schlechtes Gewissen" weiterwirkt. Ob zum seelischen Schaden, ist damit nicht gesagt, vielleicht sogar zur seelischen Reifung? In der Logotherapie jedenfalls wird Schuld als eine Wandlungsmöglichkeit erachtet, als ein Aufruf, sich zu ändern, aus alten Geleisen auszusteigen und neue, bessere Entscheidungen zu treffen.

Dabei ist der Therapeut kein Richter über seine Patienten – wie könnte er das auch sein! –, er kann angesichts vergangenen Fehlverhaltens seiner Patienten, das ihm zur Kenntnis gebracht wird, nur zwei Funktionen ausüben. Zum einen kann er gemeinsam mit den Patienten erwägen, ob es echte bzw. berechtigte Schuldgefühle sind, an denen sie leiden, das heißt, ob das Geschehene auch wirklich in deren Verantwortungsbereich gelegen hat, oder eventuell von mehreren anderen Faktoren abhängig gewesen ist, die die Patienten gar nicht in ihren Händen gehabt haben. Wir kennen das Phänomen, daß sich Patienten mitunter schuldig fühlen wegen Ereignissen, bezüglich derer sie minimale oder überhaupt keine Freiheit besessen haben, die schier über sie hinweggeglitten sind und im Wesentlichen unaufhaltbar waren. Solche Ereignisse mögen durchaus Anlaß zu Wut oder Trauer sein, aber es kommt ihnen nicht zu, Versagensgefühle bei den Betroffenen auszulösen, und sollte dies dennoch der Fall sein, muß therapeutisch dagegengesteuert werden.

Zum anderen kann der Therapeut, der nun einmal nicht

Richter seiner Patienten ist, im Falle berechtigter Schuldgefühle bei der Versagensbewältigung mithelfen. Wie aber macht er das? Er ist kein Beichtvater, der die Absolution erteilen kann, und auch die sogenannte „psychologische Absolution", die darin besteht, den Patienten praktisch unmündig zu sprechen und als hilfloses Opfer der ihn beherrschenden unbewußten Mächte oder der ihn prägenden Konditionierungsprozesse hinzustellen, ist gar zu billig. Nein, es gibt auch einen Weg, zu helfen ohne die geistige Freiheit und Würde der Person zu annullieren, dazu aber bedarf es einer Anleihe bei der Philosophie. Und weil uns diese Anleihe auch bei der nachfolgenden Erörterung des 3. Themenkomplexes der „tragischen Trias", dem düsteren Kapitel „Tod", dienlich sein wird, will ich sie in wenigen Sätzen vor dem Leser aufrollen*.

In der Logotherapie, oder besser in der Logophilosophie, wird ein „Optimismus der Vergangenheit" vertreten, der als das eigentliche Sein, das reale Sein, die Vergangenheit betrachtet. Ist doch alles Vergangene indisponibel, festgemauert, jeglichem verändernden Zugriff entzogen, durch keinerlei Kraftanstrengung mehr aus dem Gewesen-Sein zu eliminieren. Im Unterschied dazu ist die Zukunft zwar reich an Möglichkeiten, aber leer an Wirklichkeiten; in ihr ist absolut nichts festgeschrieben, jede ihrer Potentialitäten ist flüchtig, ist bloß eine Chance, die ergriffen werden kann oder nicht, und die darauf warten muß, gezeitigt zu werden. An der Berührungslinie zwischen beidem fließt die Gegenwart dahin, immer als Grenzscheide zwischen dem Nichts der Zukunft und der Ewigkeit der Vergangenheit. Was im nächsten Augenblick gezeitigt werden wird, ist stets offen, was jedoch im Augenblick zuvor gezeitigt worden ist, ist es ein für allemal.

Da sich der Mensch sein Leben lang als Grenzgänger an der Gegenwartslinie dahinbewegt, hat er – so merkwürdig das klingt – die Ewigkeit hinter sich und das Noch-nicht-Verewigte sowie das Niemals-zu-Verewigende vor sich, das heißt, das einzig Sichere, das ihm gehört, das einzig Wirkliche, das

* Ausführlich dargelegt von Viktor E. Frankl im Buch „Der Wille zum Sinn", Verlag Hans Huber, Bern, 3. Auflage 1982, Seite 47 ff.

mit seinem Leben untrennbar verbunden ist, ist das Gewesene. Hat zum Beispiel jemand mit seinem Partner fünf glückliche Ehejahre verbracht, dann kann sie ihm keine Gewalt der Welt mehr rauben, diese Jahre sind gezeitigt worden, sie sind „eingebracht worden in die Ernte seines Lebens", wie Viktor Frankl es ausdrücken würde. Ob der Betreffende noch 50, 30, 10 oder auch nur ein einziges weiteres glückliches Ehejahr verbringen wird, ist in der Unsicherheit der Zukunft unbeantwortbar, es schwingt im Netz unzähliger Möglichkeiten, die alle nicht wirklich *sind,* noch nicht *sind,* und bis auf eine davon niemals Wirklichkeit sein werden.

Aus diesem „Optimismus der Vergangenheit" leitet Viktor Frankl einen „Aktivismus der Zukunft" ab. Läge nämlich die Ewigkeit *vor* uns, und würde sie sich quasi von selbst abspulen, dann könnten wir die Hände in den Schoß legen und das auf uns Zukommende in fatalistischer Daseinshaltung erwarten; es würde sowieso alles geschehen, wie es geschehen muß. Weil sich aber vor uns nichts als das Nichts ungeborener Möglichkeiten befindet, für deren Auswahl und „Geburtshilfe" wir mitverantwortlich zeichnen, stehen wir uns selbst gegenüber in der Verpflichtung, die jeweils sinnvollsten Ideen, Handlungen, Einstellungen und dergleichen im Netz des Möglichen zu orten und aus der Ungewißheit unserer Zukunft in die Geborgenheit unserer Vergangenheit hinüberzulotsen. Und Schuld ist dann – um zu unseren Ausgangsüberlegungen zurückzukehren – definierbar als die falsche Wahl, die da oder dort in unserem Leben getroffen worden ist und eine Möglichkeit verewigt hat, die besser in der Flüchtigkeit ungeborener Möglichkeiten versickert wäre. So aber wurde sie in der Vergangenheit festgemauert als unwiderruflicher Bestandteil unseres Lebens für immer.

Wir sehen, die Schuld ist die negative Variante des „Optimismus der Vergangenheit", sie ist der „Pessimismus des Unwiderruflichen". Hier jedoch setzt der „Aktivismus der Zukunft" ein und mit ihm das therapeutische Geschick des ratgebenden Arztes oder Seelsorgers. Denn: die Reue, die innere Wandlung, die Wiedergutmachung, sie alle sind genauso untilgbar wie die Schuld, wenn sie nur erst gezeitigt sind. Das bedeutet, alles Gute, das ein schuldig gewordener Mensch aus seiner Schuld heraus entstehen läßt, jeder Erfolg, der aus der Saat eines Versagenserlebnisses aufgeht, jede positive Möglichkeit, die deshalb ergriffen und verwirklicht worden ist, weil ihr zuvor einmal eine negative Möglichkeit den Vorrang erhalten hatte, gibt dem Gewesenen rückwirkend Sinn. Eine rückwirkende Sinngebung aber „berichtigt" gleichsam die falsche Wahl, so unwiderruflich diese auch sein mag, denn etwas Sinnvolles kann einfach nicht durch und durch falsch sein.

Wir brauchen also nicht nur unsere Patienten nicht unmündig zu sprechen, um ihnen eine „psychologische Absolution" erteilen zu können, wir dürfen sie auch gar nicht unmündig sprechen, wenn wir ihnen bei der Versagensbewältigung helfen wollen. Allein verantwortungsbewußte Menschen, die sich ihrer Verantwortung in Hinblick auf die je gegenwärtigen Wahlmöglichkeiten eben wahrhaftig *bewußt* sind – Wahlmöglichkeiten, die sogar ehemalig schlechte Wahlen immer noch zu guten Ergebnissen führen können – allein solche Menschen sind überhaupt in der Lage, ihre Schuld durch eine revidierte Einstellung dazu wieder aufzulösen. Wenn man genauer nachforscht, spiegelt sich diese Erkenntnis in allen Erlösungsmythen der großen Weltreligionen, lediglich die junge Wissenschaftslehre der Psychologie hat bislang daran vorbeigeschaut.

Wie schade dies ist, offenbart ein Modellversuch mit straffälligen Jugendlichen, der in der Münchner Beratungsstelle vonstatten geht, die ich in den Jahren 1977–1986 geleitet habe, und bei dem sogenannte „Ersttäter" in Kooperation mit den zuständigen Jugendrichtern vorzeitig aus dem Arrest entlassen werden mit der Auflage, an verhaltenstherapeutischen Gruppensitzungen teilzunehmen. Wir haben insgesamt drei Konzeptionen für diesen Modellversuch erarbeitet, und es scheint, daß es nunmehr gelingt, die Rückfallquote um etliches niedriger zu halten als je zuvor.

Die 1. Konzeption, die auf einer reinen Verhaltensmodifikation durch soziales Training aufbaute, ging daneben, weil jedes Training die Eigenmotivation, das Trainingsziel zu erreichen, voraussetzt, eine Motivation, die unsere Klienten nicht mitbrachten.

Die 2. Konzeption orientierte sich an den individuellen Problemen der jungen Leute im Bemühen, ihnen vernünftige Problemlösestrategien an die Hand zu geben. Aber, obwohl sie genügend Probleme mitbrachten und auch leidlich motiviert waren, mit dem Gruppenleiter über deren Lösungen nachzudenken, lief die Sache nicht gut. Und sie lief deswegen nicht, weil die erörterten Probleme – meist häuslicher und beruflicher Art – schnell zu Entschuldigungsgründen für das gezeigte Fehlverhalten heranwuchsen, und mit dieser Entschuldigungshaltung die Sinnmöglichkeit, Schuld nachträglich zu berichtigen, automatisch wegfiel.

Im 3. Anlauf zogen wir endlich logotherapeutische Kriterien zu Rate. Wir brachten den Mut auf, Schuld allen widrigen Milieuumständen zum Trotz als Schuld stehen zu lassen, aber nicht im Sinn einer Anklage oder eines Vorwurfes, sondern als Anlaß zur Neubesinnung auf die positiven Fähigkeiten, die jeder der jungen Straffälligen unabhängig vom äußeren Milieu in sich trägt. Nach dem Motto, daß mich die Umwelt nicht gestalten kann, ich aber sehr wohl die Umwelt gestalten kann, gingen wir dazu über, ihnen gerade aus dem Beweis, wie frei sie in Wahrheit gewesen waren, irgendeine Untat zu begehen, den Beweis herzuleiten, wie frei sie auch jetzt in Wahrheit seien, sinnvolle Taten in die Welt zu setzen. Seither bewegt sich etwas in jenen Gruppen: eine neue Einstellung bahnt sich allmählich ihren Weg durch Spott, Verächtlichkeit, Desinteresse und Verwahrlosung hindurch. Immer wieder einmal ist einer darunter, der sich „die Freiheit zur sinnvollen Tat" herausnimmt und dabei selbst überrascht feststellt, daß er ihrer fähig ist. Das spornt dann die anderen an, und unmerklich ändert sich mit der Einstellung auch das Verhalten. Gewiß ist dies ein dorniger Weg, der über Rückschläge führt, aber seine Richtung weist direkt zur Versagensbewältigung.

Fassen wir also zusammen: Leid kann bewältigt werden, indem trotz ihm und sogar noch in ihm nach Sinnstrukturen gesucht wird; Schuld kann bewältigt werden, indem das Falschgewesene durch eine sinnvolle Einstellung dazu nachträglich berichtigt wird – und was ist mit dem Tod? Kann der Mensch seine Verurteilung zum Tod innerlich annehmen?

Hier haben wir es nicht mehr mit einer Vergangenheitsbewältigung zu tun, sondern mit der *Vergänglichkeitsbewältigung,* nämlich mit der Frage, wie der Mensch das Wissen um seine Sterblichkeit, das ihm als einzigem Lebewesen dieser Erde aufgebürdet ist, überhaupt verkraften kann?

Die Logotherapie, die sich sehr viel mit diesem Thema auseinandergesetzt hat, greift diesbezüglich wieder auf ihren „Optimismus der Vergangenheit“ zurück und beleuchtet die Tatsache, daß nicht nur die Fehler, die jemand begangen hat, aus seiner Vergangenheit nicht mehr herausholbar sind – was ja bei der Versagensbewältigung eine große Rolle spielt –, sondern auch alles Wertvolle, das in einem menschlichen Leben seinen Niederschlag gefunden hat, unverlierbar verankert ist in der Vergangenheit. Was ein Mensch an Aufgaben erfüllt hat, was ein Mensch an Freuden erleben durfte, was er an Leiden tapfer durchgestanden oder an Schuld mittels innerer Reifung abgetragen hat, das ist eingegangen in die Ewigkeit hinter ihm, das ist absolut seins, die Kennzeichnung seines Lebens, die Güte seiner gelebten Existenz, die Identität seines einmaligen Ichs, die ihm durch nichts mehr genommen werden kann, und wenn er längst zu Staub zerfallen ist. Dies ist kein billiger Trost für Patienten, mit denen es zu Ende geht, dies ist die Wirklichkeit, eine Argumentation, der sich niemand entziehen kann, und die dennoch Trost gibt in der Einsicht, daß gar nicht alles vergänglich ist, wie es scheint. Die Potentialitäten der Zukunft sind es wohl, sie sind vergänglich, auch schon während unseres Lebens, an jedem Tag und zu jeder Stunde sterben uns Möglichkeiten der Zukunft hinweg, und mit unserem Tod bleibt uns keine mehr übrig. Aber die Realitäten der Vergangenheit können nicht vergänglich sein, weil sie ja schon vergangen sind, und in ihrem Vergangen-Sein eine Form von Sein besitzen, die unberührbar geworden ist vom Zugriff der Zeit.

Freilich fragen Personen, an die wir solche Gedanken herantragen, manchmal danach, ob es nicht irgendwann gleichgültig wird, was in einem menschlichen Leben geschehen ist, wenn doch später einmal niemand mehr darüber Bescheid weiß? „Was macht es aus“, fragen sie, „ob ich anständig gelebt habe oder nicht, ob ich tapfer gelitten habe oder nicht, wenn sich nach meinem Tod keiner mehr meiner erinnert?“ Ja, vergessen wird alles, zumindest in unserer Welt, nichts Irdisches läßt sich ins Unendliche konservieren. Aber das Vergangene bleibt trotzdem, wie es war, sein Nicht-mehr-gewußt-Werden löscht es nicht aus. „Das Denken an etwas kann es noch nicht hervorbringen“, schreibt Frankl, „und so kann denn auch das seiner nicht mehr Gedenken es nicht zunichte machen.“ Es bleibt also, und ob es etwas ausmacht, von welcher Qualität das Bleibende ist, können wir nur im Glauben beantworten; aber die tiefe Ursehnsucht des Menschen nach dem Heil und sein existentiell verwurzeltes Streben nach Sinnerfüllung sprechen dafür, *daß* es auf eine uns nicht vorstellbare Weise etwas ausmacht, *was* von jedem einzelnen von uns im Vergangensein geblieben ist.

Zur Veranschaulichung dieser „philosophischen Anleihe“ möchte ich abschließend einen Fall schildern, bei dem die „tragische Trias“ in vielerlei Gestalt zum Zuge gekommen ist. Ein Ehepaar suchte meinen Rat in einer sehr heiklen Angelegenheit. Die Ehefrau, die Trauerkleidung trug, berichtete mir, daß ihre seit langem bettlägrige Mutter in hohem Alter vor wenigen Tagen gestorben war. Aber das Problem sei nicht der Verlust ihrer Mutter, der gewissermaßen zu erwarten gewesen war, sondern die Entscheidung, ob ihrem Vater Mitteilung über den Tod seiner Frau gemacht werden sollte. Auf meine Nachfrage, wieso er denn bisher nichts davon erfahren hätte, erhielt ich folgende Erklärung:

Die Eltern der Frau waren jahrzehntelang verheiratet und stets einander sehr zugetan gewesen. Nachdem die Mutter leidend geworden war, hatte der Vater ganz allein ihre Pflege übernommen und jede fremde Hilfe abgelehnt. Die Versorgung seiner Frau wurde dadurch mehr und mehr zum Inhalt seines Lebens, zu seiner persönlichen Aufgabe. Doch vor drei Wochen hatte der Vater plötzlich einen Herzanfall bekommen und mußte ins Krankenhaus eingeliefert werden. Zur Zeit stand es sehr schlecht um ihn, und er lag immer noch auf der Intensivstation. Wieviel er von seiner Umwelt aufzunehmen vermochte, war ungewiß, zeitweise versank er in Bewußtlosigkeit, aber zwischendurch gab er nach Ansicht seiner Tochter und des Schwiegersohns zu erkennen, daß ihn etwas quälte und beunruhigte. Oft würde er auch am Ehering an seinem Finger drehen. Naheliegenderweise vermutete die Tochter, ihr Vater plage sich mit dem Gedanken ab, er dürfe nicht einfach krank darniederliegen, weil er zu Hause von seiner Frau gebraucht werde. Natürlich wüßte er, daß man sich um sie kümmern würde, aber in seinen Augen war es eben nicht dasselbe wie seine eigene Fürsorge, die seine Frau so lange gewohnt gewesen war.

Dazu ist anzumerken, daß die Trennung von ihm ja auch wirklich eine starke Stress-Situation für die alte Frau bedeutet zu haben scheint, nachdem sie so kurz nach seiner Einlieferung ins Krankenhaus verstorben ist, doch wie gesagt hatte man ihm dies bisher verschwiegen. Und zwar hauptsächlich verschwiegen, weil die Krankenhausärzte dringend davon abrieten, dem schwerkranken Mann auch noch die Hiobsbotschaft vom Tod seiner Frau ans Krankenlager zu bringen. Die einen äußerten die Befürchtung, es würde ihn auf der Stelle umbringen, andere meinten, er werde sowieso bald sterben, und man solle ihm daher wenigstens diesen letzten Schmerz ersparen.

Die Erwägungen der Ärzte waren durchaus verständlich, aber überlegen wir uns einmal die Situation des alten Mannes aus Sicht der „tragischen Trias" und ihrer Bewältigung. Welche Möglichkeiten beinhaltet seine Zukunft? Zweifellos wenig hoffnungsvolle. Er wird an Herzversagen sterben, und sollte ihm davor noch eine kurze Erholungszeit gegönnt sein, so wird er in eine leere Wohnung heimkehren und um seine Frau weinen. Welche Wirklichkeiten beinhaltet im Unterschied dazu seine Vergangenheit? Er hat ein volles Leben gelebt und an Nachkommen weitergereicht, er hat seine beruflichen Pflichten treu erfüllt, sich durch die schlechten Jahre durchgekämpft, die guten Jahre genossen und sich schließlich in den späten Jahren für die Pflege seiner Frau aufgeopfert. Eine an Werten überaus reiche menschliche Existenz ist verwirklicht worden, eine, auf die er mit Zufriedenheit und Stolz zurückblicken kann. Nur *ein* Wermutstropfen ist geblieben, *eine* Aufgabe ist nicht zu Ende geführt: die Pflege der Frau ist in seinen

Augen nicht abgeschlossen worden. Hier schleicht sich womöglich ein Versagenserlebnis ein, ein völlig unberechtigtes, wie wir wissen, aber dennoch – die Sorge um die geliebte Partnerin raubt dem Schwerkranken die innere Ruhe, läßt ihn nicht in Frieden sterben. Die Tochter spürt das, zu lange kennt sie ihren Vater, als daß sie nicht ahnte, was in ihm vorgeht.

Das waren meine Überlegungen, und deswegen empfahl ich ihr entgegen den ärztlichen Bedenken, dem Vater auf schonende Art beizubringen, daß ihm seine Frau bereits vorausgegangen sei und er sich keine Sorgen mehr zu machen brauche darüber, daß er sie alleingelassen habe. Damit, so sei zu hoffen, würde der alte Mann auch die letzte Aufgabe, die er sich in seinem Leben gestellt hatte, als vollendet ansehen und erleichtert die Augen schließen können.

Ich gebe zu, daß mir nicht ganz wohl war, als ich das Ehepaar aus der Beratung entließ, denn nie können wir hundertprozentig sicher sein, ob der Sinn, den wir glauben, aus einer Lebenssituation herauszudeuten, der objektive Sinn ist, der mit dieser Situation „gemeint“ war, oder subjektiv überformt ist von dem, was wir im guten Glauben für sinnvoll halten. Wie ich bereits andeutete, ist der Sinn das nie vollkommen Gefundene, aber solange er zumindest das stets Gesuchte bleibt, solange werden wir nicht ganz in die Irre gehen. Jedenfalls bekam ich in diesem Fall eine positive Rückmeldung. Der Schwiegersohn rief mich nach einigen Wochen an und ließ mich wissen, daß der Schwiegervater die Nachricht vom Tod seiner Frau sehr gelassen aufgenommen habe. Er habe mehrmals mit dem Kopf genickt und geflüstert: „Das ist gut, jetzt gehe ich zu ihr ...“ Er habe dann noch länger gelebt, als die Ärzte erwartet hatten, habe jedoch die meiste Zeit geschlafen und dabei einen gelösten und entspannten Gesichtsausdruck gezeigt. Als er starb, seien die Finger seiner rechten Hand fest um den Ehering geschlossen gewesen.

Ich hoffe, ich habe den Leser mit diesen meinen Gedankengängen nicht zu sehr emotional belastet. Wer den Kopf in den Sand stecken möchte, um nicht wahr zu haben, daß es Leid, Schuld und Tod rings um uns gibt, der wird schockiert sein, wann immer es zur Sprache kommt – aber es ist der Schock vor der Wahrheit, nicht vor dem Gesprochenen. Dabei ist die Wahrheit eher tröstlich als schockierend. Die Wahrheit ist, daß das Leben Sinn hat und Sinn behält, mitsamt allen seinen Verlusten, inclusive all unserem Versagen und trotz seiner Vergänglichkeit. Es gibt keine menschliche Existenz, die nicht mit Sinn zu erhellen wäre. Wie sagte doch Martin Buber so treffend? „Jeder Mensch bestimmt das Schicksal der Welt!"

Und das heißt: auch der Leidende, auch der mit seiner Schuld Ringende, und auch noch der Sterbende.

Hilfen, die neuen Sinn erschließen

Elisabeth Lukas
Auch dein Leben hat Sinn
Logotherapeutische Wege zur Gesundung
Vorwort von Viktor E. Frankl
Herder/Spektrum Band 4011

Elisabeth Lukas
Auch dein Leiden hat Sinn
Logotherapeutischer Trost in der Krise
Herderbücherei Band 905

Elisabeth Lukas
Auch deine Familie braucht Sinn
Logotherapeutische Hilfen in Ehe und Erziehung
Herderbücherei Band 864

Elisabeth Lukas
Höhenpsychologie
Die andere Sicht vom Menschen
Herder/Spektrum Band 4176

Elisabeth Lukas
Psychologische Seelsorge
Logotherapie – die Wende zu einer menschenwürdigen Psychologie
Herderbücherei Band 1180

Elisabeth Lukas
Psychologische Vorsorge
Krisenprävention und Innenweltschutz aus logotherapeutischer Sicht
Herderbücherei Band 1559

Elisabeth Lukas
Rat in ratloser Zeit
Anwendungs- und Grenzgebiete der Logotherapie
Herderbücherei Band 1521

Elisabeth Lukas/
Otmar Wiesmeyr
Sinn-Bilder
Bibliotherapeutische Weisheiten
Herderbücherei Band 1627

Elisabeth Lukas/
Michael Eberle
Sinn-Zeilen
Herderbücherei Band 1215

Viktor E. Frankl
Das Leiden am sinnlosen Leben
Psychotherapie für heute
Herder/Spektrum Band 4030

Viktor E. Frankl
Psychotherapie für den Alltag
Herder/Spektrum Band 4072

Herder Taschenbuch

Anschrift der Autorin:

„Süddeutsches Institut für Logotherapie GmbH“
Geschwister-Scholl-Platz 8
D–8080 Fürstenfeldbruck
Tel. Nr. 08141/18041

Das „Süddeutsche Institut für Logotherapie GmbH“ ist der „Deutschen Gesellschaft für Logotherapie und Existenzanalyse e. V. angeschlossen und bietet **folgende Dienste** an:

Psychologische Beratung
Psychotherapeutische Behandlung
Logotherapeutische Ausbildung